新 HSK 실전 모의고사

저자 박은영

2판 1쇄 2023년 3월 20일
저자 박은영
발행인 이기선
발행처 제이플러스
편집 윤현정
등록번호 제10-1680호
등록일자 1998년 12월 9일

주소 서울시 마포구 월드컵로 31길 62 제이플러스
구입문의 02-332-8320
내용문의 070-4734-6248
팩스 02-332-8321
홈페이지 www.jplus114.com
ISBN 979-11-5601-211-5

중국은 한국 제1의 수출 무역파트너이며, 미국과 어깨를 나란히 하는 G2*로 부상했습니다. 한국과 중국의 경제적 관계가 깊이와 규모를 더해갈수록 양국의 사회, 문화, 교육, 의료, 관광 등 여러 분야의 교류가 전방위적으로 커져가며 활발해지고 있습니다. 현재 우리에게 중국은 예전의 이념갈등으로 빗어진 가깝고도 먼 나라가 아니라 동북아의 경제발전과 평화를 위해서 같이 협력하고 발전해가는 나라가 되었습니다. 이런 현실은 우리가 왜 중국어 공부를 해야 하는지 더 분명하게 설명해 주고 있습니다.

HSK는 학습자들의 필요와 수요를 만족시키기 위해 2010년 새로운 전환기를 맞이하고 오늘에 이르렀으며, 신HSK는 입문과 기초 학습자들이 체계적이고 단계적으로 학습할 수 있도록 개편되었습니다. 많은 외국인들이 중국어 학습 열풍에 동참하고 있는데, 그 중 한국인의 HSK 응시율이 제일 높습니다.

많은 신HSK 관련 학습서들이 4급, 5급, 6급에 집중되어 있어, 중국어 학습을 갓 시작한 초등학교 방과 후 과정과 중, 고등학교 제2 외국어 학습자들에게 알맞은 학습서가 필요함을 공감하고 본 교재를 집필하게 되었습니다.

본 교재는 입문자들의 이해를 돕고자 도입부분에 간략한 이론과 핵심을 정리했습니다. 이 부분을 먼저 학습하되, 숙지하도록 노력해야 합니다.

모의고사 5세트는 기출문제를 철저히 연구 분석한 후 문제 은행을 만들고, 그를 바탕으로 출제하였으며, 난이도와 단어 선택에 기출문제를 100% 반영하였습니다. 그러므로 본 교재를 학습한 후에는 신HSK 응시에 자신감을 가질 수 있으며 합격이라는 열매도 어렵지 않게 얻을 수 있을 것입니다.

본 교재 집필의 기회를 주시고 출판을 도와주신 제이플러스 출판사에 감사드리며, 원고 집필을 도와주신 원어민 양징츠 선생님, 감수를 도와주신 원어민 왕단단, 우왕더 선생님, 그리고 물심양면 도와준 제 학생 박지혜 양께도 깊은 감사의 뜻을 전합니다. 또 늘 제게 힘이 되어주는 남편과 아들에게 이 교재를 자랑스럽게 선물하고 싶습니다.

중국어 학습에 대한 열정과 관심이 여러분들의 중국어 실력을 결정지을 것입니다! 꾸준히 노력하십시오. 坚持到底就是胜利！

박 은 영

*G2 (Group of Two) : 경제적, 정치적으로 세계 2대 강국인 미국과 중국을 이르는 말

HSK가 뭐예요?

HSK는...

- HSK는 한어수평고시(汉语水平考试)의 한어병음표기(Hànyǔ shuǐpíng kǎoshì)의 머리글자입니다.
- HSK는 제1언어가 중국어가 아닌 사람의 중국어 능력을 평가하기 위해 만들어진 중국정부 유일의 국제 중국어 능력 시험으로, 생활 · 학습 · 업무 등 실생활에서의 중국어 능력을 중점적으로 평가하며, 현재 세계 여러 지역에서 시행되고 있습니다.
- 한국에서는 2010년 3월 14일 개정된 新HSK가 실시되었고, 2010년 6월 20일 HSK회화시험이 처음으로 실시되었으며 개정된 HSK는 新HSK 1급 ~ 6급의 필기시험과 HSK 초급, 중급, 고급 회화시험(신설)으로 나뉘고 필기 시험과 회화 시험은 각각 독립적으로 실시되므로 개별적으로 응시할 수 있습니다.

신HSK	어휘량	대상
6급	5000개 이상	5,000개 이상의 상용어휘와 관련 어법지식을 마스터한 학습자
5급	2500개	매주 2-4시간씩 2년 이상 (400시간 이상) 집중적으로 중국어를 학습하고, 2,500개의 상용어휘와 관련 어법지식을 마스터한 학습자
4급	1200개	매주 2-4시간씩 4학기 (190-400시간) 정도의 중국어를 학습하고, 1,200개의 상용어휘와 관련 어법지식을 마스터한 학습자
3급	600개	매주 2-3시간씩 3학기 (120-180시간) 정도의 중국어를 학습하고, 600개의 상용어휘와 관련 어법지식을 마스터한 학습자
2급	300개	매주 2-3시간씩 2학기 (80-120시간) 정도의 중국어를 학습하고, 300개의 상용어휘와 관련 어법지식을 마스터한 학습자
1급	150개	매주 2-3시간씩 1학기 (40-60시간) 정도의 중국어를 학습하고, 150개의 상용어휘와 관련 어법지식을 마스터한 학습자

시험방식 HSK 시험방식에 따라 IBT, 지필, 홈테스트 중 선택이 가능합니다. (HSK IBT, HSK PBT, HSK 홈테스트 시험 성적 효력 동일)

HSK IBT(Internet-Based Testing)	지정 고사장에서 컴퓨터를 사용하여 실시하는 HSK 시험. (시험당일 정전, 혹은 시스템 상의 오류 등으로 시험 진행이 불가능한 경우, 차기 시험에 응시 또는 전액 환불이 가능함.)
HSK PBT (Paper-Based Test)	지정 고사장에서 시험지와 OMR카드를 작성하여 실시하는 HSK 시험
HSK 홈테스트	IBT 기반으로 하며 수험생 개별 컴퓨터를 사용하는 비대면 HSK 시험

HSK 유효기간 시험일로부터 2년간 유효합니다.

HSK 용도

- 중국 대학(원) 입학 · 졸업시 평가 기준
- 한국 대학(원) 입학 · 졸업시 평가 기준
- 중국정부장학생 선발 기준
- 한국 특목고 입학시 평가기준
- 교양 중국어 학력 평가 기준
- 각급 업체 및 기관의 채용 · 승진을 위한 기준

시험이 바뀌나요?

앞으로 몇 년간 초 · 중급 단계의 출제 문제 유형이 크게 변화하기보다는 응시자의 편의를 고려하는 시스템적 선택의 폭이 넓어지리라 생각됩니다.

또한 신 HSK에서 분리 응시했던 필기와 회화를 앞으로는 통합할 수도 있다고 전해지고 있습니다. 언어는 그 활용에 목적이 있으므로 회화 실력은 기본기이며, 당장 회화 시험에 응시하지 않는다고 하더라도 회화를 잘 익혀둔다면 HSK 필기 시험에 많은 도움이 됩니다. 따라서 평소 기본 어휘 익히기, HSK 듣기 지문을 활용한 한 문장 외우기 등 훈련을 하여 실력을 향상시킨다면 일석이조의 효과를 볼 것입니다.

시험 당일 준비물 : 수험표, 2B 연필, 지우개, 신분증

- 유효신분증: 주민등록증, 운전면허증, 기간 만료 전의 여권, 주민등록증 발급신청확인서
- 한국 내 초 · 중 · 고등학교 재학생: 기간 만료 전의 여권, 청소년증, 'HSK신분 확인서'(인터넷 신청 홈페이지에서 다운로드 받은 후 학교장의 직인을 받아서 제출)
- 인정되지 않는 신분증: 학생증, 사원증, 국민건강보험증, 주민등록등본, 공무원증 등

답안 작성 요령

- 답안지 상의 모든 기재는 2B연필을 사용해야 합니다.
- 답안을 마킹할 때는 답안에 진하고 꽉 차도록 칠해야 합니다.
- 시험 중간에는 답안지 교환이 되지 않습니다.
- 답안을 정정할 경우에는 지우개로 깨끗이 지우고 기입합니다.

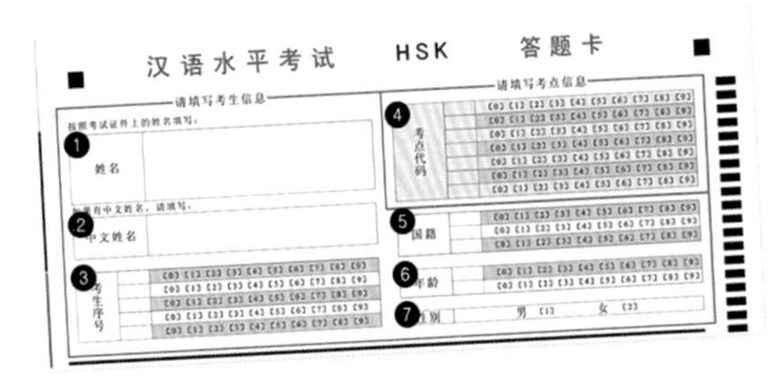

1. 姓名(성명): 수험표 상의 영문 이름을 기재합니다.
2. 中文名字 (한자이름): 수험표상의 한자 이름을 기재합니다.
3. 考生序号 (수험번호): 수험번호를 아라비아 숫자로 기재 후 마킹합니다.
4. 考点代码 (고시장 고유번호): 고시장 고유번호를 아라비아 숫자로 기재 후 마킹합니다.
5. 国籍 (국적): 국적번호를 아라비아 숫자로 기재 후 마킹합니다. 한국은 523입니다.
6. 年龄 (연령): 나이를 마킹합니다.
7. 性别 (성별): 성별을 마킹합니다.

※그 밖의 자세한 정보는 HSK 관리 홈페이지에서 확인하세요.

▨ 합격 발표 및 성적표 수령 안내

❶ 합격 발표

HSK IBT : 시험일로부터 약 2주후 성적 조회 가능

HSK PBT : 시험일로부터 1개월 후 성적 조회 가능

HSK홈테스트 1~6급 : 시험일로부터 약 10일 후 성적 조회 가능

❷ 성적 조회 - HYPERLINK "http://www.chinesetest.cn/goquery.do" 중국 고시센터 (http://www.chinesetest.cn/goquery.do)

❸ 성적표 발송 - 시험일로부터 45일 후 발송. (성적표 수령 방법은 우편, 방문 중 선택)

HSK 인터넷 신청 사이트 안내

HSK 한국 사무국 https://new.hsk.or.kr 02)3452-4788

HSK 시험센터 : https://www.hsk-korea.co.kr 1644-5522

HSK 시행센터 : https://www.hsk.ne.kr 02-930-0095~6

03 HSK 2급에 대해 알고 싶어요.

HSK 2급에 합격한 응시자는 중국어로 간단하게 일상생활에서 일어나는 화제에 대해 이야기 할 수 있으며, 초급 중국어의 상위 수준이라 할 수 있습니다.

응시대상 HSK 2급은 매주 2~3시간씩 2학기 (80-120시간) 정도의 중국어를 학습하고, 300개의 상용어휘와 관련 어법지식을 마스터한 학습자를 대상으로 합니다.

▨ 방과 후 수업을 통해 기초 중국어를 학습한 학생(초등학생 또는 중학생)

▨ 제2외국어가 중국어인 고등학생

▨ 기업 내 기초 중국어 학습을 하는 직장인

▨ 중국어 전문학원 또는 독학을 통해 중국어를 시작한 학습자

시험내용 HSK 2급은 총 60문제로 듣기 / 독해 두 영역으로 나뉩니다. (1-2급 문제는 한어병음이 표기됨)

시험내용		문항수		시험시간	만점
듣기	제 1 부분	10	35문항	약 25분	100점
	제 2 부분	10			
	제 3 부분	10			
	제 4 부분	5			
듣기 영역에 대한 답안 작성시간				3분	

독해	제 1 부분	5	25문항	22분	100점
	제 2 부분	5			
	제 3 부분	5			
	제 4 부분	10			
총계		60문항		약 50분	200점

※ 총 시험시간은 약 55분입니다 (응시자 개인정보 작성시간 5분 포함)

듣기

1부분 총10문제. 각 문항당 2번씩 들려줍니다. 각 문제는 모두 하나의 문장으로 이루어지며, 문제지에 제시된 사진과 일치 여부를 판단하여 답안지의 [√] 혹은 [×]에 마킹합니다.

2부분 총10문제. 각 문항당 2번씩 들려줍니다. 각 문제는 모두 남녀가 한 번씩 주고 받는 대화로 이루어졌으며, 들은 내용과 문제지에 제시되어 있는 몇 장의 사진 속에서 관련 깊은 사진을 찾습니다.

3부분 총10문제. 각 문항당 2번씩 들려줍니다. 각 문제는 모두 남녀가 한 번씩 주고 받는 대화로 이루어졌으며 이를 바탕으로 하나의 질문을 합니다. 문제지에 제시된 3개의 선택항 중에서 답을 고릅니다.

4부분 총5문제. 각 문항당 2번씩 들려줍니다. 각 문제는 모두 남녀가 두 번씩 주고 받는 대화로 이루어졌으며 이를 바탕으로 하나의 질문을 합니다. 문제지에 제시된 3개의 선택항 중에서 답을 고릅니다.

독해

*따로 답안 작성 시간이 없으므로 해당 영역 시간에 직접 답안지에 마킹합니다.

1부분 총5문제. 사진이 선택항으로 제시됩니다. 각 문제마다 하나의 문장이 제시되며 이를 바탕으로 관련 있는 사진을 찾습니다.

2부분 총5문제. 각 문제마다 1~2개의 문장이 제시되는데, 문장 중간에 빈칸이 있습니다. 맨 위에 주어진 선택항목 중 이 빈칸에 들어가기 제일 적합한 단어를 답으로 고릅니다.

3부분 총5문제. 각 문제마다 2개의 문장이 제시되고 이 두 문장의 의미 일치 여부를 판단하여 답안지의 [√] 혹은 [×]에 마킹합니다.

4부분 총10문제. 문장이 10개씩 두 세트가 제시됩니다. 10개 문장은 5개씩 두 개 조로 나누어져 있는데 각 문제에 제시된 문장과 호응하는 짝을 보기에 제시된 문장 속에서 찾습니다.

2급에서 요구되는 어휘량

총	명사	동사(조동사)	형용사	대사	수사	양사	부사	관련사	개사	조사	감탄사
300	115	77	29	20	15	10	16	3	6	8	1

※한 개의 단어가 명사, 동사 등 여러 품사를 겸하기도 하는 겸사는 편의상 한 품사에 귀속시켜 분류함

성적결과

HSK 2급 성적표에는 듣기, 독해 두 영역의 점수와 총점이 기재됩니다.
각 영역별 만점은 100점 만점으로, 총점은 200점 만점이며 총점 120점 이상이면 합격입니다.

차례

HSK 2급
이것만은 알고가자

우리말 어순과 달라요?

중국어의 기본어순

1. 중국어 기본 어순 : 주어 + 술어 + 목적어
2. 기본적으로 중국어와 우리말은 아래와 같은 차이가 있습니다.

	중국어	한국어
기본어순	주어+술어+목적어	주어(주격조사)+목적어(목적격조사)+술어
예문	Wǒ kàn nǐ 我 看 你。(나는 당신을 봅니다.) Nǐ kàn wǒ 你 看 我。(당신은 나를 봅니다.) *위치에 따라 주어와 목적어로 구별된다.	나는 당신을 봅니다. 당신을 나는 봅니다. *어순이 바뀌어도 주격/목적격 조사가 그대로 붙어 있으면 의미는 같다.
특징	1. 구조조사는 수식어와 중심어 사이에 사용된다. 예) 我的书(내 책) 2. 술어 '看'은 다른 변화 없이 모든 표현이 가능하다.	1. 조사를 활용하여 주어, 목적어 성분을 표시한다: 이(가), 은(는) 등 주격조사와, 을(를) 등 목적격 조사가 붙는다. 2. 술어 '보다'는 '봅니다, 보고서, 보니까, 보면' 등의 어미 변화가 있다.

★ 중국어는 어순에 의해 문장 성분이 결정되므로 어순이 매우 중요합니다.
★ 중국어는 술어 단어(동사, 형용사) 자체의 변화가 없으므로 쉽게 어순을 익힐 수 있습니다.

뼈대를 세워요.

문장성분 ("~어"로 끝나는 말)

중국어는 6개의 문장 성분이 있습니다. 주어, 술어, 목적어, 한정어(관형어), 상황어(부사어), 보어로 앞의 3개는 가장 중심이며 기본이 되고, 뒤의 3개는 앞의 3개를 꾸며주는 수식어 역할을 합니다. 더불어 구조조사의 위치까지 같이 알면 문장 분석이 훨씬 더 쉬워집니다.

✓제1단계 : 문장의 뼈대를 세워라! 주어 + 술어 + 목적어

·我(주어) 吃了(술어) 饭(목적어)。 나는 밥을 먹었습니다.

·我(주어) 爱(술어) 你(목적어)。 나는 당신을 사랑합니다.

✓제2단계 : **각 뼈대에 살을 붙여라!**

- ·주어, 목적어의 살은 한정어라 부른다. 한정어 + 주어, 한정어 + 목적어
- ·술어의 살은 상황어라 부른다. 상황어 + 술어
- ·술어를 보충해 주는 말을 보어라 부른다. 술어 + 보어

✓제3단계 : **뼈대에 살을 연결시킬 연결 고리를 확실히 하라!**

- ·的 : 한정어+的+주어 , 한정어+的+목적어 ~的 + 명사
- ·地 : 상황어+地+술어 ~地 + 동사/형용사
- ·得 : 술어+得+보어 동사/형용사 + 得~

예문

Zuótiān wǒ zǐxì de kàn le yí biàn nà bù diànyǐng

[昨天], 我 [仔细 地] 看 了 <一 遍> (那 部) 电影。

상황어 주어 상황어 술어 보어 한정어 목적어

↗ 어제 나는 자세히 그 영화를 한 번 보았습니다.

★ 구조가 복잡한 살(수식어)이 뼈대에 붙을 때 연결고리(的, 地, 得)가 필요하며, 구조가 간단한 살들은 구조조사의 도움없이 바로 뼈대에 붙일 수 있습니다.

품사라구요?

▨ 품사("~사"로 끝나는 말)의 문법적 특징

품사는 단어의 성질을 뜻하며 명사, 동사(조동사), 형용사, 대명사, 수사, 양사, 부사, 관련사, 개사, 조사, 감탄사 등이 있습니다.

1. 명사

- ·중국어로 '名词(míngcí)'라고 쓰고 읽으며 2급에서 기본적으로 익혀야 할 명사는 115개 입니다. (p.34, 단어완성 참고)
- ·명사는 장소를 나타내는 장소사, 방향과 위치를 나타내는 방위사, 시간을 나타내는 시간사, 사람의 신분과 직업을 나타내는 명사, 사물의 이름을 나타내는 명사 등 다양합니다.
- ·명사의 문법적 특징 : 문장 안에서 주어와 목적어 역할을 합니다.
  수량사와 같이 사용되기도 합니다.

예문

Wǒ	mǎi	le	sān	ge	píngguǒ
我	买	了	三	个	苹果。
인칭대명사	동사	조사	수사	양사	명사
주어	술어				목적어

나는 사과 세 개를 샀다.

2. 동사

dòngcí
·중국어로 '动词'라고 쓰고 읽으며 2급에서 기본적으로 익혀야 할 동사는 77개 입니다. (p.43, 단어완성 참고)
·동사는 일상 기본 회화에서 감사와 사과의 뜻을 전하는 상투어, 판단동사 '是', 소유를 나타내는 '有', 일반 동작동사, 심리동사, 조동사 등으로 구성되어 있습니다.

동사의 문법적 특징	예문
문장 안에서 술어 역할을 합니다. 목적어를 가질 수 있습니다.	Wǒ mǎi le sān ge píngguǒ 我 买 了 三 个 苹果。 나는 사과 세 개를 샀다. 인칭대명사 동사 조사 수사 양사 명사 주어 술어 목적어
동작 동사는 중첩이 가능합니다.	Nǐ wènwen tā 你 问问 他。 그에게 물어봐요. 인칭대명사 동사 인칭대명사 주어 술어 목적어

3. 형용사

xíngróngcí
·중국어로 '形容词'라고 쓰고 읽으며 2급에서 기본적으로 익혀야 할 형용사는 29개 입니다. (p.50, 단어완성 참고)

형용사의 문법적 특징	예문
문장 안에서 술어 역할을 합니다. 목적어를 가질 수 없습니다.	Tā hěn piàoliang 她 很 漂亮。 그녀는 예쁘다. 인칭대명사 부사 형용사 주어 술어
명사나 동사를 수식하기도 합니다.	Tā mǎi le piàoliang de yīfu 她 买 了 漂亮 的 衣服。 그녀는 예쁜 옷을 샀다. 인칭대명사 동사 조사 형용사 조사 명사 주어 술어 목적어

4. 대명사

dàicí
·중국어로 '代词'라고 쓰고 읽으며 2급에서 기본적으로 익혀야 할 대명사는 20개 입니다. (p.53, 단어완성 참고)
·인칭대명사(我, 你), 지시대명사(这, 那), 의문대명사(什么, 怎么) 등으로 나뉩니다.

대명사의 문법적 특징	예문
문장 안에서 주어나 목적어 역할을 합니다.	Tā hěn piàoliang 她 很 漂亮。 그녀는 예쁘다. 인칭대명사 부사 형용사 주어 술어

5. 수사

shùcí
·중국어로 '数词'라고 쓰고 읽으며 2급에서 기본적으로 익혀야 할 수사는 15개 입니다. (p.55, 단어완성 참고)

수사의 문법적 특징	예문
양사와 같이 사용하여 개수를 표시	Wǒ mǎi le liǎng ge píngguǒ 我 买 了 两 个 苹果。 나는 사과 2개를 샀다. 인칭대명사 동사 조사 수사 양사 명사 *'2+양사'일 때 '两'을 사용해야 하며 '二'은 사용할 수 없음.
'第'와 같이 사용하여 서수를 표시	dì sān 第 三 제 3 수사 *'第+2'일 때 '二'을 사용해야 하며 '两'은 사용할 수 없음
시간 표시	diǎn fēn 8 点 40 分 8시40분
나이 표시	Tā jīnnián suì 他 今年 25 岁。 그는 올해 25살이다. 인칭대명사 명사 수사 명사
금액 표시	kuài 350 块 350위안 *块 : 중국의 화폐단위로 '위안'과 같음
번호 표시	Wǒ de fángjiān hào shì hào 我 的 房间 号 是 302 号 。 내 방 번호는 302호이다. 인칭대명사 조사 명사 명사 동사 수사 명사

6. 양사

liàngcí
·중국어로 '量词'라고 쓰고 읽으며 2급에서 기본적으로 익혀야 할 양사는 10개 입니다. (p.56, 단어완성 참고)
·양사는 명사의 개수를 세는 명량사와 동작의 횟수를 세는 동량사로 나뉩니다.

양사의 문법적 특징	예문
명량사는 '수사+양사+명사' 순서	Wǒ mǎi le sān ge píngguǒ 我 买 了 三 个 苹果。 나는 사과 세 개를 샀다. 인칭대명사 동사 조사 수사 양사 명사
동량사는 '동사+수사+양사' 순서	Ràng wǒ kàn yí cì 让 我 看 一 次。 저 한 번 보게 해 주세요. 동사 인칭대명사 동사 수사 양사
'지시사+양사+명사'	zhège rén 这个 人 이 사람 nàxiē rén 那些 人 그런 사람들

7. 부사

·중국어로 '副词(fùcí)'라고 쓰고 읽으며 2급에서 기본적으로 익혀야 할 부사는 16개 입니다. (p.57, 단어완성 참고)
·부사는 부정부사(不, 没), 정도부사(很), 범위부사(都), 시간부사(正在), 어기부사(差点儿) 등 여러 부사로 나뉩니다.

부사의 문법적 특징	예문
'부사+형용사 / 동사'의 순서로 사용 '주어+부사+술어'의 순서로 사용	Tā hěn piàoliang 她 很 漂亮 。 그녀는 예쁘다. 인칭대명사 부사 형용사 주어 술어

8. 관련사

·중국어로 '连词(liáncí)'라고 쓰고 읽으며 2급에서 기본적으로 익혀야 할 관련사는 3개 입니다. (p.59, 단어완성 참고)
·관련사는 두 절의 관계를 설명합니다.
병렬관계(一边 ~ 一边), 인과관계(因为 ~ 所以), 전환관계(虽然 ~ 但是)등 여러 관계가 있습니다.

9. 개사

·중국어로 '介词(jiècí)'라고 쓰고 읽으며 2급에서 기본적으로 익혀야 할 개사는 6개 입니다. (p.59, 단어완성 참고)
·개사는 단독으로 사용하지 않고 '개사+명사'형태인 개사구로 사용됩니다. 따라서 개사 뒤에 자주 오는 단어의 성질을 잘 살필 필요가 있습니다.
·'离'는 개사로 분류하기도 하고 동사로 분류하기도 하는데, 이 단어의 품사보다는 용법이 더 중요하므로 정확한 용법을 익히도록 합니다.

10. 조사

·중국어로 '助词(zhùcí)'라고 쓰고 읽으며 2급에서 기본적으로 익혀야 할 조사는 8개 입니다. (p.60, 단어완성 참고)
·조사는 구조조사(的, 地, 得), 동태조사(了, 着, 过), 어기조사(了, 吗, 呢, 吧) 등이 있습니다.

서술문과 비교문

서술문

1. 명사 술어문의 특징

문장 속에 동사와 형용사가 없고 시간, 날짜, 출신지 등을 뜻하는 명사가 바로 옵니다.

주어	명사술어	해석
Xiànzài 现在	xiàwǔ diǎn 下午 3 点。	지금은 오후 3시이다.(시간)
Jīntiān 今天	xīngqīliù 星期六。	오늘은 토요일이다.(요일)
Tā 她	Běijīngrén 北京人。	그녀는 베이징 사람이다.(출신지)

2. 동사 술어문의 특징

·동사 술어문은 일반적으로 목적어를 가집니다.
·동사 술어문은 동사 뒤에 동태 조사 '了', '着', '过' 등이 있습니다.
·동사술어 앞에 '不', '没'를 가져와서 '~을 하지 않겠다', '~을 하지 못 했다'라는 뜻으로 부정합니다.
·목적어로 '주어+술어'구를 갖는 동사들도 있습니다.

주어	상황어	동사술어	목적어	해석
Wǒ 我	yǐjing 已经	chīle 吃了	fàn 饭。	나는 이미 밥을 먹었다.
Bàba 爸爸	bù 不	xǐhuan 喜欢	kàn diànyǐng 看 电影 。	아빠는 영화보는 것을 좋아하지 않는다.
Tā 他		juéde 觉得	zhège diànyǐng hěn hǎokàn 这个 电影 很 好看。	그는 이 영화를 재미있다고 여긴다.

3. 형용사 술어문의 특징

·형용사 술어문은 동사 술어문과 달리 목적어를 가지지 않습니다.
·형용사가 술어로 사용될 때는 일반적으로 그 앞에 정도 부사를 가집니다.
·형용사 술어 부정은 술어 바로 앞에 '不'를 넣습니다.

한정어	주어	상황어	형용사술어	해석
	Tiānqì 天气	bù 不	hǎo 好。	날씨가 좋지 않다.

Zhè kuài 这 块	ròu 肉	hěn 很	hǎochī 好吃。	이 덩어리 고기는 맛있다.
Nàge 那个	māo 猫	fēicháng 非常	kě'ài 可爱。	저 고양이는 매우 귀엽다.

▨ '比'를 사용한 비교문의 문법적 특징

1. 개사 '比'는 두 개의 비교 대상 사이에 위치하여 '비교대상A+比+비교대상B+형용사'의 형태로 두 대상의 우열을 가리는데 사용됩니다.
2. 정도부사는 '还'를 사용하며, '很', '非常' 등은 술어 앞에 위치시키지 않습니다.
3. 부정은 '비교대상A+没有+비교대상B+형용사' 형태로 '比'대신 '没有'를 위치시킵니다.
4. 형용사 술어 뒤에 수량사(보어)가 위치해 차이의 격차를 나타냅니다.

주어	상황어	형용사술어	보어	해석
Zuótiān 昨天	bǐ jīntiān hái 比 今天 还	热。		어제는 오늘보다 더 더웠다.
Tā 他	bǐ nǐ 比 你	dà 大	suì 5岁。	그는 당신보다 5살 많다.
zhège māo 这个 猫	bǐ nàge 比 那个	kěài 可爱	hěnduō 很多 。	이 고양이가 저 고양이보다 많이 귀엽다.

HSK
2급

Track 01

샘플문제

例如：		√
		×

lìrú Wǒmen jiā yǒu sān ge rén
例如: 我们 家 有 三 个 人。

해석 우리 집에는 세 식구가 있습니다.

해설 [수사 잘 듣기] 녹음에 언급된 '三个人'에 포인트를 맞추어 답을 √ 라고 표시합니다.

단어 家 jiā 명 집, 가정 | 有 yǒu 동 있다 | 人 rén 명 사람, 식구

Wǒ měitiān zuò gōnggòng qìchē qù shàngbān
我 每天 坐 公共 汽车 去 上班 。

해석 나는 매일 버스를 타고 출근합니다.

해설 [명사 잘 듣기] 녹음 속에 언급된 '公共汽车'는 버스를 뜻하는데, 문제에는 '自行车(zìxíngchē)'자전거 사진이 제시되었으므로 답을 ×라고 표시합니다.

단어 每天 měitiān 명 매일 | 坐 zuò 동 (교통수단)타다 | 公共汽车 gōnggòng qìchē 명 버스 | 去 qù 동 가다 | 上班 shàngbān 동 출근하다 명 출근

정답 고르기 Tip 10개 문항이며 한 문항을 두 번씩 듣습니다.

1 들리는 내용과 문제에 제시된 사진이 서로 연관이 깊거나 일치하면 답안지에 √를, 서로 연관이 없는 내용이라면 ×를 합니다.

2 한 문항을 남자와 여자 성우가 약 2초 간격으로 번갈아 가며 1번씩 모두 2번 읽어줍니다. 당황하지 말고 침착하게 듣습니다.

3 문항과 문항 사이는 약 6초 간격입니다. 이 시간을 잘 활용하여 다음 문제에 제시된 사진을 미리 보고 녹음 내용을 듣도록 합니다.

4 사진으로 제시되어 전달되는 뜻은 명사(과일, 음식, 동물 이름, 교통수단, 숫자, 문구용품, 일상생활 용품 등)나 동사(감사와 사과, 날씨, 건강, 동작, 표정)로 확

인 되는 내용들이 많습니다. 그러므로 명사와 동사를 잘 듣도록 합니다.

5 두 사물을 비교하는 문제도 자주 출제 됩니다. 크기나 양과 관련된 형용사 大(dà), 小(xiǎo), 多(duō), 少(shǎo) 등을 잘 듣도록 합니다.

6 녹음 속에서 말하는 시간과 사진 속의 시간이 일치하는지 묻는 문제도 자주 출제되고 있습니다. 따라서 시간 관련 표현을 잘 익혀두어야 합니다.

Track 02

예제 녹음을 잘 듣고 √ 혹은 × 표시를 하시오.

1.		
2.		

Yǐzi shang de xiǎogǒu shì shéi de
1. 椅子 上 的 小狗 是 谁 的？(기출문제 응용)

해석 의자 위에 있는 강아지는 누구 강아지죠?

해설 [명사 구별해서 잘 듣기] 제시된 그림은 고양이 '猫(māo)'인데 녹음은 강아지를 뜻하는 '小狗'이므로 답은 ×입니다.

단어 椅子 yǐzi 명 의자 | 小狗 xiǎogǒu 명 강아지 | 谁 shéi 대명 누구

Xiànzài shì diǎn fēn
2. 现在 是10 点 25分。

해석 지금은 10시 25분입니다.

해설 [시간 숫자 잘 듣기] 숫자 '10(shí)' 와 '4(sì)'는 혼동하기 쉽습니다. 녹음은 10시 25분이라고 하고 사진은 4시 25분을 가리키고 있으므로 답은 ×입니다.

단어 现在 xiànzài 명 현재 | 点 diǎn 명 시

듣기 2부분

Track 03

샘플문제

D

lìrú Nǐ xǐhuan shénme yùndòng
例如： 男：你 喜欢 什么 运动？
Wǒ zuì xǐhuan tī zúqiú
女：我 最 喜欢 踢 足球。

해석 남: 당신은 어떤 운동을 좋아합니까?
여: 저는 축구를 가장 좋아합니다.

해설 [동작 잘 듣기] 녹음 속에 언급된 '踢足球'는 '축구 하다'를 뜻하므로 답을 보기D로 고르기 어렵지 않습니다.

단어 喜欢 xǐhuan 동 좋아하다 | 什么 shénme 대명 무엇, 어떤 | 运动 yùndòng 명 운동 | 最 zuì 부 최고, 제일 | 踢 tī 동 차다 | 足球 zúqiú 명 축구

정답 고르기 Tip 10개 문항이며 한 문항을 두 번씩 듣습니다.

1 대화 내용을 남자와 여자 성우가 약 2초 간격으로 번갈아 가며 1번씩 모두 2번 읽어줍니다. 당황하지 말고 침착하게 듣습니다.

2 11-15번 문제는 보기 사진 아래에 제시된 샘플 문제의 답인 보기D는 우선 제거하고 다른 그림들을 잘 보도록 합니다.

3 문항과 문항 사이는 약 10초 간격이므로 간격 시간을 잘 활용하여 보기 분석을 합니다.

4 듣기 2부분 역시 듣기 1부분과 마찬가지로 명사와 동사에 포인트를 맞추어 답을 고르는 문제가 많으므로 평소 명사와 동사 공부를 게을리 하지 않아야 합니다.

5 대화를 듣고 상황에 맞는 사진을 골라야 하는 문제들도 있습니다. 주로 전화할 때 자주 사용하는 말, 만나고 헤어질 때 자주 하는 말, 감사와 사과를 전하는 말, 누군가에게 도움을 청하는 말, 사람을 소개하는 말 등 기본 회화 공부를 잘 해 두어야 합니다.

Track 04

예제

녹음 속의 대화를 잘 듣고 관련 있는 보기를 고르시오.

A 

B 

C 

1. ☐

2. ☐

Wǒ shuō de méi cuò ba xiàng yòu zǒu
1. 女：我 说 的 没 错 吧，向 右 走。
Hǎo ba tīng nǐ de
男：好 吧，听 你 的。

해석 여: 제가 한 말이 틀리지 않았죠, 오른쪽으로 가요.
남: 네, 당신 말대로 하죠.

해설 [방향 잘 듣기] 녹음에 언급된 '向右走'와 보기C를 같이 연결시킬 수 있습니다. 따라서 답은 보기C입니다.

단어 说的 shuō de 말한 것 | 错 cuò 형 틀리다 | 向 xiàng 개 ~향해서 | 右 yòu 명 오른쪽 | 听你的 tīng nǐ de 상대방 말대로 하다

Nǎge shì nǐ gēge
2. 女：哪个 是 你 哥哥？
Nàbian nàge hē chá de jiù shì wǒ gēge
男：那边，那个 喝 茶 的 就 是 我 哥哥。

해석 여: 어느 분이 당신의 형인가요?
남: 저쪽에, 차를 마시고 있는 분이 바로 제 형이에요.

해설 [동작 잘 듣기] '喝茶的'는 '차를 마시는 사람'을 뜻하므로 2번 문제는 보기A와 관련 있는 대화 내용입니다.

단어 喝茶 hē chá 동 차 마시다 | 的 de 조 ~하는 사람 | 就 jiù 부 바로

듣기 3부분

Track 05

샘플문제

Xiǎo Wáng Zhèli yǒu jǐ ge bēizi nǎge shì nǐ de
例如: 男: 小 王，这里 有 几 个 杯子，哪个 是 你 的？
Zuǒbian de nàge hóngsè de shì wǒ de
女: 左边 的 那个 红色 的 是 我 的。
Xiǎo Wáng de bēizi shì shénme yánsè de
问: 小 王 的 杯子 是 什么 颜色 的？

hóngsè	hēisè	báisè
A 红色 ✓	B 黑色	C 白色

해석 남: 샤오왕, 여기 컵이 몇 개 있는데, 어느 것이 당신 것입니까?
여: 왼쪽에 있는 그 빨간색이 제 컵입니다.

질문: 샤오왕의 컵은 무슨 색인가요?

A 빨간색 B 검은색 C 흰색

해설 [색표현 잘 듣기] 녹음을 듣기 전 빠르게 보기를 확인하여 대화 속에서 어떤 색이 언급되는지 잘 들어야겠다는 생각을 해야 합니다. 그런 후에 녹음을 듣는다면 빨간색을 뜻하는 '红色'를 놓치지 않고 분명하게 들을 수 있습니다.

단어 这里 zhèli 여기 | 几 jǐ 대명 몇 | 杯子 bēizi 명 컵 | 哪 nǎ 대명 어느 | 左边 zuǒbian 명 왼쪽 | 红色 hóngsè 명 빨간 색, 붉은 색 | 的 de 조 사물을 대신함, ~한 것 | 颜色 yánsè 명 색 | 黑色 hēisè 명 검은 색 | 白色 báisè 명 흰 색

정답 고르기 Tip 10개 문항이며 한 문항을 두 번씩 듣습니다.

1. 듣기 3부분은 문항 별로 보기 3개가 주어지며 녹음을 듣기 전 먼저 해야 하는 빠른 보기 분석은 한 문항 한 문항을 해결하는데 상당히 중요합니다.
2. 보기 분석을 통해 색, 시간, 장소, 사람, 사물, 개수, 동작, 정도, 날씨 등 무엇을 묻고 있는지 먼저 분석을 한 후 녹음을 들으면 대화 내용이 더 귀에 잘 들어오고 답을 찾기 쉽습니다.
3. 남녀가 한 번씩 주고 받는 대화를 약 1.5초 간격으로 2번 들려 주며, 문제와 문제 사이는 약 12초 간격을 두고 진행합니다. 이 시간을 잘 활용하여 보기를 분석해야 합니다.
4. 못 들은 문제나 답을 제대로 찾지 못한 문제가 있더라도 과감히 다음 문항을 준비하는 자세가 필요합니다.

Track 06

예제

녹음을 듣고 질문에 알맞은 답을 고르시오.

1. A 医院 (yīyuàn)　B 商店 (shāngdiàn)　C 学校 (xuéxiào)

2. A 明天 早上 (míngtiān zǎoshang)　B 明天 中午 (míngtiān zhōngwǔ)　C 明天 晚上 (míngtiān wǎnshang)

1. 女：你 觉得 怎么样？ (Nǐ juéde zěnmeyàng)
男：谢谢！好 多 了。可是 医生 让 我 多 住 几 天。 (Xièxie Hǎo duō le Kěshì yīsheng ràng wǒ duō zhù jǐ tiān)
问：女 的 现在 可能 在 哪儿？(기출문제 응용) (Nǚ de xiànzài kěnéng zài nǎr)

A 医院 (yīyuàn)　B 商店 (shāngdiàn)　C 学校 (xuéxiào)

해석 여: 조금 괜찮아지셨나요?
남: 감사합니다. 많이 좋아졌습니다. 그러나 의사선생님이 며칠 더 입원해 있으라고 하시네요.
질문: 여자는 지금 어디에 있을까요?

A 병원　B 상점　C 학교

해설 [상황에 맞는 핵심어 잘 듣기] 보기를 먼저 분석합니다. 그러면 장소를 묻는 문제라는 것을 알 수 있습니다. 대화 속에 '医生' 이라고 언급되는 부분에서 이 대화가 병원에서 이루어졌다는 것을 알 수 있으므로 답은 A입니다.

단어 觉得 juéde 동 느끼다 | 好点了 hǎo diǎn le 조금 좋아지다 | 好多了 hǎo duō le 많이 좋아지다 | 可是 kěshì 관 그러나 | 医生 yīshēng 명 의사 | 让 ràng 동 ~하게 하다 | 住 zhù 동 묵다 | 医院 yīyuàn 명 병원 | 现在 xiànzài 명 현재, 지금 | 可能 kěnéng 부 아마도

2. 女：时间 不 早 了，我 该 回家 了。
(Shíjiān bù zǎo le wǒ gāi huíjiā le)

男：好， 明天 中午 见。
(Hǎo míngtiān zhōngwǔ jiàn)

问：他们 最 可能 什么 时候 再 见面 ？
(Tāmen zuì kěnéng shénme shíhou zài jiànmiàn)

A 明天 早上 (míngtiān zǎoshang)　B 明天 中午 (míngtiān zhōngwǔ)　C 明天 晚上 (míngtiān wǎnshang)

해석 남: 시간이 늦었네요. 집에 돌아가야겠습니다.
여: 네, 내일 점심에 뵙겠습니다.
질문: 이들은 언제 다시 만날까요?

A 내일 아침　B 내일 점심　C 내일 저녁

해설 [비슷한 뜻 이해하기] 남자가 한 말 '明天中午见'에서 답이 보기B라는 것을 알 수 있습니다.

단어 时间 shíjiān 명 시간 | 早 zǎo 형 이르다 | 该 gāi 조동 마땅히 | 回家 huíjiā 동 집에 돌아가다 | 再 zài 부 다시 | 见面 jiànmiàn 동 만나다

듣기 4부분

Track 07

샘플문제

例如: 女: 请 在 这儿 写 您 的 名字。
(Qǐng zài zhèr xiě nín de míngzi)

男: 是 这儿 吗 ？
(Shì zhèr ma)

女: 不 是，是 这儿。
(Bú shì shì zhèr)

男: 好，谢谢。
(Hǎo xièxie)

问: 男 的 要 写 什么 ？
(Nán de yào xiě shénme)

A 名字 ✓ (míngzi)　B 时间 (shíjiān)　C 房间 号 (fángjiān hào)

해석 여: 여기에 당신의 성함을 써 주세요.
남: 여기입니까?
여: 아니요, 여기요.
남: 네, 고맙습니다.
질문: 남자는 무엇을 쓰려고 하나요?

A 이름 ✓　　B 시간　　C 방 호수

해설 [처음 도입 부분 잘 듣기와 명사 잘 듣기] 대화를 처음부터 잘 듣는데는 많은 훈련이 필요합니다. 보기를 먼저 분석한 후 듣는다면 처음에 언급된 '写您的名字'를 놓치지 않고 답을 보기A로 고르기가 훨씬 수월해 집니다.

단어 **请** qǐng 동 부탁하다, ~해 주세요 | **在** zài 개 ~에 | **写** xiě 동 쓰다 | **名字** míngzi 명 이름 | **谢谢** xièxie 동 감사합니다 | **时间** shíjiān 명 시간 | **房间号** fángjiānhào 명 방 호수

정답 고르기 TIP 5개 문항이며 한 문항을 두 번씩 듣습니다.

1 남녀가 대화를 두 번씩 주고 받으므로 다른 파트에 비해 많은 내용이 언급되고 주는 정보량이 많기 때문에 집중해서 듣도록 합니다.

2 대화를 처음부터 잘 듣는다는 것이 입문 학습자에게는 매우 어렵습니다. 그러므로 보기 분석을 통해 대화 내용을 미리 추측한 후 듣는 훈련이 필요합니다.

3 한 문항을 약 1.5초 간격으로 2번 들려주므로 여유 있게 들으며 답을 고릅니다. 약 12초 간격으로 문제가 진행되므로 이 시간을 잘 활용해서 다음 문제 보기를 분석합니다.

4 대화 속에 문제의 선택항이 두 개 이상 언급되어 혼란스럽게 하기도 합니다. 이런 문제는 난이도가 약간 높은 편입니다. 이런 경우 대개 '不', '不是', '没', '没有' 등 부정이 언급되는데 이러한 선택항은 우선 제거하고 대화 내용을 잘 듣고 답을 고릅니다.
2번째 녹음을 들을 때 정답을 한 번 더 확인하도록 합니다.

5 남녀가 두 번씩 주고 받는 대화 내용이 어떤 상황에서 진행되는 대화인지 잘 파악해야 합니다.

Track 08

예제 녹음을 듣고 질문에 알맞은 답을 고르시오.

1.	A 5点 (diǎn)	B 5点半 (diǎn bàn)	C 9点 (diǎn)
2.	A 前面 (qiánmian)	B 银行 (yínháng)	C 饭店 (fàndiàn)

1. 男：你每天早上几点起床？ (Nǐ měitiān zǎoshang jǐ diǎn qǐchuáng?)
女：5点。 (diǎn)

Nǐ qǐ de hěn zǎo
男：你起得很早。

Wǒ shuì de yě zǎo wǒ měitiān wǎnshang diǎn jiù shuìjiào zǎo shuì zǎo qǐ duì shēntǐ hǎo
女：我睡得也早，我每天晚上9点就睡觉，早睡早起对身体好。

Nǚ de jǐ diǎn qǐchuáng
问：女的几点起床？

diǎn	diǎn bàn	diǎn
A 5点	B 5点半	C 9点

해석 남: 당신은 매일 아침 몇 시에 기상하나요?

여: 5시요.

남: 무척 일찍 일어나시네요.

여: 저는 일찍 잡니다. 매일 밤 9시면 바로 자요. 일찍 자고 일찍 일어나는 것이 건강에 좋으니까요.

질문: 여자는 몇 시에 기상하나요?

A 5시 B 5시반 C 9시

해설 [숫자 잘 듣기] 대화 속에 5시와 9시가 언급이 되는데 5시는 기상시간이고 9시는 취침시간입니다. 답은 보기A입니다.

단어 几 jǐ 대명 몇 | 点 diǎn 명 시 | 起床 qǐchuáng 동 기상하다 | 早 zǎo 형 이르다 | 睡 shuì 동 자다 | 睡觉 shuìjiào 동 잠을 자다 | 早睡早起 zǎo shuì zǎo qǐ 일찍 자고 일찍 일어나다 | 对 duì 개 ~에게 | 身体 shēntǐ 명 건강, 몸

Qǐngwèn yínháng zěnmezǒu
2 女：请问，银行怎么走？

Nín xiàng qián zǒu jiù zài lù de yòubian
男：您向前走，就在路的右边。

Xièxie nǐ
女：谢谢你！

Bú kèqì
男：不客气。

Nǚ de yào qù nǎr
问：女的要去哪儿？(기출문제 응용)

qiánmian	yínháng	fàndiàn
A 前面	B 银行	C 饭店

해석 여: 말 좀 여쭙겠습니다. 은행 어떻게 갑니까?

남: 앞으로 가세요. 바로 길가 오른쪽에 있습니다.

여: 감사합니다.

남: 천만에요.

질문: 여자는 어디에 가려고 하나요?

A 앞쪽 B 은행 C 음식점

해설 [장소 핵심어 잘 듣기] 보기를 먼저 보고 녹음을 들으면 문제를 쉽게 풀어낼 수 있습니다. 대화 처음에 여자가 우체국에 어떻게 가냐고 묻고 남자는 앞으로 가면 왼쪽에 있다고 알려 줍니다. 따라서 보기B를 답으로 고릅니다.

단어 请问 qǐngwèn 동 말씀 좀 여쭙겠습니다 | 银行 yínháng 명 은행 | 怎么 zěnme 대명 어떻게 | 走 zǒu 동 가다 | 向 xiàng 개 ~향해서 | 前 qián 명 앞 | 路 lù 명 길 | 饭店 fàndiàn 명 음식점

독해 1부분

샘플문제

D

	Měi ge xīngqīliù wǒ dōu qù dǎ lánqiú
例如:	每 个 星期六, 我 都 去 打 篮球。

해석 토요일마다 나는 농구하러 갑니다.

해설 '打篮球'는 '농구 하다'란 뜻으로 병음과 한자를 알고 뜻을 알아야 답을 보기D로 고를 수 있습니다.

단어 每 měi 대명 매번 | 星期六 xīngqīliù 명 토요일 | 都 dōu 부 모두 | 打 dǎ 동 (운동)하다 | 篮球 lánqiú 명 농구

정답 고르기 

1 문제에 언급된 명사나 동사에 포인트를 맞추어 상황을 파악합니다.
2 사람 소개, 감사 및 사과 표현, 날씨 언급, 동작 등 일상 생활 회화를 많이 익혀 두도록 합니다.
3 독해 다른 파트에 비해서 난이도가 낮으므로 다 맞추도록 합니다.

예제

아래 문장 내용과 일치하거나 관련 있는 사진을 보기에서 고르시오.

A 

B 

C 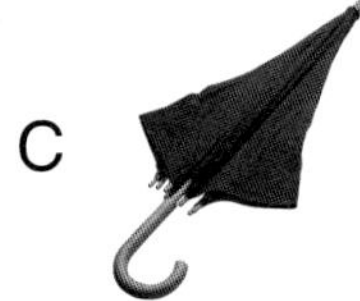

Yǒu wèntí de huà nǐ kěyǐ gěi lǎoshī dǎ diànhuà
1. 有 问题 的 话, 你 可以 给 老师 打 电话。 ☐

Xuéxí de shíhou zuì hǎo bié wán diànnǎo
2. 学习 的 时候, 最 好 别 玩 电脑。 ☐

Yǒu wèntí de huà nǐ kěyǐ gěi lǎoshī dǎ diànhuà
1. 有 问题 的 话，你 可以 给 老师 打 电话 。 (기출문제 응용)

해석 만약 문제가 있다면 선생님에게 전화하시면 됩니다.

해설 [명사 뜻 이해하기] 지문 속의 '打电话'와 관련있는 그림으로 보기B를 답으로 고를 수 있습니다.

단어 有 yǒu 동 있다 | 问题 wèntí 명 문제 | 的话 de huà 만약 ~라면 | 老师 lǎoshī 명 선생님 | 打 dǎ 동 (전화를)걸다 | 电话 diànhuà 명 전화

Xuéxí de shíhou zuì hǎo bié wán diànnǎo
2. 学习 的 时候，最 好 别 玩 电脑 。 (기출문제 응용)

해석 공부 시간에 컴퓨터 게임은 하지 않는 것이 좋습니다.

해설 [명사 '电脑'이해하기] 명사 '电脑'는 '컴퓨터' 라는 뜻으로 보기B가 답이 됩니다.

단어 学习 xuéxí 동 공부하다 | 最好 zuì hǎo 가장 좋다 | 别 bié 부 ~하지 마라 | 玩 wán 동 놀다 | 电脑 diànnǎo 명 컴퓨터

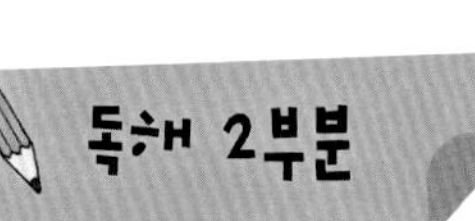

독해 2부분

샘플문제

màn	shēngrì	jìn	kěnéng	guì	gāoxìng
A 慢	B 生日	C 进	D 可能	E 贵 ✓	F 高兴

Zhèr de yángròu hěn hǎochī dànshì yě hěn
例如: 这儿 的 羊肉 很 好吃，但是 也 很（ ）。

해석 이곳의 양고기는 아주 맛있다. 그러나 많이 (비싸다)

A 느리다 B 생일 C 들어오다(가다) D 아마도 E 비싸다 F 기쁘다

해설 [관련사 '但是'와 '부사+형용사' 익히기] '但是'는 전환을 나타내며, 앞, 뒤절의 내용이 상반됩니다. '양고기가 맛있다'라는 앞 절의 내용과 전환 관계를 이룰 수 있는 내용으로 보기 중에서 찾는다면 '가격이 비싸다'와 전환을 이루기 좋습니다. 또한 부사 '很' 뒤에는 형용사가 자주 오는데 여러 보기 중 보기E가 가장 적합한 형용사입니다.

단어 羊肉 yángròu 명 양고기 | 很 hěn 부 매우 | 好吃 hǎochī 형 맛있다 | 但是 dànshì 관 그러나 | 也 yě 부 역시

정답 고르기 Tip

1 품사의 기본적인 문법특징을 잘 이해해야 합니다. (p.11, 03. 품사라구요? 참고)

2 문장의 구조를 잘 익혀서 주어, 서술어, 목적어를 잘 찾도록 합니다. (p.10, 중국어 어순 참고)

3 일상 회화 내용도 독해 2부분에 자주 언급되니 자연스러운 어감을 키우도록 많이 읽고, 말하고, 쓰기를 병행해야 합니다.

4 빈칸에 들어갈 단어와 호응을 이루거나 대구를 이룰 수 있는 것을 제시된 문제 문장 속에서 찾고 이에 근거해 답을 고를 수도 있습니다.

예제

빈 칸에 들어갈 알맞은 보기를 찾아 넣으시오.

A 贵 guì　　B 生日 shēngrì　　C 还没 hái méi

1. (　　)的40块钱一斤，便宜的20块钱一斤。
(de kuài qián yì jīn piányi de kuài qián yì jīn)

2. 不好意思，我(　　)学会做菜。
(Bùhǎoyìsi wǒ xuéhuì zuòcài)

1. (　　)的40块钱一斤，便宜的20块钱一斤。
(de kuài qián yì jīn piányi de kuài qián yì jīn)

해석 (비싼) 것은 40위안에 한 근이고, 저렴한 것은 20위안에 한 근입니다.

해설 [반대말 익히기] 가격이 40위안, 20위안 두 가지가 제시되는데, 20위안은 저렴한 것이 40위안이 비싼 것이 되어야 맞겠지요. 그래서 답은 보기A가 됩니다.

단어 贵 guì 형 비싸다 | 的 de 조 ~한 것 | 块 kuài 양 위안 | 钱 qián 명 돈 | 斤 jīn 양 근(500그람) | 便宜 piányi 형 저렴하다

2. 不好意思，我(　　)学会做菜。
(Bùhǎoyìsi wǒ xuéhuì zuòcài)

해석 미안합니다. 저는 (아직) 음식을 할 줄 모릅니다.

해설 [부정 표현 익히기] '还没'는 일반적으로 동사 앞에 위치해서 '아직 ~하지 않았다'를 의미합니다. 따라서 괄호 뒤에 있는 '배워서 할 줄 안다'라는 동사 '学会' 앞에 보기C가 적합합니다.

단어 不好意思 bùhǎoyìsi 미안하다, 죄송하다 | 学会 xuéhuì 동 배워서 할 줄 안다 | 做菜 zuòcài 동 음식을 만들다

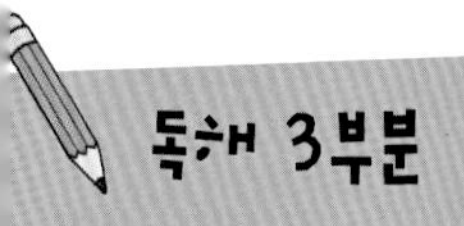

샘플문제

Xiànzài shì diǎn fēn tāmen yǐjing yóule fēnzhōng le
例如： 现在 是11 点 30分， 他们 已经 游了20 分钟 了。

Tāmen diǎn fēn kāishǐ yóuyǒng
★ 他们 11 点 10分 开始 游泳 。 (✓)

해석 현재 11시 30분이니, 저들은 이미 수영을 20분간 하였습니다.

★그들은 11시10분에 수영을 시작하였습니다.

해설 [의미 파악하기] 지금은 11시 30분이고, 이미 20분간 수영을 했으니 이들은 11시 10분에 수영을 시작한 것이 맞습니다. 그래서 두 문장은 내용이 같은 것이라고 판단하고 답을 ✓라고 표시해야 합니다. '已经游了20分钟了'는 '이미 수영했고, 20분전 수영을 시작해 지금까지 지속되고 있음'을 뜻합니다.

단어 现在 xiànzài 명 현재 | 点 diǎn 명 시 | 分 fēn 명 분 | 已经 yǐjing 부 이미 | 游 yóu 동 수영하다 | 了 le 조 동작의 완료를 뜻함 | 分钟 fēnzhōng 명 분간 | 开始 kāishǐ 동 시작하다

샘플문제

Wǒ huì tiàowǔ dàn tiào de bù zěnmeyàng
我 会 跳舞， 但 跳 得 不 怎么样 。

Wǒ tiào de fēicháng hǎo
★ 我 跳 得 非常 好。 (×)

해석 저는 춤을 출 수 있으나 잘 추지는 못합니다.

★저는 춤을 아주 잘 춥니다.

해설 [정도 의미 파악하기] 첫 번째 문장은 정도가 낮음을 뜻하는 '不怎么样'을 사용하여 춤을 잘 추지 못한다고 했습니다. 그러나 두 번째 문장은 정도가 높음을 뜻하는 '非常好'를 사용하였으니 이 두 문장은 같은 뜻이라고 보기 어렵습니다.

단어 会 huì 조동 ~할 줄 안다 | 跳舞 tiàowǔ 동 춤 추다 | 但 dàn 관 그러나 | 得 de 조 ~하는 정도가 | 不怎么样 bù zěnmeyàng 별로이다, 그저 그렇다

정답 고르기 

1 문장의 의미를 제대로 파악할 수 있는 독해 능력이 있어야 합니다. 그러기 위해서는 침착하게 한 글자 한 글자 읽고 의미를 파악하는 연습을 평소에 잘 해두어야 합니다.

2 문장 속에서 주어, 술어, 목적어를 찾아 두 문장의 의미가 같은지 대조해 보는 것도 좋은 방법입니다.

3 긍정인지 부정인지 의미가 같은지 대조하는 문제도 있으니 잘 살펴 혼동하지 않도록 해야 합니다.

4 정도의 높고 낮음에 관한 문제들도 있으니 정확한 뜻을 파악해야 합니다.

5 언뜻 보면 두 문장의 뜻이 다른 것 같으나 시간 계산이나 날짜 계산 등을 해 보면 같은 의미인 경우들도 있으므로 섣부른 판단은 금물입니다.

예제

다음 두 개의 문장을 읽고 일치하면 √, 일치하지 않으면 ×를 표시하시오.

Tā yuándìng jīntiān xiàwǔ huíjiā búguò xuéxiào tūrán chūle diǎn shì suǒyǐ tā
他 原定 今天 下午 回家，不过 学校 突然 出了 点 事，所以 他
zhǐhǎo liú zài xuéxiào jìxù gōngzuò le
只好 留 在 学校 继续 工作 了。

Tā jīntiān xiàwǔ méi huíjiā
★ 他 今天 下午 没 回家。 ( )

해석 그는 원래 오늘 오후에 집으로 돌아 가려고 했는데, 갑자기 학교에 일이 생겨서 어쩔 수 없이 학교에 남아 계속 일을 해야 했다.

★그는 오늘 오후 집으로 돌아가지 못했다.

해설 [지문 내용 올바로 이해하기와 관련사 '不过'익히기] 지문 내용을 올바로 이해하지 않고 같은 글자가 있다는 것만 보고 답을 체크한다면 함정에 빠질 수 있습니다. 관련사 '不过'는 앞, 뒤 내용이 달라지는 전환의 의미관계를 나타내므로 앞부분만 보고 덥석 답을 체크하기 보다는 반드시 끝까지 다 읽어봐야 합니다. 뒤의 내용은 '학교에 남아서 계속 일을 해야 했다' 이므로 두 문장은 일치하는 내용입니다. 따라서 답은 √입니다.

단어 原定 yuándìng 동 원래 정하다 | 不过 búguò 관 ~이지만, 그러나 | 突然 tūrán 부 갑자기 | 出 chū 동 생기다 | 点 diǎn 양 약간 | 事 shì 명 일, 사건 | 所以 suǒyǐ 관 그래서 | 只好 zhǐhǎo 부 어쩔 수 없이 | 留 liú 동 남다 | 继续 jìxù 부 계속 | 工作 gōngzuò 동 일하다 | 没 méi 부 ~하지 못했다

독해 4부분

샘플문제

Tā zài nǎr ne Nǐ kànjiàn tā le ma
E 他 在 哪儿 呢？你 看见 他 了 吗？

Tā hái zài jiàoshì li xuéxí
例如: 他 还 在 教室 里 学习。 E

해석 그는 어디 있습니까? 그를 보셨나요?

그는 아직 교실에서 공부하고 있습니다.

해설 [질문에 알맞은 대답하기] '그가 교실에서 공부를 하고 있다'고 했으므로 '어디에 있냐'고 물어보는 보기E가 자연스럽습니다.

단어 在 zài 개 ~에서 | 哪儿 nǎr 대명 어디 | 看见 kànjiàn 동 보았다 | 还 hái 부 아직 | 教室 jiàoshì 명 교실 | 学习 xuéxí 동 공부하다

정답 고르기 Tip

1 보기와 제시된 문제가 자연스럽게 이어지도록 연결해야 합니다.

2 자연스러운 대화는 대부분 일정한 주제를 둘러싸고 대화가 이어지므로 핵심 관련어를 찾으면 조금 더 쉽게 답을 찾을 수 있습니다. 장소 묻기, 사람 소개, 날씨 이야기, 감사 및 사과 표현 등은 많이 익힐수록 좋습니다.

3 문제지에 제시된 샘플 문제의 답인 보기를 반드시 먼저 제거하고 문제를 풀도록 합니다.

4 일상 생활에서 많이 활용되는 기본 회화 공부를 잘 해두어야 하며, 문제에서 제시한 상황 설정에 빨리 적응을 해야 답을 찾기 쉽습니다.

예제

문제와 자연스러운 대화가 될 수 있는 보기를 찾아 □ 안에 써 넣으시오.

Wǒ jīntiān dùzi téng tóu yě tòng
A 我 今天 肚子 疼，头 也 痛。

ge ge nán tóngxué ge nǚ tóngxué
B 10个，6个 男 同学，4个 女 同学。

Jiàoshì li xiànzài yǒu duōshao ge xuésheng
1. 教室 里 现在 有 多少 个 学生？ □

Xiànzài zěnmeyàng le Hǎo diǎn le ma
2. 现在 怎么样 了？好 点 了 吗？ □

Jiàoshì li xiànzài yǒu duōshao ge xuésheng
1. 教室 里 现在 有 多少 个 学生？

해석 교실에 현재 몇 명의 학생이 있나요?

해설 [숫자 묻고 대답하기] '有多少个'는 숫자를 묻고 있으므로, 숫자를 답하는 보기 B(10명 있습니다. 6명은 남학생이고, 4명은 여학생입니다.)가 정답입니다. '个'는 물건이나 사람에 다 사용할 수 있는 양사입니다.

단어 教室 jiàoshì 명 교실 | 现在 xiànzài 명 현재 | 有 yǒu 동 있다 | 多少 duōshao 대명 얼마 | 学生 xuésheng 명 학생

Xiànzài zěnmeyàng le Hǎo diǎn le ma
2. 现在 怎么样 了？好 点 了 吗？

해석 지금은 어떻습니까? 좋아졌나요?

해설 [상황 파악하기] 문제 2번은 건강이나 상황에 관해 질문할 때 많이 쓰는 말입니다. 이에 대한 대답은 보기A(저는 오늘 배가 아프고 머리도 아파요.)가 자연스럽습니다.

단어 怎么样 zěnmeyàng 대명 어떻습니까 | 好点了 hǎo diǎn le 좋아지다

7일 단어 암기 PLAN!

1일차	001~065 (총 65개)	☐
2일차	066~115 (총 50개)	☐
3일차	116~165 (총 50개)	☐
4일차	166~221 (총 56개)	☐
5일차	222~266 (총 45개)	☐
6일차	267~300 (총 34개)	☐
7일차	확인 및 체크	☐

1. 장소를 나타내는 명사들

Track 09

001

家
jiā

002

学校
xuéxiào

003

宾馆
bīnguǎn

004

商店
shāngdiàn

005
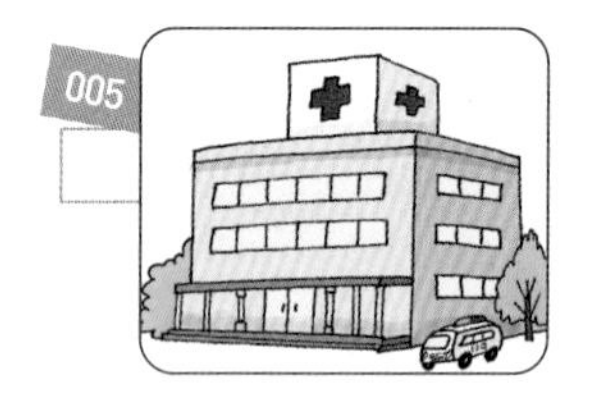
医院
yīyuàn

006

火车站
huǒchēzhàn

007
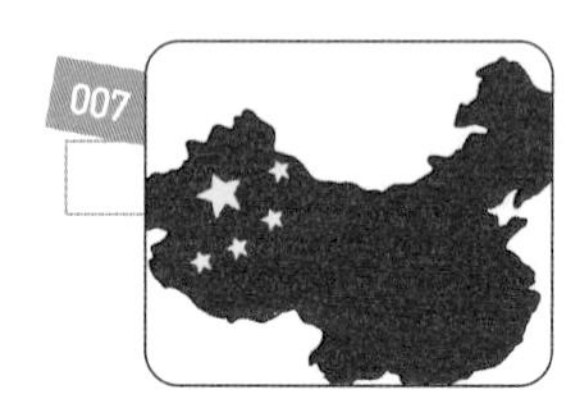
中国
Zhōngguó

008

北京
Běijīng

009

公司
gōngsī

010

机场
jīchǎng

011
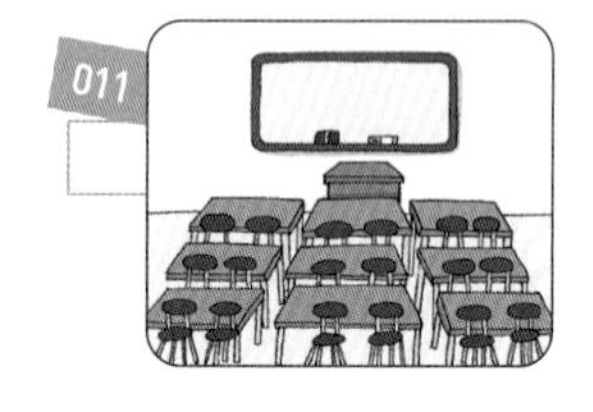
教室
jiàoshì

012

房间
fángjiān

013

路
lù

014

饭店
fàndiàn

2. 방향과 위치를 나타내는 명사들

015

上
shàng

016

下
xià

017

前面
qiánmian

018

后面
hòumian

019

外
wài

020

里
lǐ

021

左边
zuǒbian

022

右边
yòubian

023

旁边
pángbiān

001 집	002 학교	003 호텔
004 상점	005 병원	006 기차역
007 중국	008 베이징(북경)	009 회사
010 공항	011 교실	012 방
013 길	014 식당	015 위
016 아래	017 앞쪽, 앞면	018 뒤쪽, 뒷면
019 밖, 바깥	020 안	021 왼쪽
022 오른쪽	023 옆	

3. 시간을 나타내는 명사들

024
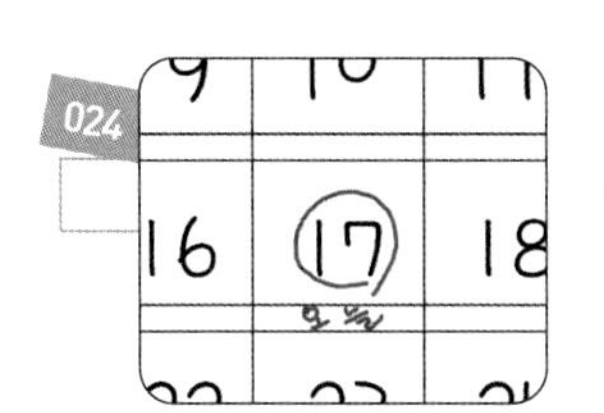
今天
jīntiān

025
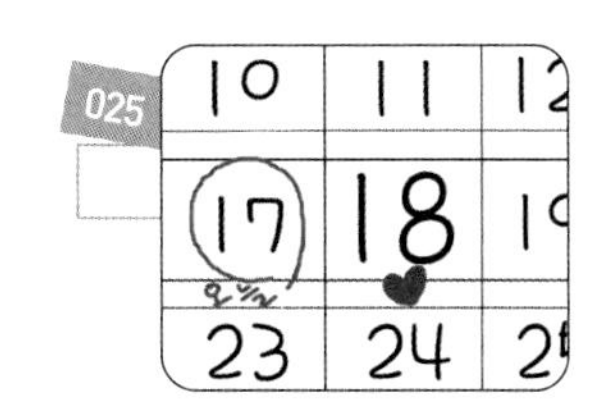
明天
míngtiān

026

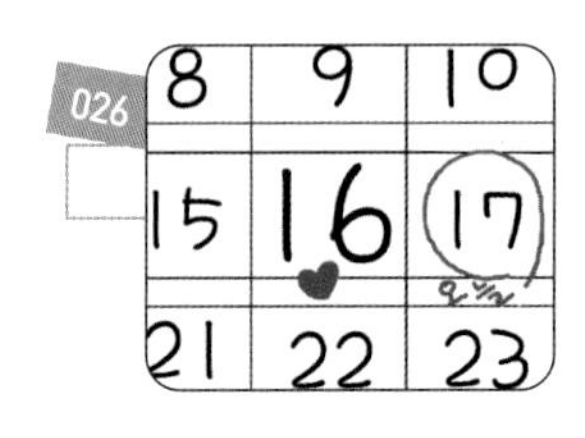

昨天
zuótiān

027

上午
shàngwǔ

028

中午
zhōngwǔ

029

下午
xiàwǔ

030

年
nián

031

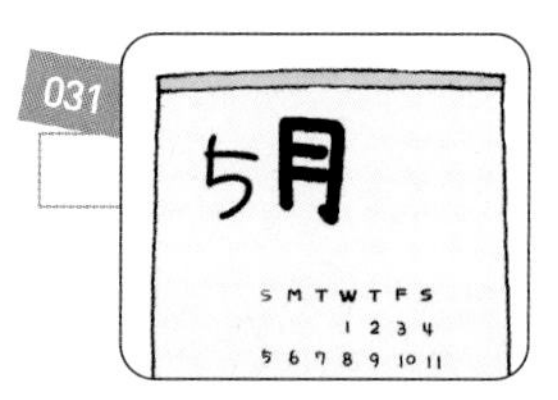

月
yuè

032

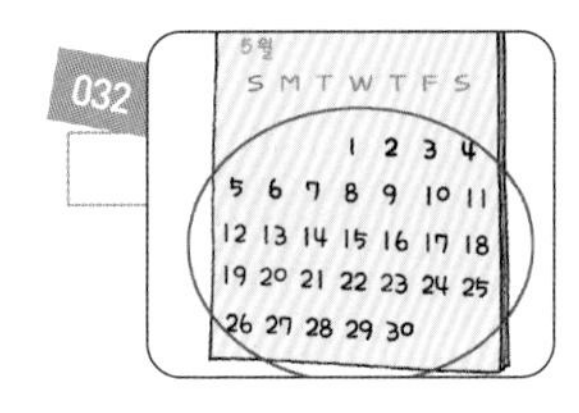

日
rì

033

星期
xīngqī

034

点
diǎn

035

现在
xiànzài

036

时候
shíhou

037

早上
zǎoshang

038

晚上
wǎnshang

039

小时
xiǎoshí

040

分钟
fēnzhōng

041

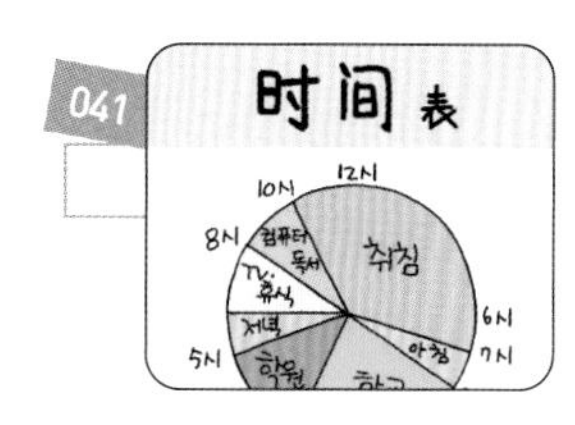

时间
shíjiān

042

去年
qùnián

043

号
hào

044

生日
shēngrì

024 오늘	025 내일	026 어제
027 오전	028 정오	029 오후
030 년	031 월	032 일
033 요일, 주	034 시	035 현재
036 ~ 할 때	037 아침	038 저녁
039 시간	040 분간	041 시간
042 작년	043 날짜, 일	044 생일

4. 사람의 신분이나 직업을 나타내는 명사들

045

爸爸
bàba

046

妈妈
māma

047

儿子
érzi

048

女儿
nǚ'ér

049

老师
lǎoshī

050

学生
xuésheng

051

同学
tóngxué

052

朋友
péngyou

053

医生
yīshēng

054

先生
xiānsheng

055

小姐
xiǎojiě

056

哥哥
gēge

057

姐姐
jiějie

058

弟弟
dìdi

059

妹妹
mèimei

060

丈夫
zhàngfu

061

妻子
qīzi

062

孩子
háizi

063

男人
nánrén

064

女人
nǚrén

065

服务员
fúwùyuán

045 아빠	046 엄마	047 아들
048 딸	049 선생님	050 학생
051 학우, 동창	052 친구	053 의사
054 Mr. 성인남자존칭	055 아가씨	056 형, 오빠
057 누나, 언니	058 남동생	059 여동생
060 남편	061 부인	062 아이
063 남자	064 여자	065 종업원

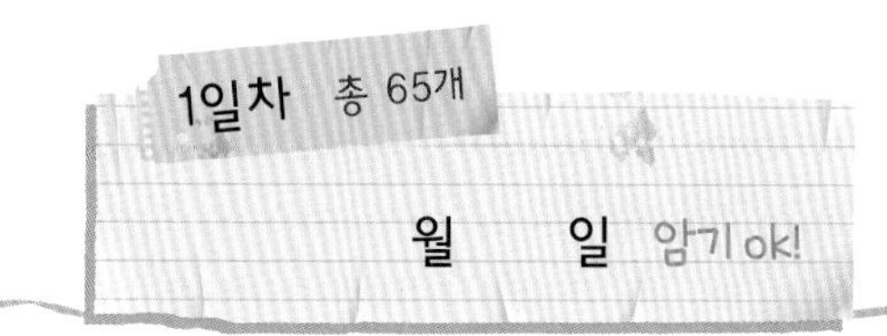

5. 사물을 나타내는 명사들

066

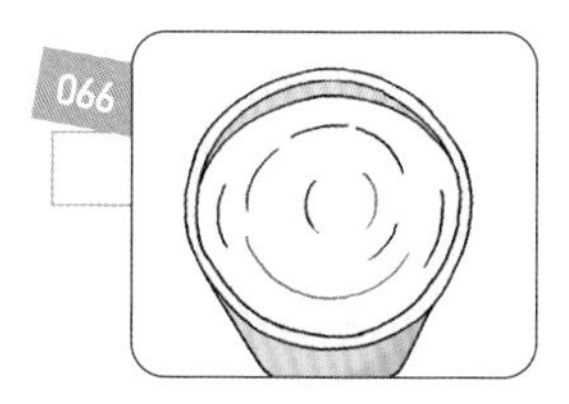

水
shuǐ

067

菜
cài

068

米饭
mǐfàn

069

水果
shuǐguǒ

070

苹果
píngguǒ

071

西瓜
xīguā

072

面条
miàntiáo

073

公共汽车
gōnggòng qìchē

074

飞机
fēijī

075

出租车
chūzūchē

076
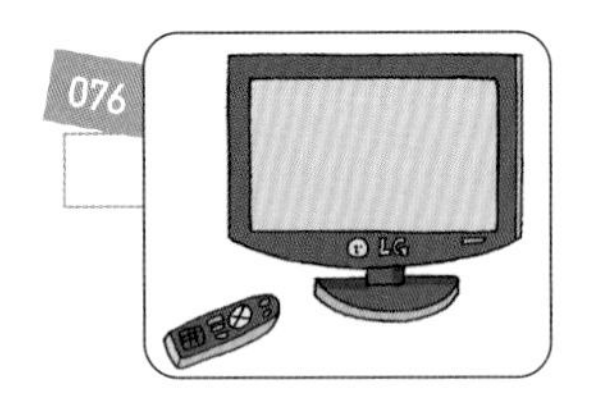

电视
diànshì

077

电脑
diànnǎo

078

电影
diànyǐng

079

天气
tiānqì

080

报纸
bàozhǐ

081

狗
gǒu

082

猫
māo

083

鱼
yú

084

羊肉
yángròu

085

牛奶
niúnǎi

086
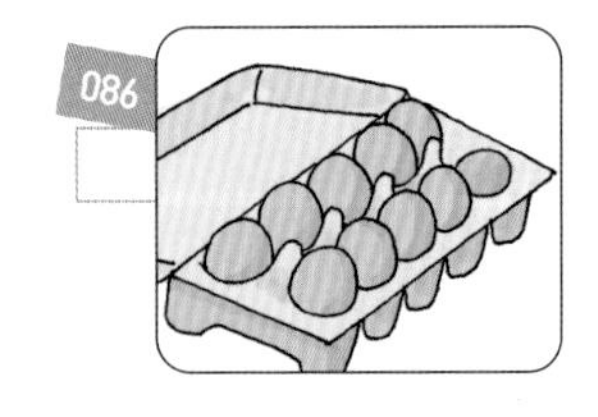
鸡蛋
jīdàn

087

茶
chá

088

咖啡
kāfēi

089

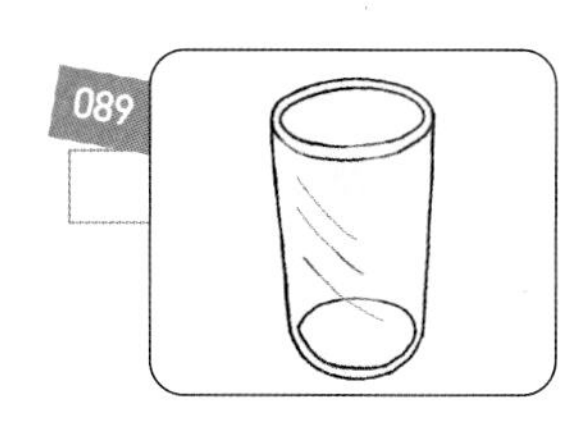

杯子
bēizi

090

衣服
yīfu

091

雪
xuě

092

药
yào

093

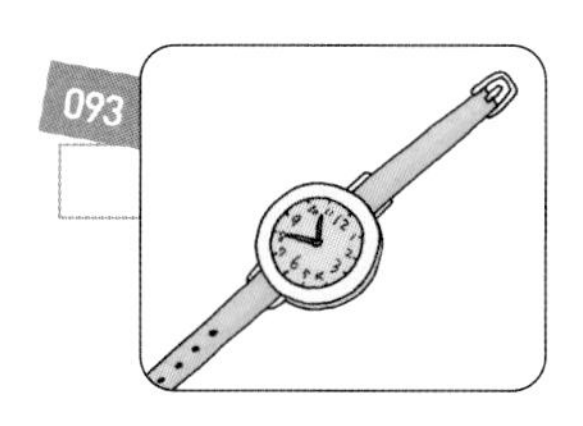

手表
shǒubiǎo

094

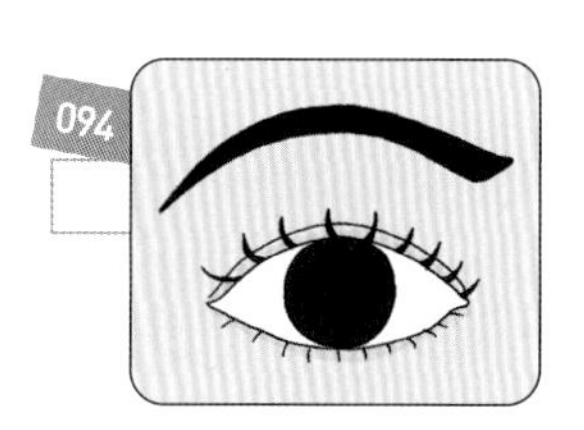

眼睛
yǎnjing

095

身体
shēntǐ

096

钱
qián

097

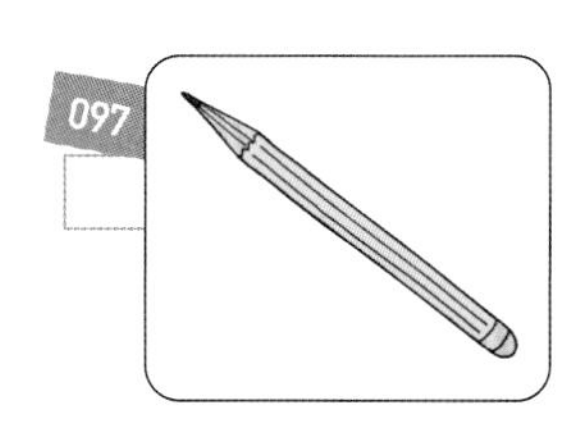

铅笔
qiānbǐ

098

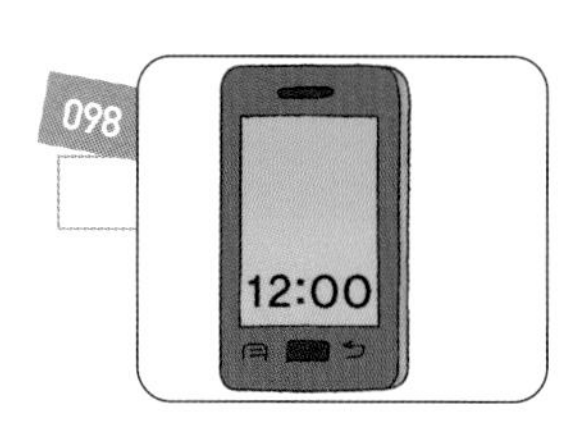

手机
shǒujī

099

东西
dōngxi

066 물	067 음식, 요리, 채소	068 쌀밥
069 과일	070 사과	071 수박
072 면류(국수)	073 버스	074 비행기
075 택시	076 TV	077 컴퓨터
078 영화	079 날씨	080 신문
081 개	082 고양이	083 생선
084 양고기	085 우유	086 계란
087 차	088 커피	089 컵
090 옷	091 눈	092 약
093 손목시계	094 눈	095 신체, 건강
096 돈	097 연필	098 휴대폰
099 물건		

6. 기타 여러 명사들

100

书
shū

101

字
zì

102
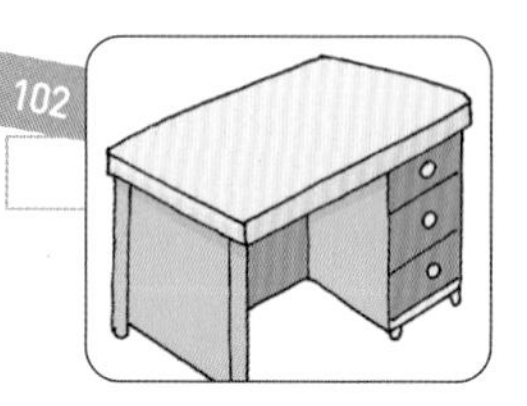
桌子
zhuōzi

103

椅子
yǐzi

104
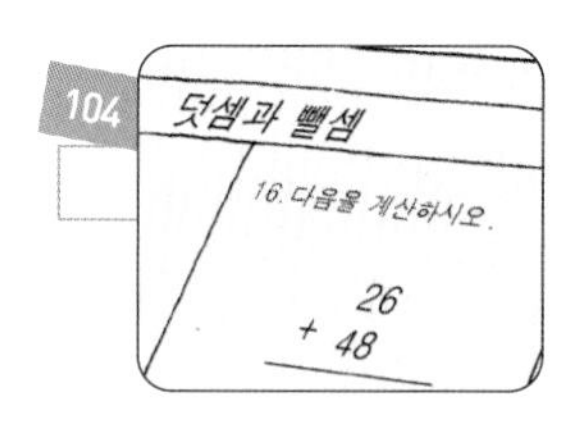

题
tí

105

课
kè

106

姓*
xìng

107

问题
wèntí

108

事情
shìqing

109

考试*
kǎoshì

110

票
piào

111
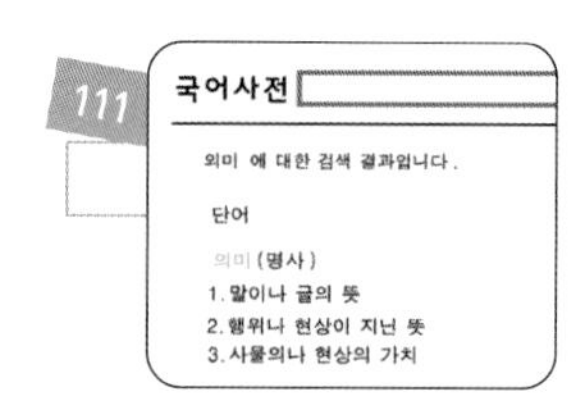

意思
yìsi

112
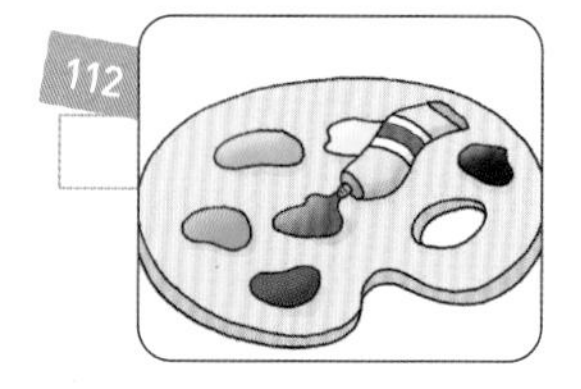
颜色
yánsè

113

人
rén

114

名字
míngzi

115

汉语
Hànyǔ

2일차 총 50개

월 일 암기 ok!

100 책	101 글자	102 책상
103 의자	104 문제(문항)	105 수업
106 성씨(성이 ~이다)	107 문제, 질문	108 일,사정
109 시험(시험을 보다)	110 표	111 의미
112 색	113 사람	114 이름
115 중국어		

동사

1. 감사와 사과, 이별의 뜻을 전하는 상투어

Track 10

116

谢谢
xièxie

117

不客气
bú kèqi

118

对不起
duìbuqǐ

119

没关系
méi guānxi

120

再见
zàijiàn

121

请
qǐng

116 감사합니다	117 별 말씀을요	118 죄송합니다
119 괜찮습니다	120 또 봅시다	121 ~해 주세요(권할 때)

2. 판단동사 '是', 소유를 뜻하는 '有'

동사	예문	문법적 특징
122 是 shì ~이다	Tā shì wǒ de tóngxué. 他是我的同学。 그는 저의 동창입니다.	* '不'로 부정합니다. * 주어와 목적어가 일치하거나 소속 관계입니다. * 중첩하지 않습니다.
	shì de * 是~的 시간,장소, 방법 강조구 Wǒ shì zuótiān lái de. 我是昨天来的。 나는 어제 왔다. (시간강조) Zhè shì zài huǒchēzhàn mǎi de. 这是在火车站买的。 이 것은 기차역에서 산 것이다. (장소강조) Tā shì zuò fēijī lái de. 他是坐飞机来的。 그는 비행기를 타고 왔다. (방법강조)	* '是'는 주어 뒤에, '的'는 문장 맨 마지막에 위치한 '주어+是~的.'의 형태로 사용됩니다. * '是~的'를 생략해도 문장에 문법적 오류가 없습니다.
123 有 yǒu 있다	Yì nián yǒu 12 ge yuè. 一年有12个月。 1년은 12개월이 있습니다.	* '没'로 부정합니다. * 소유를 나타내기도 합니다. * 중첩하지 않습니다.

3. 일반 동작 동사

124

看 kàn

125

听 tīng

126

说 shuō

127

读 dú

128

写 xiě

129

来 lái

130

回
huí

131

去
qù

132

吃
chī

133

喝
hē

134
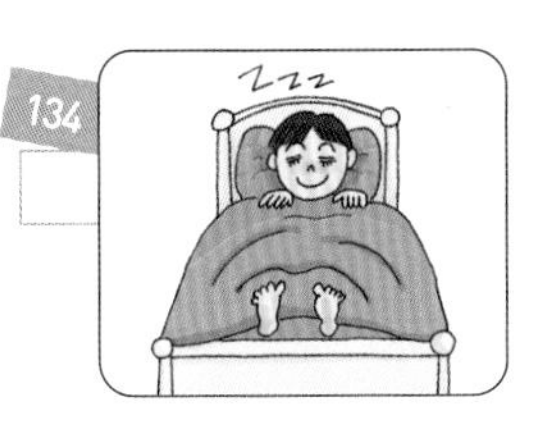

睡觉
shuìjiào

135

做
zuò

136

买
mǎi

137

卖
mài

138

坐
zuò

139

住
zhù

140

学习
xuéxí

141

工作
gōngzuò

142

下雨
xiàyǔ

143

问
wèn

144

走
zǒu

145

进
jìn

146

出
chū

147

跑步
pǎobù

148

到
dào

149

穿
chuān

150

洗
xǐ

151
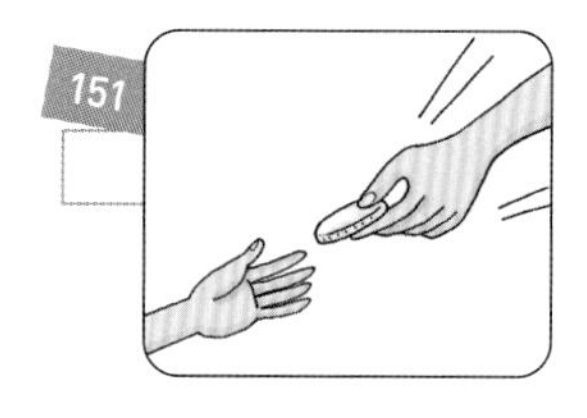
给
gěi

152

找
zhǎo

153

笑
xiào

154

开
kāi

155

告诉
gàosu

156

准备
zhǔnbèi

157

开始
kāishǐ

158

介绍
jièshào

159

帮助
bāngzhù

160

玩
wán

161

送
sòng

162

等
děng

163

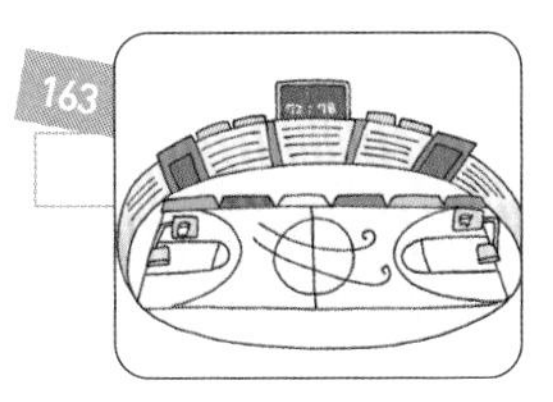

完
wán

164

说话
shuōhuà

165

看见
kànjiàn

3일차 총 50개

월 일 암기 ok!

124 보다 125 듣다 126 말하다(설명하다)
127 읽다 128 쓰다 129 오다
130 되돌아오다(되돌아가다) 131 가다
132 먹다 133 마시다 134 잠자다
135 하다 136 사다 137 팔다
138 앉다 139 살다, 묵다 140 공부하다
141 일하다 142 비 오다 143 질문하다
144 걷다 145 들어가다(들어오다) 146 나가다(나오다)
147 조깅하다 148 도달하다 149 입다
150 세탁하다, 씻다 151 주다 152 찾다
153 웃다 154 열다, 시작하다 155 알려주다
156 준비하다 157 시작하다 158 소개하다
159 돕다 160 놀다 161 선물하다, 배송하다, 배웅하다
162 기다리다 163 끝나다 164 말하다
165 보았다

166

叫
jiào

167

让
ràng

168

起床
qǐchuáng

169

旅游
lǚyóu

170

休息
xiūxi

171

运动
yùndòng

172

游泳
yóuyǒng

173

打电话
dǎ diànhuà

174

踢足球
tī zúqiú

175

打篮球
dǎ lánqiú

176

唱歌
chànggē

177

跳舞
tiàowǔ

178

上班
shàngbān

179

生病
shēngbìng

4. 심리, 인지동사

180

爱
ài

181

喜欢
xǐhuan

182

想
xiǎng

183

希望
xīwàng

184

懂
dǒng

185
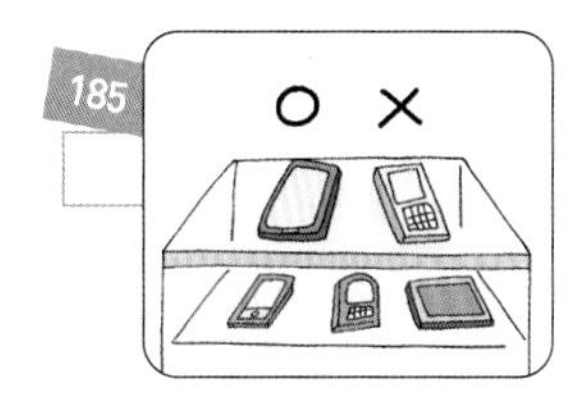

觉得
juéde

186

认识
rènshi

187

知道
zhīdào

166 부르다/~하게 시키다　167 ~하게 하다　168 일어나다, 기상하다　169 여행하다　170 쉬다, 휴식하다
171 운동하다　172 수영하다　173 전화하다　174 축구하다　175 농구하다　176 노래부르다
177 춤 추다　178 출근하다　179 병나다　180 사랑하다, ~하기 좋아하다　181 좋아하다
182 생각하다, 그리워하다　183 희망하다　184 알다, 이해하다　185 ~라고 여기다　186 알다(인식하다)
187 알다

5. 조동사

	동사	의미	예문	문법적 특징
188	会 huì ~할 줄 안다	능력	Wǒ huì zuòfàn. 我会做饭。 나는 밥을 할 줄 압니다.	* 조동사는 동사 앞에 위치합니다. * 조동사는 중첩할 수 없습니다. * 조동사가 있는 서술문을 의문문으로 만들 때 조동사를 '긍정+부정'형으로 중첩해야지, 동사를 중첩하지 않습니다. * '会'는 배워서 할 수 있는 능력을 나타냅니다.

번호	단어	의미	예문
189	能 néng ~할 수 있다	가능성	Nǐ shénme shíhou néng lái? 你什么时候能来？ 당신은 언제 올 수 있나요?
190	可以 kěyǐ ~해도 괜찮다	허락	Xiànzài nǐ kěyǐ zǒu le. 现在你可以走了。 당신은 가도 괜찮습니다.
191	要 yào ~하려 하다	의지	Wǒ yào xué yóuyǒng le. 我要学游泳了。 나는 수영을 배우려 합니다.
192	可能 kěnéng ~일 것 같다	추측	Míngtiān kěnéng xiàyǔ. 明天可能下雨。 내일은 비가 올 것 같습니다.

형용사

Track 11

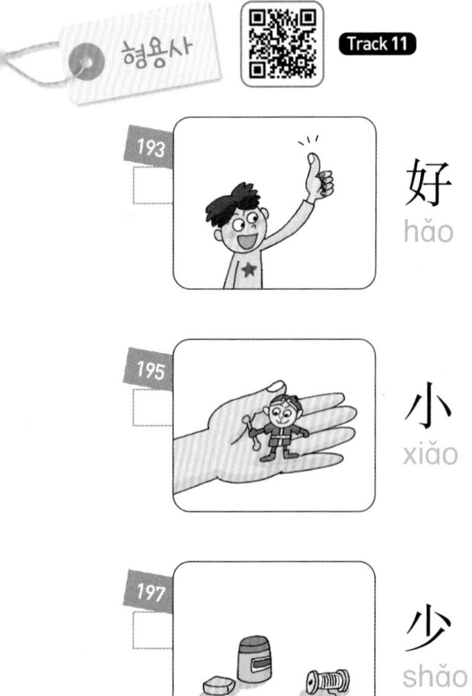

193 好 hǎo

195 小 xiǎo

197 少 shǎo

194 大 dà

196 多 duō

198 高兴 gāoxìng

199

冷
lěng

200

热
rè

201

忙
máng

202

快
kuài

203

慢
màn

204

远
yuǎn

205

近
jìn

206

好吃
hǎochī

207

漂亮
piàoliang

208

累
lèi

209

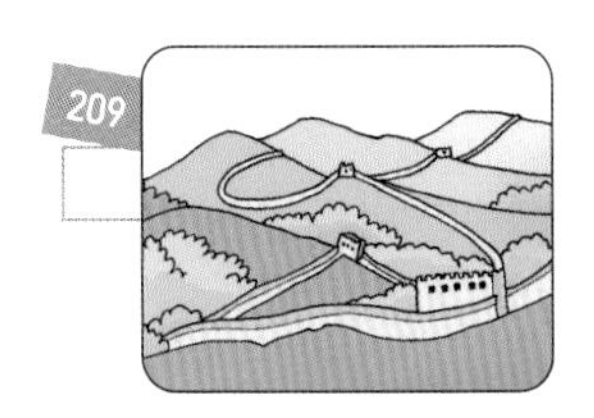

长
cháng

210

新
xīn

211

贵
guì

212

便宜
piányi

213

晴
qíng

214

阴
yīn

215

对
duì

216

错
cuò

217

快乐
kuàilè

218

高
gāo

219

红
hóng

220

白
bái

221

黑
hēi

4일차 총 56개

월 일 암기 ok!

193 좋다	194 크다	195 작다
196 많다	197 적다	198 기쁘다
199 춥다, 차갑다	200 덥다, 뜨겁다	201 바쁘다
202 빠르다	203 느리다	204 멀다
205 가깝다	206 맛있다	207 예쁘다
208 피곤하다, 힘들다	209 길다	210 새롭다
211 비싸다	212 싸다	213 (날이)맑다
214 (날이)흐리다	215 옳다	216 틀리다
217 즐겁다	218 높다	219 붉다, 빨갛다
220 하얗다	221 검다	

1. 인칭대명사 및 기타대명사

Track 12

222

我
wǒ

223

你
nǐ

224

您
nín

225

他
tā

226

她
tā

227

它
tā

228

我们
wǒmen

229

大家
dàjiā

230
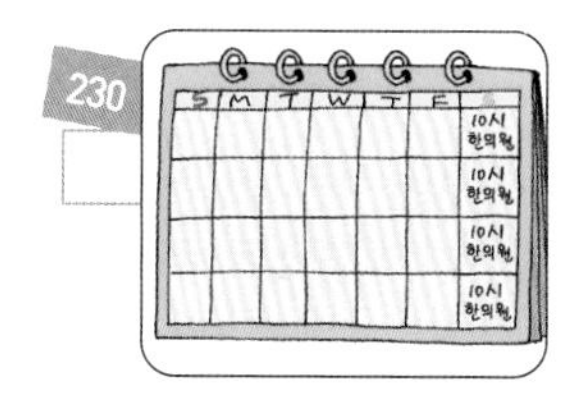

每
měi

231

这
zhè

232

那
nà

222 나, 저	223 너, 당신	224 당신의 높임말
225 그(남자)	226 그(여자)	227 그것(동식물, 사물)
228 우리들	229 모두들	230 매(번), ~마다
231 이, 이것	232 저, 저것	

2. 의문대명사

	의문대명사	의미	예문	문법적 특징
233	谁 shéi	누구	Nàge rén shì shéi? 那个人是谁？ 저 사람은 누구인가요?	* 사람을 뜻합니다.
234	哪 nǎ	어느	Zhèxiē bēizi nǐ xǐhuan nǎge? 这些杯子，你喜欢哪个？ 이 컵들 중에서 당신은 어떤 것이 좋은가요?	* 주로 수량사 앞에 위치합니다.
235	哪儿 nǎr	어디	Nǐ xiǎng qù nǎr? 你想去哪儿？ 당신은 어디에 가고 싶은가요?	* 장소를 뜻합니다.
236	什么 shénme	무슨	Nǐ ài chī shénme shuǐguǒ? 你爱吃什么水果？ 당신은 무슨 과일을 좋아하나요?	* 명사 앞에 자주 위치합니다.
237	多少 duōshao	얼마나	Nǐmen xuéxiào yǒu duōshao xuésheng? 你们学校有多少学生？ 당신네 학교에는 몇 명의 학생이 있나요?	* 10 이상의 많은 수를 물어볼 때 사용합니다.
238	几 jǐ	몇	Nǐ jǐ suì le? 你几岁了？ 당신 몇 살인가요?	* 10 미만의 수를 물어볼 때 사용합니다.
239	怎么 zěnme	어떻게, 왜	Nǐ zěnme le? 你怎么了？ 당신 왜 그러세요?	* 방법이나 원인을 묻는 말인데, '怎么了'로 물어보게 되면 안 좋은 상황이나 컨디션을 미리 짐작하고 묻는 말이 됩니다.
240	怎么样 zěnmeyàng	어떻습니까	Zhè běn shū zěnmeyàng? 这本书怎么样？ 이 책은 어떤가요?	* 상대방에게 의향을 물어볼 때 많이 사용합니다.
241	为什么 wèishénme	무엇 때문에	Tā wèishénme méi lái? 他为什么没来？ 그는 무엇 때문에 오지 않았지요?	* 이유를 물어볼 때 사용하며 문장 속에서 주어와 술어 사이에 위치합니다.

수사

Track 13

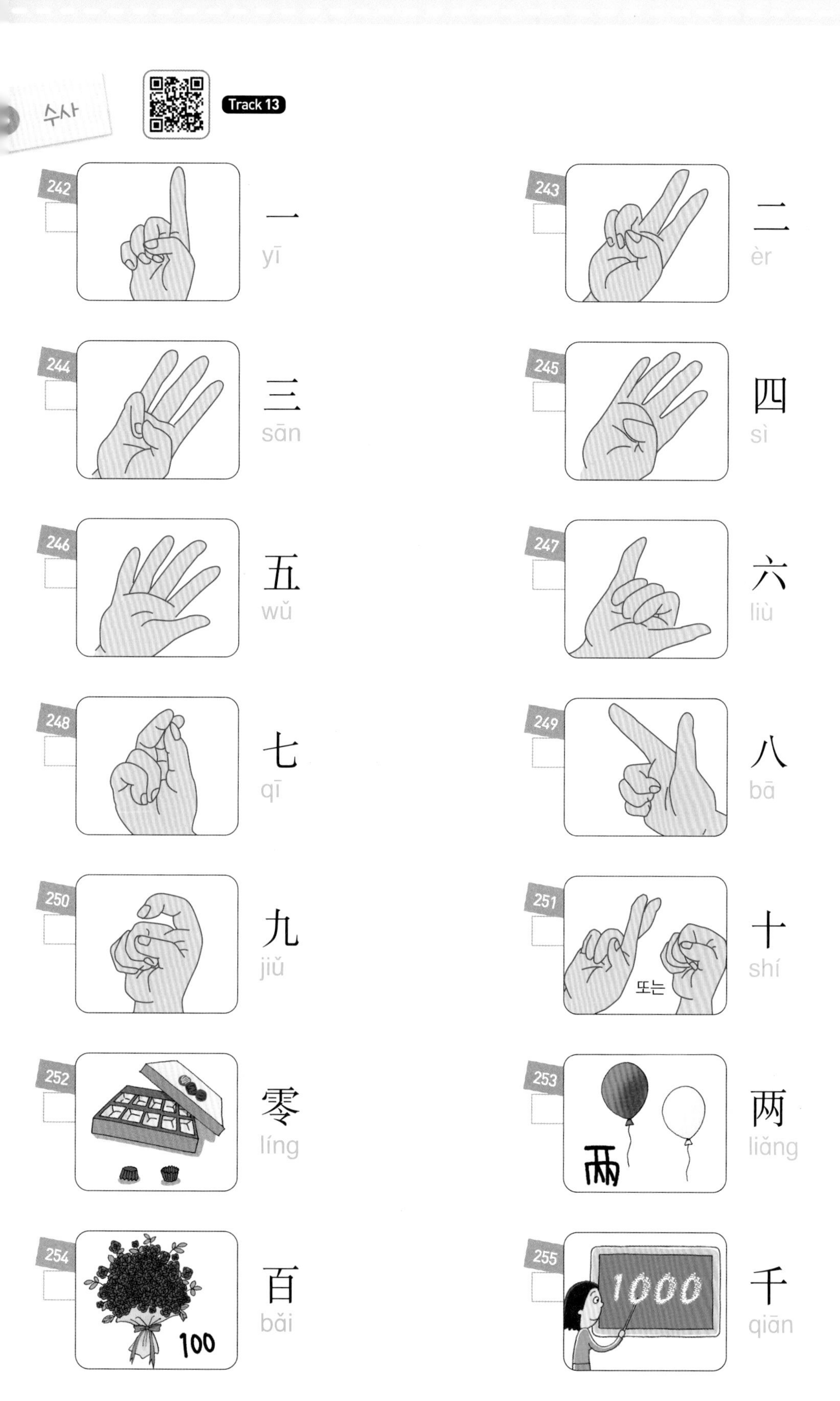

242 一 yī

243 二 èr

244 三 sān

245 四 sì

246 五 wǔ

247 六 liù

248 七 qī

249 八 bā

250 九 jiǔ

251 十 shí

252 零 líng

253 两 liǎng

254 百 bǎi

255 千 qiān

256 

第一
dìyī

242 일, 1	243 이, 2	244 삼, 3
245 사, 4	246 오, 5	247 육, 6
248 칠, 7	249 팔, 8	250 구, 9
251 십, 10	252 영, 0	253 둘, 2
254 백, 100	255 천, 1000	256 첫 번째

Track 14

257 

个
ge

258 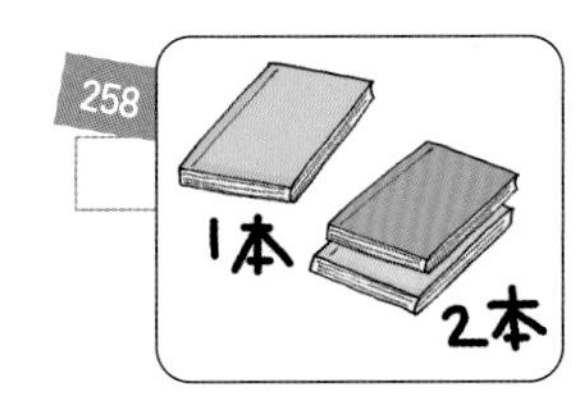

本
běn

259 

一点儿
yìdiǎnr

260 

块
kuài

261 

次
cì

262 

岁*
suì

263 

门
mén

264 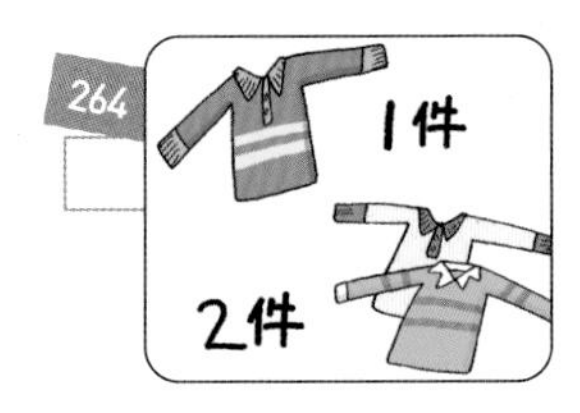

件
jiàn

265 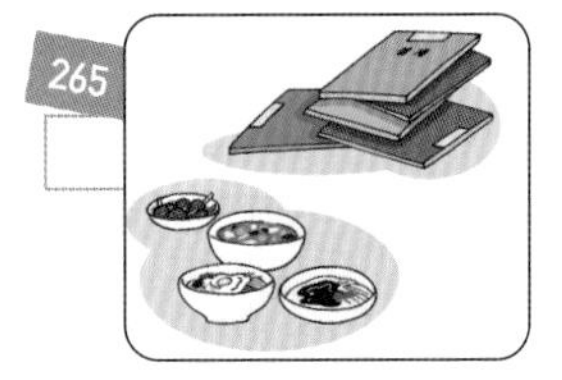

些
xiē

266 

一下
yíxià

*'岁'는 명사로도 쓰이고 양사로 쓰이기도 합니다.

5일차 총 45개

월 일 암기 ok!

257 개(사람,물건)	258 권(책)	259 약간, 좀
260 개(덩어리진 물건)	261 차례, 회(동작)	262 세, 나이
263 과목	264 건(일, 옷)	265 몇, 약간
266 한 번, 좀(~하다)		

부사

Track 15

	부사	종류	의미	예문	문법적 특징
267	부정 부사	不 bù	아니다	Wǒ bú shì xuésheng. 我不是学生。 나는 학생이 아닙니다.	* '是'는 '不'로만 부정합니다. * '不'는 의지를 부정합니다.
268		没 méi	~하지 않았다, 못 했다	Tā méi qù yīyuàn. 他没去医院。 그는 병원에 가지 않았습니다.	* '没'는 과거를 부정합니다. * '有'는 '没'로만 부정합니다.
269		别 bié	~하지 마라	Nǐ bié qù yóuyǒng le. 你别去游泳了。 당신은 수영하러 가지 마세요.	* 금지를 의미합니다. * '别~了'구조로 자주 사용됩니다.
270	정도 부사	很 hěn	매우	Tā hěn gāoxìng. 他很高兴。 그는 기쁩니다.	* 형용사 앞에 위치해 일반 서술을 의미합니다. * 긍정적 어감을 나타냅니다.
271		太 tài	너무	Tài hǎo le! 太好了！ 너무 좋다, 잘 되었다!	* 정도가 높음을 나타내며 부정적인 어감을 띠기도 합니다.
272		非常 fēicháng	매우, 무척	Nàli de tiānqì fēicháng rè. 那里的天气非常热。 그 곳의 날씨는 아주 더워요.	* 정도가 아주 높음을 나타내며 긍정적 어감을 나타냅니다.
273		最 zuì	제일	Wǒ zuì xǐhuan hē kāfēi. 我最喜欢喝咖啡。 나는 커피 마시는 것을 제일 좋아합니다.	* 정도가 최상급이며 긍정적 어감을 나타냅니다.

	부사	종류	의미	예문	문법적 특징
274	범위 부사	都 dōu	모두	Wǒmen dōu kànjiàn nàge rén le. 我们都看见那个人了。 우리는 모두 그 사람을 보았어요.	* 주어 자리에 있는 구성원 한 명도 빠짐없는 모두를 뜻합니다.
275		一起 yìqǐ	같이	Tāmen yìqǐ qù jīchǎng le. 他们一起去机场了。 그들은 같이 공항으로 갔습니다.	* 주어 자리에 있는 구성원이 같은 행동을 하였음을 뜻합니다.
276	시간 부사	正在 zhèngzài	때마침, ~하고 있다	Wǒmen zhèngzài kàn diànshì. 我们正在看电视。 우리는 TV를 보고 있어요.	* 어떤 동작이 진행되고 있음을 나타냅니다.
277		已经 yǐjing	이미	Tā yǐjing dào xuéxiào le. 他已经到学校了。 그는 이미 학교에 도착했어요.	* 동작의 완료를 뜻하며 지금도 그러함을 뜻합니다. * '已经~了'구조로 자주 사용됩니다.
278		就 jiù	바로, 곧	Tā xiàxīngqī jiù huílai le. 他下星期就回来了。 그는 다음 주면 바로 돌아옵니다.	* 동작이 빠른 시간 내에 곧 이루어짐을 뜻합니다. * '就~了'구조로 자주 사용됩니다.
279	어기 부사	也 yě	역시	Wǒ yě yǒu yí kuài zhèyàng de shǒubiǎo. 我也有一块这样的手表。 나도 이런 손목 시계가 하나 있어요.	* '也' 앞에 있는 주어도 다른 주어와 같은 상황임을 나타냅니다.
280		还 hái	아직	Tā hái méi qǐchuáng. 他还没起床。 그는 아직도 일어나지 않았습니다.	* '还'는 부정 부사 '没' 앞에 위치해 '아직도 ~하지 않다'를 의미합니다.
281		真 zhēn	정말로	Nǐ de zì xiě dé zhēn piàoliang. 你的字写得真漂亮。 너의 글씨는 정말 예쁘다. (글씨를 예쁘게 잘 썼다.)	* 사실을 실감나게 표현하는 어감을 나타냅니다. * 정도가 높음을 나타내기도 합니다.
282	빈도 부사	再 zài	다시	Huānyíng zài lái! 欢迎再来！ 다시 오세요!	* 같은 동작이 반복됨을 뜻합니다.

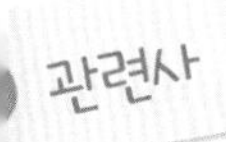

Track 16

	관계	종류	의미	예문	문법적 특징
283	병렬	和 hé	~와	wǒ hé nǐ 我和你 너와 나	* 명사나 구를 연결시킬 때 사용합니다.
284	인과	因为 yīnwèi ~所以 ~ suǒyǐ	~때문에 그래서~	Yīnwèi xiàyǔ, suǒyǐ tā méi qù tī zúqiú. 因为下雨，所以他没去踢足球。 비가 내리기 때문에, 그래서 축구 하러 가지 않았습니다.	* '因为+원인, 所以+결과'의 형태로 인과 관계를 나타냅니다. 이 두 관련사는 짝궁으로 일반적으로 같이 사용되며, 둘 중에 한 개만 있는 경우도 있습니다.
285	전환	但是 dànshì	그러나	Tā 80 suì le, dànshì shēntǐ hěn hǎo. 他80岁了，但是身体很好。 그는 80세이지만 그러나 건강은 아주 좋습니다.	* '但是'은 전환을 나타내며 앞 절은 사실을 나타내고, 뒤 절은 화자의 의도를 담고 있으니 '但是' 다음을 잘 살펴서 뜻을 제대로 이해해야 합니다. * 듣기나 독해 의미파악에 자주 활용됩니다.

Track 17

	개사	종류	의미	예문	문법적 특징
286	장소, 시간을 이끌고 나옴	在 zài	~에서	Wǒ zài jiā kàn shū. 我在家看书。 나는 집에서 책을 본다.	* '在'뒤에 장소나 시간의 개념이 위치하며 그 장소에서 무엇을 하다를 의미합니다.
287		从 cóng	~로부터	Tā cóng Zhōngguó huílai le. 他从中国回来了。 그는 베이징에서 돌아왔다.	* '从'은 시작점을 뜻하며 '从~到~'의 형태로도 많이 사용됩니다.
288		离 lí	~로부터, ~까지	Xuéxiào lí wǒ jiā hěn jìn. 学校离我家很近。 학교는 우리 집에서 아주 가깝다.	* '离'는 시작점과 끝점을 다 가지고 있는 단어로 이 시작점과 끝점 사이에 위치합니다.

	개사	종류	의미	예문	문법적 특징
289	대상을 이끌고 나옴	对 duì	~에게	Tā duì wǒ hěn hǎo. 他对我很好。 그는 나에게 잘 해준다.	＊'对+사람'구조는 '~에게'를 뜻하고, '对+사물'은 '~에 대하여'를 뜻합니다.
290	비교대상을 이끌고 나옴	比 bǐ	~보다	Wǒ bǐ tā gāo. 我比他高。 나는 그 보다 키가 크다.	＊'比'는 두 개의 비교대상 사이에 위치하여 우열을 나타냅니다.
291	방향을 이끌고 나옴	向 xiàng	~을 향해서	Xiàng zuǒ zǒu. 向左走。 왼쪽으로 가라.	＊'向'은 뒤에 방향과 사람을 이끌고 나오며 그 방향성을 나타냅니다.

Track 18

	조사	종류	예문	문법적 특징
292	구조 조사	的 de ~의	wǒ de diànnǎo 我的电脑 내 컴퓨터 ① Shū shì gēge de. 书是哥哥的。 책은 오빠의 것입니다. ② Wǒ mǎile yìxiē chī de. 我买了一些吃的。 나는 먹을 것을 약간 샀어요. ③ Nàbian dǎ diànhuà de shì wǒ zhàngfu. 那边打电话的是我丈夫。 저기에 전화 하고 있는 사람은 내 남편입니다.	＊'수식어+的+명사'의 형태로 명사가 수식어를 갖도록 도와줍니다. ＊'的' 뒤에 오는 명사를 생략할 수 있으며 ① ~의 것, ② ~한 것, ③ ~하는 사람이라는 뜻을 나타냅니다.
293		得 de ~한 정도가	Nǐ zuò de hěn hǎo. 你做得很好。 잘 했다.	＊'동사/형용사+得+부사+형용사'의 형태로 사용되며, 서술어 뒤에서 그 정도를 보충해주는 정도보어 역할을 많이 합니다.

조사	종류	의미	예문	문법적 특징
294	了 le	~했다	Wǒ mǎile yì běn shū. 我买了一本书。 나는 책을 한 권 샀어요.	* '동사+了'의 형태로 동작이 이미 이루어졌음을 뜻하고, 목적어가 수량사를 가지고 있을 때는 동사 뒤에 붙는 경우가 많습니다. 부사 '已经'과 같이 사용되는 경우가 많습니다.
295 동태 조사	着 zhe	~하고 있다	Tā xiàozhe duì wǒ shuō:"Míngtiān jiàn." 他笑着对我说："明天见。" 그는 웃으며 나에게 말했다. "내일 봐."	* '동사+着'의 형태로 동작의 진행을 뜻하거나 두 개의 동작이 동시에 진행됨을 뜻합니다. 부사 '正在'와 같이 사용되는 경우가 많습니다.
296	过 guo	~한 적 있다	Wǒ xuéguo Hànyǔ. 我学过汉语。 나는 중국어를 배운 적이 있다.	* '동사+过'의 형태로 과거의 경험을 나타냅니다. '예전에'란 뜻의 부사 '曾经'과 같이 사용되는 경우가 많습니다.
297	吗 ma	~입니까?	Tā shì yīshēng ma? 他是医生吗？ 그는 의사입니까?	* 서술문 마지막에 '吗'를 붙여 의문문을 만들 수 있습니다. 의문사가 있는 경우 사용할 수 없습니다.
298 어기 조사	呢 ne	~이니?	Nǐ zài nǎr ne? 你在哪儿呢？ 너는 지금 어디 있니?	* 의문문 뒤에 '呢'가 붙어 의문의 어감을 부드럽게 만들어 줍니다. 의문문 뒤에 있는 '呢'는 생략해도 문법적인 오류는 없습니다.
299	吧 ba	~이지?	Xiànzài kuài 12 diǎn le ba? 现在快12点了吧？ 지금 거의 12시 이지?	* 문장의 맨 뒤에 위치하는 '吧'는 그럴 것이라고 추측하면서 확인차 묻는 경우가 많습니다.

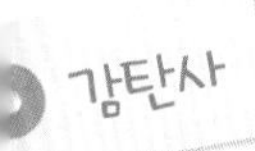

300

喂
wéi (wèi)
여보세요

6일차 총 34개
월 일 암기 ok!

新
HSK
모의고사
新 HSK

新汉语水平考试

HSK（二级）

模拟考试 1

注　意

一、HSK（二级）分两部分:

1．听力(35题，约25分钟)

2．阅读(25题，22分钟)

二、听力结束后，有3分钟填写答题卡。

三、全部考试约55分钟(含考生填写个人信息时间5分)。

一、听力

第一部分

第 1-10 题

例如：		√
		×
1		
2		
3		
4		
5	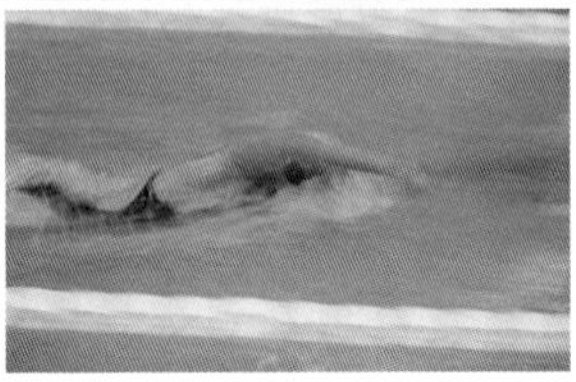	

6		
7		
8		
9		
10		

第二部分

第 11-15 题

A

B

C

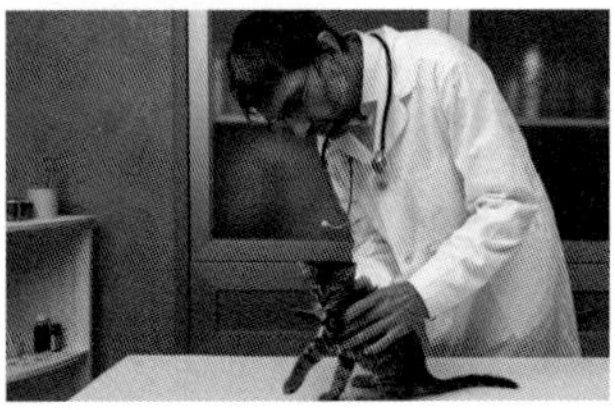

D

E

F

例如：男：你喜欢什么运动？ (Nǐ xǐhuan shénme yùndòng)

女：我最喜欢踢足球。 (Wǒ zuì xǐhuan tī zúqiú) D

11 □

12 □

13 □

14 □

15 □

第 16-20 题

A

B 

C 

D 

E 

16 ☐

17 ☐

18 ☐

19 ☐

20 ☐

第三部分

第 21-30 题

例如: 男: Xiǎo Wáng Zhèli yǒu jǐ ge bēizi nǎge shì nǐ de
小 王，这里 有 几 个 杯子，哪个 是 你 的？

女: Zuǒbian de nàge hóngsè de shì wǒ de
左边 的 那个 红色 的 是 我 的。

问: Xiǎo Wáng de bēizi shì shénme yánsè de
小 王 的 杯子 是 什么 颜色 的？

A hóngsè 红色 √　B hēisè 黑色　C báisè 白色

21　A shǒujī hàomǎ 手机 号码　B chīfàn shíjiān 吃饭 时间　C shǒujī yánsè 手机 颜色

22　A yí ge 一 个　B liǎng ge 两 个　C sān ge 三 个

23　A Yìndù 印度　B Zhōngguó 中国　C yíyàng duō 一样 多

24　A xuéxiào 学校　B shāngdiàn 商店　C yīyuàn 医院

25　A qiānbǐ 铅笔　B shuǐguǒ 水果　C yǐnliào 饮料

26　A qīzi 妻子　B zhàngfu 丈夫　C xuésheng 学生

27　A diànshìjī shàngmian 电视机 上面　B zhuōzi shang 桌子 上　C shūbāo li 书包 里

28　A zài shuìjiào 在 睡觉　B zài kànbìng 在 看病　C zài kànshū 在 看书

29　A shāngdiàn 商店　B jīchǎng 机场　C bīnguǎn 宾馆

30　A yuè hào 1月24号　B yuè hào 7月14号　C yuè hào 1月14号

第四部分

第 31-35 题

例如: 女: Qǐng zài zhèr xiě nín de míngzi
请 在 这儿 写 您 的 名字。

男: Shì zhèr ma
是 这儿 吗 ?

女: Bú shì shì zhèr
不 是，是 这儿。

男: Hǎo xièxie
好，谢谢。

问: Nán de yào xiě shénme
男 的 要 写 什么 ?

A míngzi 名字 √　　B shíjiān 时间　　C fángjiān hào 房间 号

31 A biànpàng le 变胖 了　　B dùzi téng 肚子 疼　　C gǎnmào le 感冒 了

32 A cānjiā huódòng 参加 活动　　B lǚyóu 旅游　　C xuéxí 学习

33 A diànhuà 电话　　B diànnǎo 电脑　　C diànshì 电视

34 A tā dìdi 她 弟弟　　B Wáng xiǎojiě 王 小姐　　C Wáng xiānsheng 王 先生

35 A shēngrì dàngāo 生日 蛋糕　　B xiǎoshuō 小说　　C gāngbǐ 钢笔

二、阅 读

第一部分

第 36-40 题

A

B

C

D

E

F

Měi ge xīngqīliù wǒ dōu qù dǎ lánqiú
例如: 每 个 星期六，我 都 去 打 篮球。 D

Yǒu wèntí de huà nǐ kěyǐ gěi wǒ dǎ diànhuà
36 有 问题 的 话，你 可以 给 我 打 电话 。 □

Yào xiàyǔ le nǐ dài sǎn le ma
37 要 下雨 了，你 带 伞 了 吗？ □

Nàr de dōngxi yòu hǎo yòu piányi
38 那儿 的 东西 又 好 又 便宜。 □

Kànshū shíjiān cháng le yǎnjing děi xiūxi xiūxi
39 看书 时间 长 了，眼睛 得 休息 休息。 □

Tā shì wǒ jiějie tā ài tiàowǔ
40 她 是 我 姐姐，她 爱 跳舞。 □

第二部分

第 41-45 题

màn	shēngrì	jìn	kěnéng	guì	gāoxìng
A 慢	B 生日	C 进	D 可能	E 贵	F 高兴

Zhèr de yángròu hěn hǎochī dànshì yě hěn
例如: 这儿 的 羊肉 很 好吃，但是 也 很（ E ）。

Qǐng zhè jiù shì wǒ de fángjiān
41 请（ ），这 就 是 我 的 房间 。

Jīntiān shì hào lí wǒ de hái yǒu yí ge duō xīngqī ne
42 今天 是14号，离 我 的（ ）还 有 一 个 多 星期 呢。

Tā xiànzài hěn ba Wǒ kànjiàn tā xiào le
43 他 现在 很（ ）吧？我 看见 他 笑 了。

Huānyíng xià cì zài lái nín zǒu
44 欢迎 下 次 再 来，您（ ）走。

Shénme shíhou kǎo qīmò kǎoshì
45 男：什么 时候 考 期末 考试？

Wǒ yě bú tài qīngchu dànshì zài xià xīngqīsān kǎoshì
女：我 也 不 太 清楚，但是（ ）在 下 星期三 考试。

第三部分

第 46-50 题

Xiànzài shì diǎn fēn tāmen yǐjing yóule fēnzhōng le
例如：现在 是11 点 30分，他们 已经 游了20 分钟 了。

Tāmen diǎn fēn kāishǐ yóuyǒng
★ 他们 11 点 10分 开始 游泳 。 （ √ ）

Wǒ huì tiàowǔ dàn tiào de bù zěnmeyàng
我 会 跳舞，但 跳 得 不 怎么样 。

Wǒ tiào de fēicháng hǎo
★ 我 跳 得 非常 好。 （ × ）

Wǒ zuótiān qù wàimian mǎile ge xīn shǒujī duō kuài qián bú guì
46 我 昨天 去 外面 买了 个 新 手机，950 多 块 钱，不 贵。

Nàge shǒujī bú dào yuán
★ 那个 手机 不 到 1000 元 。 （ ）

Zhè zhī chuán fēicháng dà kěyǐ zuò jǐ qiān rén
47 这 只 船 非常 大，可以 坐 几 千 人。

Nà zhī cháun yǒu jǐ qiān mǐ gāo
★ 那 只 船 有 几 千 米 高。 （ ）

Zài wǒ qù Běijīng zhīqián zài Tiānjīn yě zhùle bàn nián Dànshì nà dōu shì
48 在 我 去 北京 之前，在 天津 也 住了 半 年。但是 那 都 是
wǒ zài Shànghǎi dìngjū zhīqián de shì le
我 在 上海 定居 之前 的 事 了。

Wǒ xiànzài zhù zài Tiānjīn
★ 我 现在 住 在 天津。 （ ）

49

Xìngqù shì zuì hǎo de lǎoshī rúguǒ háizi duì yí jiàn shì hěn gǎn xìngqù
兴趣 是 最 好 的 老师，如果 孩子 对 一 件 事 很 感 兴趣，

nà tā yídìng huì zuòhǎo nà jiàn shì
那 他 一定 会 做好 那 件 事。

Wǒmen yīngāi ràng háizi duì shìwù chǎnshēng xìngqù
★ 我们 应该 让 孩子 对 事物 产生 兴趣。 (　　)

50

Zhāng xiānsheng kěnéng hái bù zhīdào zhè jiàn shìqing tā zuótiān méi lái
张 先生 可能 还 不 知道 这 件 事情，他 昨天 没 来

shàngbān Nǐ gěi tā dǎ diànhuà qǐng tā zhǔnbèi yíxià
上班 。你 给 他 打 电话， 请 他 准备 一下。

Zhāng xiānsheng yào dǎ diànhuà
★ 张 先生 要 打 电话。 (　　)

모의고사 ❶

第四部分

第 51-55 题

A Wǒ kànguo nàge diànyǐng hái búcuò
我 看过 那个 电影，还 不错。

B Māma wǒmen qù pǎobù ba
妈妈，我们 去 跑步 吧。

C Wǒmen yào xiàng tā xuéxí
我们 要 向 他 学习。

D Nǐ bǐ tā dà liǎng suì
你 比 他 大 两 岁。

E Tā zài nǎr ne Nǐ kànjiàn tā le ma
他 在 哪儿 呢？你 看见 他 了 吗？

F Tā hěn piàoliang duì rén yě hěn hǎo
她 很 漂亮，对 人 也 很 好。

例如: Tā hái zài jiàoshì li xuéxí
他 还 在 教室 里 学习。 [E]

51 Nǐ juéde nàge diànyǐng zěnmeyàng
你 觉得 那个 电影 怎么样？ [ ]

52 Dànshì nǐ yào zhīdào nǐ méiyǒu tā gāo
但是，你 要 知道，你 没有 他 高。 [ ]

53 Yīshēng shuō duō yùndòng duì nín de shēntǐ hǎo
医生 说 多 运动 对 您 的 身体 好。 [ ]

54 Nǐ zhǎole nǚpéngyou Tā rén zěnmeyàng
你 找了 女朋友？她 人 怎么样？ [ ]

55 Tā zài sān nián de shíjiān li xiěle běn shū
他 在 三 年 的 时间 里 写了4本 书。 [ ]

第 56-60 题

A Jīntiān wǒ dì yī cì zuòcài
今天 我 第 一 次 做菜。

B Xiàkè hòu wǒmen qù dǎ lánqiú hǎo bu hǎo
下课 后 我们 去 打 篮球，好 不 好？

C Tā shì wǒ dìdi de zhōngxué tóngxué
他 是 我 弟弟 的 中学 同学 。

D Nǐmen tīngdǒng wǒ shuō de huà le ma
你们 听懂 我 说 的 话 了 吗？

E Qǐngwèn qù jīchǎng zěnme zǒu
请问 ，去 机场 怎么 走？

56 Dàjiā hǎo Wǒ xìng Wáng shì xīn lái de Hànyǔ lǎoshī
大家 好！我 姓 王 ，是 新 来 的 汉语 老师。 ☐

57 Dànshì māma shuō hěn hǎochī tā chīle hěn duō
但是 妈妈 说 很 好吃，她 吃了 很 多。 ☐

58 Tiānqì tài rè le wǒ xiǎng yóuyǒng
天气 太 热 了，我 想 游泳 。 ☐

59 Tāmen xiàng wǒ wènlù dànshì nà shíhou wǒ hái tīng bu dǒng
他们 向 我 问路，但是 那 时候 我 还 听 不 懂 。 ☐

60 Wǒ de tiān na Nǐmen rènshi Zhè zěnme kěnéng
我 的 天 哪！你们 认识？这 怎么 可能 ？ ☐

新汉语水平考试

HSK（二级）

模拟考试2

注 意

一、HSK（二级)分两部分:

1. 听力(35题，约25分钟)

2. 阅读(25题，22分钟)

二、听力结束后，有3分钟填写答题卡。

三、全部考试约55分钟(含考生填写个人信息时间5分)。

一、听力

第一部分

Track 20

第 1-10 题

例如：		√
		×
1		
2		
3		
4		
5		

6		
7		
8		
9		
10		

第二部分

第 11-15 题

A

B

C

D

E

F

Nǐ xǐhuan shénme yùndòng
例如: 男: 你 喜欢 什么 运动 ?

Wǒ zuì xǐhuan tī zúqiú
女: 我 最 喜欢 踢 足球。 D

11 ☐

12 ☐

13 ☐

14 ☐

15 ☐

第 16-20 题

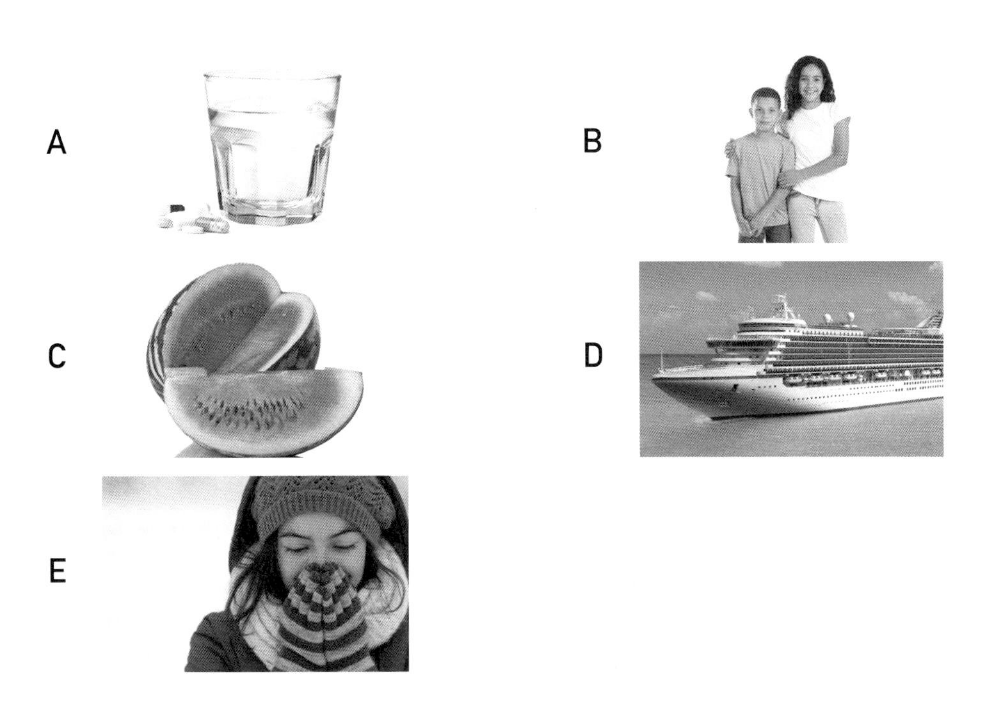

A

B

C

D

E

16

17

18

19

20

第三部分

第 21-30 题

Xiǎo Wáng Zhèli yǒu jǐ ge bēizi nǎge shì nǐ de
例如: 男: 小 王，这里 有 几 个 杯子，哪个 是 你 的？

Zuǒbian de nàge hóngsè de shì wǒ de
女: 左边 的 那个 红色 的 是 我 的。

Xiǎo Wáng de bēizi shì shénme yánsè de
问: 小 王 的 杯子 是 什么 颜色 的？

	A	B	C
例	hóngsè A 红色 ✓	hēisè B 黑色	báisè C 白色
21	zúqiú A 足球	lánqiú B 篮球	bàngqiú C 棒球
22	bàozhǐ A 报纸	běnzi B 本子	xiàngpí C 橡皮
23	zǎoshang A 早上	zhōngwǔ B 中午	wǎnshang C 晚上
24	tā tīng bu dǒng A 他 听 不 懂	tā shēngbìng le B 他 生病 了	tā tīngshuō le C 他 听说 了
25	hào A 1805 号	hào B 1085 号	hào C 1508 号
26	gēge A 哥哥	sòng bàozhǐ de B 送 报纸 的	sòng niúnǎi de C 送 牛奶 的
27	shāngdiàn A 商店	diànyǐngyuàn B 电影院	jiàoshì C 教室
28	kāfēi A 咖啡	lǜchá B 绿茶	kuàngquánshuǐ C 矿泉水
29	jīchǎng A 机场	gōngsī B 公司	bǎihuò shāngdiàn C 百货 商店
30	kànshū A 看书	gōngzuò B 工作	kū le C 哭 了

第四部分

第 31-35 题

例如: 女: Qǐng zài zhèr xiě nín de míngzi
请 在 这儿 写 您 的 名字。

男: Shì zhèr ma
是 这儿 吗 ?

女: Bú shì shì zhèr
不 是, 是 这儿。

男: Hǎo xièxie
好, 谢谢。

问: Nán de yào xiě shénme
男 的 要 写 什么 ?

A míngzi 名字 √　　B shíjiān 时间　　C fángjiān hào 房间 号

31　A gǒu 狗　　B māo 猫　　C niǎo 鸟

32　A zǒulù 走路　　B kāichē 开车　　C qíchē 骑车

33　A wǔ diǎn 五 点　　B qī diǎn 七 点　　C qī diǎn duō 七 点 多

34　A wán yóuxì 玩 游戏　　B dǎ cáiliào 打 材料　　C fā yóujiàn 发 邮件

35　A tiān qíng le 天 晴 了　　B xiàxuě le 下雪 了　　C xiàyǔ le 下雨 了

二、阅 读

第一部分

第 36-40 题

A

B

C

D

E

F

Měi ge xīngqīliù wǒ dōu qù dǎ lánqiú
例如: 每 个 星期六, 我 都 去 打 篮球。 D

Tā xiànzài kàn bu jiàn wǒmen zài nǎr
36 他 现在 看 不 见 我们 在 哪儿。 ☐

Nàge fúwùyuán hěn gāoxìng hěn kuàilè
37 那个 服务员 很 高兴 、很 快乐。 ☐

Háizi xiàozhe shuō wǒ yě yǒu xiǎomāo le
38 孩子 笑着 说 :“我 也 有 小猫 了。” ☐

Tóngxuémen nǐmen tīngdǒngle ma
39 同学们 , 你们 听懂了 吗? ☐

Lǐmian yǒu nǐ ài chī de shuǐguǒ
40 里面 有 你 爱 吃 的 水果 。 ☐

第二部分

第 41-45 题

pángbiān	gěi	zhǔnbèi	rènshi	guì	lí
A 旁边	B 给	C 准备	D 认识	E 贵	F 离

Zhèr de yángròu hěn hǎochī dànshì yě hěn
例如: 这儿 的 羊肉 很 好吃, 但是 也 很(E)。

Wǒ zài fùmǔ xiě xìn
41 我 在( )父母 写 信。

Zuò zài nǐ de nàge rén shì shéi
42 坐 在 你( )的 那个 人 是 谁?

Dàjiā dōu bù xiǎng qù nàr nàr zhèr tài yuǎn le
43 大家 都 不 想 去 那儿, 那儿( )这儿 太 远 了。

Wǒ lái Běijīng de dì yī tiān jiù tā le
44 我 来 北京 的 第 一 天 就( )他 了。

Zhème duō yīfu dōu ná chūlai gàn shénme
45 A: 这么 多 衣服 都 拿 出来 干 什么?

Kuàiyào dào xiàtiān le wǒ děi xiàtiān de yīfu
B: 快要 到 夏天 了, 我 得( )夏天 的 衣服。

모의고사 2

第三部分

第 46-50 题

Xiànzài shì diǎn fēn tāmen yǐjing yóule fēnzhōng le
例如： 现在 是11 点 30分，他们 已经 游了20 分钟 了。

Tāmen diǎn fēn kāishǐ yóuyǒng
★ 他们 11 点 10分 开始 游泳 。 （ √ ）

Wǒ huì tiàowǔ dàn tiào de bù zěnmeyàng
我 会 跳舞，但 跳 得 不 怎么样 。

Wǒ tiào de fēicháng hǎo
★ 我 跳 得 非常 好。 （ × ）

Tā yuándìng míngtiān xiàwǔ huíjiā búguò xuéxiào tūrán chūle diǎn shì
46 他 原定 明天 下午 回家，不过 学校 突然 出了 点 事，
suǒyǐ tā zhǐhǎo liú zài xuéxiào jìxù gōngzuò le
所以 他 只好 留 在 学校 继续 工作 了。

Tā míngtiān xiàwǔ huíjiā
★ 他 明天 下午 回家。 （ ）

Rúguǒ lǎoshī zǎo diǎn gàosu wǒ míngtiān bú shàngkè nà wǒ yě jiù bú
47 如果 老师 早 点 告诉 我 明天 不 上课，那 我 也 就 不
yòng qǐ zhème zǎo le
用 起 这么 早 了。

Tā qǐ de hěn zǎo
★ 他 起 得 很 早。 （ ）

48

Wǒ qīzi qù shāngdiàn le qù mǎi diǎnr dōngxi Děng tā huílai wǒ ràng
我 妻子 去 商店 了，去 买 点儿 东西。等 她 回来，我 让
tā gěi nǐ dǎ diànhuà ba
她 给 你 打 电话 吧。

Tā qīzi chūqu dǎ diànhuà
★ 他 妻子 出去 打 电话 。 ( )

49

Cóng wǒ jiā dào Běijīng zuò huǒchē jiù ge xiǎoshí bǐ zuò fēijī piányi
从 我 家 到 北京，坐 火车 就 5个 小时，比 坐 飞机 便宜
hěn duō Suǒyǐ míngtiān wǒ zhǔnbèi zuò huǒchē qù
很 多。所以，明天 我 准备 坐 火车 去。

Wǒ míngtiān qù Běijīng
★ 我 明天 去 北京。 ( )

50

Wǒ dìdi zài yì jiā diànnǎo gōngsī zhǎole ge gōngzuò Jīntiān shì tā dì
我 弟弟 在 一 家 电脑 公司 找了 个 工作 。今天 是 他 第
yī tiān shàngbān tā zǎoshang diǎn jiù qǐchuáng le
一 天 上班 ，他 早上 6点 就 起床 了。

Dìdi jīntiān kāishǐ shàngbān
★ 弟弟 今天 开始 上班 。 ( )

第四部分

第51-55题

A Zuǒbian de 8 kuài qián yì jīn, yòubian de 10 kuài.
左边的8块钱一斤，右边的10块。

B Tā xìng Sòng, shì wǒ de yí ge péngyou.
他姓宋，是我的一个朋友。

C Hǎo ba, wǒ zhè jiù qù shuìjiào.
好吧，我这就去睡觉。

D Hái kěyǐ, bú dào 500 yuán.
还可以，不到500元。

E Tā zài nǎr ne? Nǐ kànjiàn tā le ma?
他在哪儿呢？你看见她了吗？

F Nà wǒ hé nǐ yìqǐ qù.
那我和你一起去。

例如： Tā hái zài jiàoshì li xuéxí.
他还在教室里学习。 [E]

51 Bié kàn diànshì le, míngtiān hái yào kǎoshì ne.
别看电视了，明天还要考试呢。 [ ]

52 Nǐ hǎo, Zhè yú zěnme mài?
你好，这鱼怎么卖？ [ ]

53 Nǐ de zìxíngchē shì báisè de? Zhēn piàoliang, guì ma?
你的自行车是白色的？真漂亮，贵吗？ [ ]

54 Gē, nǐ rènshi nàge rén?
哥，你认识那个人？ [ ]

55 Jīdàn chīwán le, xiàwǔ wǒ zài qù mǎi yìxiē.
鸡蛋吃完了，下午我再去买一些。 [ ]

第 56-60 题

A
Cóng zhèr qù jīchǎng yào duō cháng shíjiān
从 这儿 去 机场 要 多 长 时间？

B
Xīnnián kuàilè
新年 快乐！

C
Xià ge xīngqīliù shì jiějie de shēngrì sòng tā shénme hǎo ne
下 个 星期六 是 姐姐 的 生日， 送 她 什么 好 呢？

D
Shì ma Wǒ de shǒubiǎo màn le
是 吗？我 的 手表 慢 了。

E
Děng yíxià wǒ dǎ diànhuà wèn yíxià
等 一下，我 打 电话 问 一下。

56
Mǎi yí kuài shǒubiǎo zěnmeyàng
买 一 块 手表 怎么样？ ☐

57
Jīntiān shì yuè hào
今天 是1月1号。 ☐

58
Zuò gōnggòng qìchē fēnzhōng jiù dào le
坐 公共 汽车 40 分钟 就 到 了。 ☐

59
diǎn Xiànzài yǐjing diǎn le
9点？现在 已经 9点 25了。 ☐

60
Zhège shì xiàwǔ sòng de Sòng dào nǎr
这个 是 下午 送 的？送 到 哪儿？ ☐

모의고사 2

新汉语水平考试

HSK（二级）

模拟考试3

注　意

一、HSK（二级)分两部分：

1．听力(35题，约25分钟)

2．阅读(25题，22分钟)

二、听力结束后，有3分钟填写答题卡。

三、全部考试约55分钟(含考生填写个人信息时间5分)。

一、听力

第一部分

第 1-10 题

例如：		√
		×
1		
2		
3		
4		
5		

6		
7	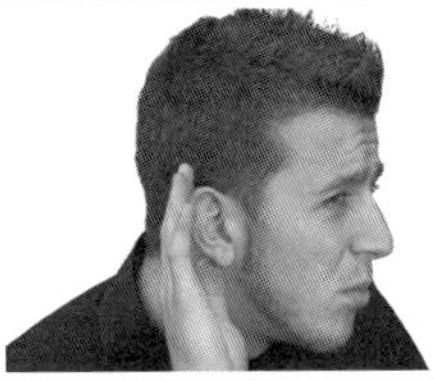	
8		
9		
10	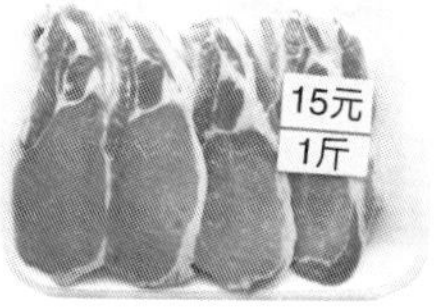 15元 1斤	

모의고사 ❸

第二部分

第 11-15 题

A

B

C

D

E

F

例如: 男: Nǐ xǐhuan shénme yùndòng
你 喜欢 什么 运动？

女: Wǒ zuì xǐhuan tī zúqiú
我 最 喜欢 踢 足球。 D

11

12

13

14

15

第 16-20 题

A

B

C

D 

E

16 □

17 □

18 □

19 □

20 □

第三部分

第 21-30 题

Xiǎo Wáng　Zhèli yǒu jǐ ge bēizi　nǎge shì nǐ de
例如: 男: 小　王，这里 有 几 个 杯子，哪个 是 你 的？

Zuǒbian de nàge hóngsè de shì wǒ de
女: 左边　的 那个　红色　的 是 我 的。

Xiǎo Wáng de bēizi shì shénme yánsè de
问: 小　王　的 杯子 是　什么　颜色　的？

	hóngsè	hēisè	báisè
	A 红色 √	B 黑色	C 白色

	bù hǎo	bùcuò	kěyǐ
21	A 不 好	B 不错	C 可以
	shítáng	huǒchēzhàn	qìchēzhàn
22	A 食堂	B 火车站	C 汽车站
	lǎoshī hé xuésheng	fūqī	línjū
23	A 老师 和 学生	B 夫妻	C 邻居
	diǎn fēn	diǎn fēn	diǎn fēn
24	A 8 点 10分	B 8 点 20分	C 8 点 30分
	kǎo yánjiūshēng	liúxué	zhǎo gōngzuò
25	A 考 研究生	B 留学	C 找 工作
	zhù de hěn jìn	bù xiǎng huíjiā	bú rènshi lù
26	A 住 得 很 近	B 不 想 回家	C 不 认识 路
	shū	shūjià	bǐ
27	A 书	B 书架	C 笔
	cài	mǐfàn	shuǐguǒ
28	A 菜	B 米饭	C 水果
	zuòfàn	xǐ yīfu	kàn bàozhǐ
29	A 做饭	B 洗 衣服	C 看 报纸
	tài guì	hěn piàoliang	tài dà
30	A 太 贵	B 很 漂亮	C 太 大

第四部分

第 31-35 题

例如：

女：Qǐng zài zhèr xiě nín de míngzi
请 在 这儿 写 您 的 名字。

男：Shì zhèr ma
是 这儿 吗 ？

女：Bú shì shì zhèr
不 是，是 这儿。

男：Hǎo xièxie
好，谢谢。

问：Nán de yào xiě shénme
男 的 要 写 什么 ？

	A	B	C
例如	míngzi 名字 ✓	shíjiān 时间	fángjiān hào 房间 号
31	dǎchē 打车	zuò gōnggòng qìchē 坐 公共 汽车	zuò gēge de chē 坐 哥哥 的 车
32	tā dà suì 他 大 2 岁	tā xiǎng qù 他 想 去	tā è le 他 饿 了
33	hěn lèi 很 累	duì shēntǐ hǎo 对 身体 好	shìqing duō 事情 多
34	xīn fángzi 新 房子	méiguihuā 玫瑰花	diànshì 电视
35	dǎ lánqiú 打 蓝球	chīfàn 吃饭	xiě zuòyè 写 作业

모의고사 3

二、阅读

第一部分

第 36-40 题

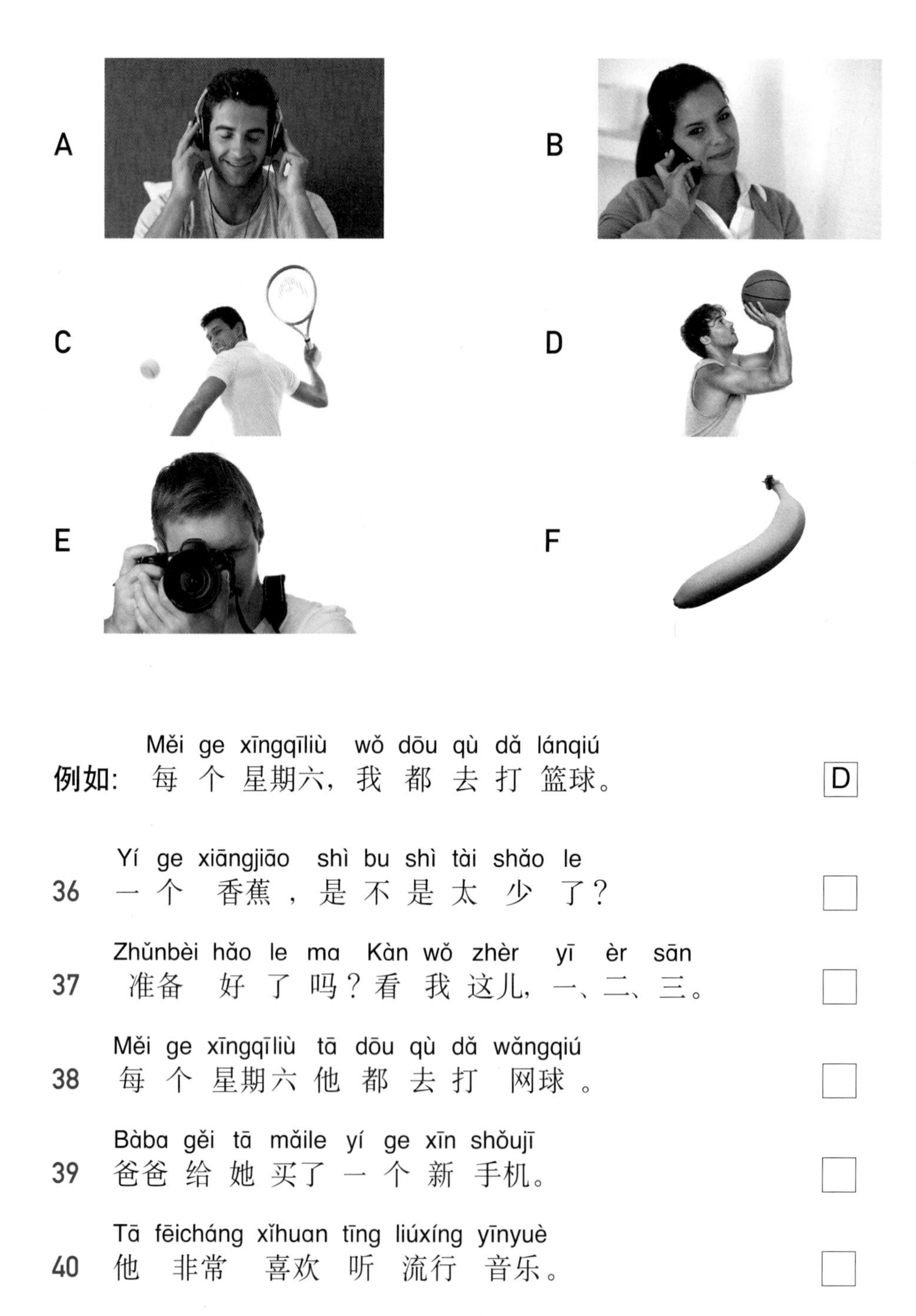

A

B

C

D

E

F

Měi ge xīngqīliù wǒ dōu qù dǎ lánqiú
例如: 每 个 星期六，我 都 去 打 篮球。 D

Yí ge xiāngjiāo shì bu shì tài shǎo le
36 一 个 香蕉 ，是 不 是 太 少 了？ ☐

Zhǔnbèi hǎo le ma Kàn wǒ zhèr yī èr sān
37 准备 好 了 吗？看 我 这儿，一、二、三。 ☐

Měi ge xīngqīliù tā dōu qù dǎ wǎngqiú
38 每 个 星期六 他 都 去 打 网球 。 ☐

Bàba gěi tā mǎile yí ge xīn shǒujī
39 爸爸 给 她 买了 一 个 新 手机。 ☐

Tā fēicháng xǐhuan tīng liúxíng yīnyuè
40 他 非常 喜欢 听 流行 音乐。 ☐

第二部分

第 41-45 题

A	B	C	D	E	F
bǐ 比	gōngzuò 工作	yǔ 雨	juéde 觉得	guì 贵	bù néng 不 能

Zhèr de yángròu hěn hǎochī dànshì yě hěn
例如: 这儿 的 羊肉 很 好吃, 但是 也 很(E)。

Fēicháng huānyíng lái wǒmen gōngsī
41 非常 欢迎 来 我们 公司( )。

Tiān yīn le kěnéng yào xià le
42 天 阴 了, 可能 要 下( )了。

Bàba chá hěn hǎohē
43 爸爸( )茶 很 好喝。

Wǒ de fángjiān tā de xiǎo
44 我 的 房间( )他 的 小。

Wǒ hǎo è a dàn lǎoshī zài jiǎngkè xiànzài hái chī
45 男：我 好饿 啊, 但 老师 在 讲课, 现在 还( )吃。

Shì a yíhuìr xiàle kè nǐ jiù néng chī le
女：是啊, 一会儿 下了 课 你 就 能 吃 了。

第三部分

第 46-50 题

Xiànzài shì diǎn fēn tāmen yǐjing yóule fēnzhōng le
例如： 现在 是11点30分，他们 已经 游了20 分钟 了。

Tāmen diǎn fēn kāishǐ yóuyǒng
★ 他们 11点10分 开始 游泳。 （ √ ）

Wǒ huì tiàowǔ dàn tiào de bù zěnmeyàng
我 会 跳舞，但 跳 得 不 怎么样。

Wǒ tiào de fēicháng hǎo
★ 我 跳 得 非常 好。 （ × ）

46 Wǒ shuō wǒ zuì hǎo huíqu xiūxi yíxià yīnwèi jīnwǎn wǒ jiāng yǒu ge zhòngyào de huìyì
我 说 我 最 好 回去 休息 一下，因为 今晚 我 将 有 个 重要 的 会议。

Yíhuìr nán de kěnéng huí fáng xiūxi
★ 一会儿 男 的 可能 回 房 休息。 （ ）

47 Zhège xuéqī xīn lái yí ge lǎoshī tā yǒu duō nián jiàoxué jīngyàn
这个 学期 新 来 一 个 老师，她 有 10多 年 教学 经验。

Tā jīnnián suì le
★ 她 今年 10岁 了。 （ ）

48 Tā zài huǒchēzhàn gōngzuò měitiān dōu hěn máng dàn tā hěn shǎo shuō lèi tā juéde néng bāngzhù rénmen shì tā zuì dà de kuàilè
他 在 火车站 工作，每天 都 很 忙，但 他 很 少 说 累，他 觉得 能 帮助 人们 是 他 最 大 的 快乐。

Tā hěn xǐhuan tā de gōngzuò
★ 他 很 喜欢 他 的 工作。 （ ）

49

Érzi ràng wǒ gàosu nǐ tā jīntiān wǎnshang hé tóngxué zài wàimian
儿子 让 我 告诉 你，他 今天 晚上 和 同学 在 外面

chīfàn wǎn diǎnr huíjiā
吃饭，晚 点儿 回家。

Érzi jīnwǎn huíjiā chīfàn
★ 儿子 今晚 回家 吃饭。 （ ）

50

Tǔdòu yuánlái shì sān kuài qián yì jīn kě měi dāng kělián de lǎoyéye
土豆 原来 是 三 块 钱 一 斤，可 每 当 可怜 的 老爷爷

qù mǎi tǔdòu shí āyí dōu huì wǔ yuán liǎng jīn mài gěi tā tā zhēn
去 买 土豆 时，阿姨 都 会 五 元 两 斤 卖 给 他，她 真

shànliáng
善良 。

Zhè shuōmíng tǔdòu bǐ yǐqián piányi le
★ 这 说明 土豆 比 以前 便宜 了。 （ ）

모의고사 3

第四部分

第 51-55 题

Dùzi hǎo duō le ba
A 肚子 好 多 了 吧？

Bù yuǎn bùxíng jǐ fēnzhōng jiù dào le
B 不 远，步行 10几 分钟 就 到 了。

Zhīdào le wǒ qù mǎi piào nǐmen zài zhèr děng wǒ
C 知道 了，我 去 买 票，你们 在 这儿 等 我。

Nǐ háizi huì shuōhuà le ma
D 你 孩子 会 说话 了 吗？

Tā zài nǎr ne Nǐ kànjiàn tā le ma
E 他 在 哪儿 呢？你 看见 她 了 吗？

ge ge nántóngxué ge nǚtóngxué
F 14个，6个 男同学，8个 女同学

Tā hái zài jiàoshì li xuéxí
例如： 他 还 在 教室 里 学习。 E

Dàjiā dōu xiǎng zuò chuán qù
51 大家 都 想 坐 船 去。 ☐

Jiàoshì li xiànzài yǒu duōshǎo ge xuésheng
52 教室 里 现在 有 多少 个 学生？ ☐

Shì yào yǐjing chī le xiànzài méishì le
53 是，药 已经 吃 了，现在 没事 了。 ☐

Zhèr lí yīyuàn yuǎn ma
54 这儿 离 医院 远 吗？ ☐

Tā huì jiào māma le dànshì hái bú huì jiào bàba
55 她 会 叫“妈妈”了，但是 还 不 会 叫“爸爸”。 ☐

第 56-60 题

A Nǐ zěnme bù chī niúròu Bù hǎochī ma
你 怎么 不 吃 牛肉？不 好吃 吗？

B Hǎo duō le tā yǐjing kāishǐ chī dōngxi le
好 多 了，它 已经 开始 吃 东西 了。

C Nǐ hǎo qǐng míngtiān zǎoshang jiàoxǐng wǒ hǎo ma
你 好，请 明天 早上 叫醒 我，好 吗？

D Zhège yánsè bù hǎokàn wǒ xiǎng yào nàge báisè de
这个 颜色 不 好看，我 想 要 那个 白色 的。

E Nǐ mèimei xiàwǔ jǐ diǎn dào
你 妹妹 下午 几 点 到？

56 Hǎo de nín xiǎng jǐ diǎn qǐlai
好 的，您 想 几 点 起来？ □

57 Zhège shǒujī zěnmeyàng Xǐhuan ma
这个 手机 怎么样 ？喜欢 吗？ □

58 Nǐ de māo zhè jǐ tiān zěnmeyàng le Hǎo xiē le ma
你 的 猫 这 几 天 怎么样 了？好 些 了 吗？ □

59 Bú shì wǒ bù xǐhuan chī niúròu
不 是，我 不 喜欢 吃 牛肉。 □

60 Liù diǎn yīnwèi xiàxuě fēijī wǎn le yí ge xiǎoshí
六 点，因为 下雪，飞机 晚 了 一 个 小时。 □

新汉语水平考试

HSK（二级）

模拟考试 4

注　　意

一、HSK（二级）分两部分：

　　1．听力(35题，约25分钟)

　　2．阅读(25题，22分钟)

二、听力结束后，有3分钟填写答题卡。

三、全部考试约55分钟(含考生填写个人信息时间5分)。

一、听力

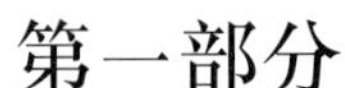

第 1-10 题

例如：		√
		×
1		
2		
3		
4		
5		

6	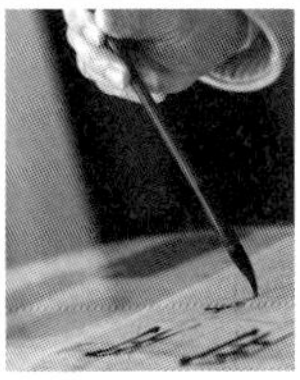	
7		
8		
9		
10		

第二部分

第 11-15 题

A

B

C

D

E

F

例如：男：你 喜欢 什么 运动？
（Nǐ xǐhuan shénme yùndòng）

女：我 最 喜欢 踢 足球。 D
（Wǒ zuì xǐhuan tī zúqiú）

11 □

12 □

13 □

14 □

15 □

第 16-20 题

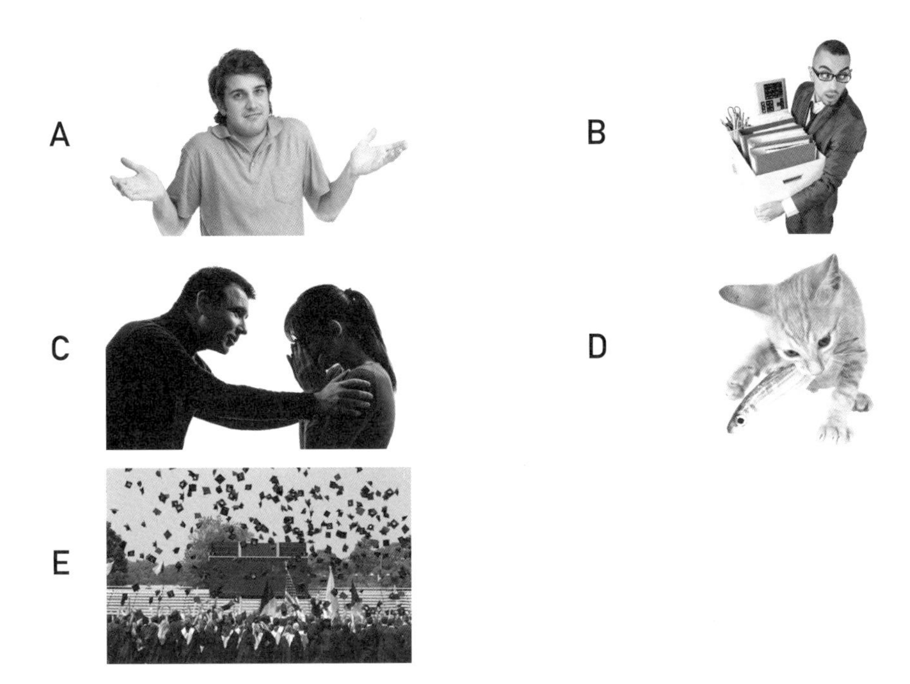

A

B

C

D

E

모의고사 4

16 □

17 □

18 □

19 □

20 □

第三部分

第 21-30 题

例如：男：Xiǎo Wáng, Zhèli yǒu jǐ ge bēizi, nǎge shì nǐ de?
小王，这里有几个杯子，哪个是你的？

女：Zuǒbian de nàge hóngsè de shì wǒ de.
左边的那个红色的是我的。

问：Xiǎo Wáng de bēizi shì shénme yánsè de?
小王的杯子是什么颜色的？

	A	B	C
	hóngsè 红色 √	hēisè 黑色	báisè 白色
21	páshān 爬山	gōngzuò 工作	xiūxi 休息
22	shí diǎn bàn 十点半	yí ge bàn xiǎoshí 一个半小时	shí'èr diǎn 十二点
23	zhǔnbèi wǎncān 准备晚餐	xiě zuòyè 写作业	zhǔnbèi kǎoshì 准备考试
24	zhèng hǎo 正好	yǒudiǎn xiǎo 有点小	yǒudiǎn dà 有点大
25	xiàyǔ le 下雨了	xiàxuě le 下雪了	fēng dà 风大
26	báisè 白色	lánsè 蓝色	hóngsè 红色
27	duō yùndòng 多运动	duō kànshū 多看书	duō chīfàn 多吃饭
28	zhǎodào le 找到了	kěyǐ děng 可以等	hái méi kànjiàn 还没看见
29	zài gōngsī 在公司	zài jiā 在家	zài shāngdiàn 在商店
30	cháguǎn 茶馆	shuǐguǒ 水果	zhàopiàn 照片

第四部分

第 31-35 题

例如: 女: Qǐng zài zhèr xiě nín de míngzi
请 在 这儿 写 您 的 名字。

男: Shì zhèr ma
是 这儿 吗 ？

女: Bú shì shì zhèr
不 是， 是 这儿。

男: Hǎo xièxie
好， 谢谢。

问: Nán de yào xiě shénme
男 的 要 写 什么 ？

A míngzi 名字 ✓　B shíjiān 时间　C fángjiān hào 房间 号

31 A zhàngfu 丈夫　B línjū 邻居　C xuésheng 学生

32 A yuè hào 9月20号　B yuè hào 10月1号　C yuè hào 10月8号

33 A gāngbǐ 钢笔　B shēngrì dàngāo 生日 蛋糕　C yì běn shū 一 本 书

34 A zǎo diǎnr xiūxi 早 点儿 休息　B bié shuōhuà 别 说话　C búyòng xiūxi 不用 休息

35 A shuì lǎn jiào le 睡 懒 觉 了　B dǎ bú dào chūzūchē 打 不 到 出租车　C gōngzuò máng 工作 忙

二、阅 读

第一部分

第 36-40 题

A

B

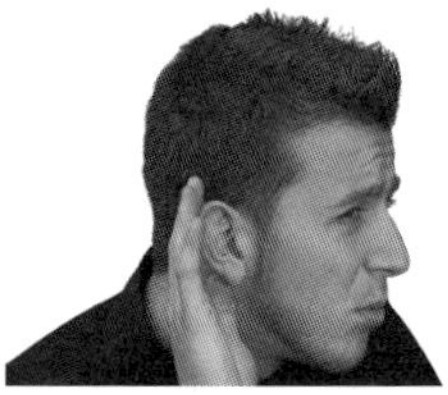

C

D

E

F

Měi ge xīngqīliù wǒ dōu qù dǎ lánqiú
例如： 每 个 星期六，我 都 去 打 篮球。 D

Shéi néng huídá zhè dào tí
36 谁 能 回答 这 道 题？ □

Lǐmian de méiyǒu wàimian de dà
37 里面 的 没有 外面 的 大。 □

Wǒ lái jièshào yíxià tā jiù shì wǒ de Hànyǔ lǎoshī
38 我 来 介绍 一下，他 就 是 我 的 汉语 老师。 □

Duìbuqǐ wǒ méi tīngdǒng qǐng zài shuō yí biàn
39 对不起，我 没 听懂 ，请 再 说 一 遍 。 □

Tāmen měi ge zhōumò dōu qù páshān
40 他们 每 个 周末 都 去 爬山 。 □

第二部分

第 41-45 题

bǎi	wánr	hái méi	kuài	guì	qíng
A 百	B 玩儿	C 还 没	D 快	E 贵	F 晴

Zhèr de yángròu hěn hǎochī dànshì yě hěn
例如: 这儿 的 羊肉 很 好吃，但是 也 很（ E ）。

Wàimian de xuě zhēn dà wǒmen chūqu ba
41 外面 的 雪 真 大，我们 出去（ ）吧。

Tiān le kěyǐ xǐ yīfu le
42 天（ ）了，可以 洗 衣服 了。

Bùhǎoyìsi wǒ xuéhuì kāichē
43 不好意思，我（ ）学会 开车。

Nǐ hǎo zhège zúqiú mài
44 你 好，这个 足球 卖2（ ）。

Bù hǎo le wǒ de qiánbāo bú jiàn le
45 男：不 好 了，我 的 钱包 不 见 了。

gàosu jǐngchá ba
女：（ ）告诉 警察 吧。

모의고사 4

第三部分

第 46-50 题

Xiànzài shì diǎn fēn tāmen yǐjing yóule fēnzhōng le
例如： 现在 是11点30分，他们 已经 游了20 分钟 了。

Tāmen diǎn fēn kāishǐ yóuyǒng
★ 他们 11点10分 开始 游泳 。 （ ✓ ）

Wǒ huì tiàowǔ dàn tiào de bù zěnmeyàng
我 会 跳舞，但 跳 得 不 怎么样 。

Wǒ tiào de fēicháng hǎo
★ 我 跳 得 非常 好。 （ × ）

Shì de yǐjing tuì le wǒ nián qián jiù líkāi xuéxiào le
46 是 的，已经 退 了，我 5 年 前 就 离开 学校 了。

Tā céngjīng shì ge lǎoshī
★ 他 曾经 是 个 老师。 （ ）

Qǐngwèn xiànzài lúndào wǒ le ma Wǒ yǐjing děngle hěn cháng shíjiān le
47 请问，现在 轮到 我 了 吗？我 已经 等了 很 长 时间 了。

Wǒ děngle hěn cháng shíjiān
★ 我 等了 很 长 时间。 （ ）

Māma měitiān shuì qián dōu yào hē yì bēi niúnǎi tā shuō zhèyàng kěyǐ
48 妈妈 每天 睡 前 都 要 喝 一 杯 牛奶，她 说 这样 可以
shuì de hǎo
睡 得 好。

Māma qǐchuáng hòu yào hē niúnǎi
★ 妈妈 起床 后 要 喝 牛奶。 （ ）

49 Nǐ qùguo yì yuán diàn ma Zài nàr yí kuài qián jiù kěyǐ mǎi yí jiàn
你去过"一元店"吗？在那儿一块钱就可以买一件

dōngxi
东西。

Yì yuán diàn de dōngxi hěn guì
★"一元店"的东西很贵。 ( )

50 Zhōngguórén xǐhuan shuō hǎohǎo xuéxí tiāntiān xiàng shàng yìsi shì
中国人喜欢说"好好学习，天天向上"，意思是

xīwàng háizimen cóng xiǎo ài xuéxí duō xuéxí
希望孩子们从小爱学习，多学习。

Zhōngguórén xīwàng háizi duō xuéxí
★ 中国人希望孩子多学习。 ( )

第四部分

第 51-55 题

A Jīntiān Lǐ Hóng cóng Měiguó huílai le tā yǐjing zài Měiguó liúxué liǎng nián le
今天 李 红 从 美国 回来了，她 已经 在 美国 留学 两 年 了。

B Wǒ liù diǎn qǐchuáng bā diǎn cóng jiā chūfā xiàwǔ sān diǎn cái dào zhèr de
我 六 点 起床，八 点 从 家 出发，下午 三 点 才 到 这儿 的。

C Dāngrán shì Chūnjié le yīnwèi jiàqī hěn cháng
当然 是 春节 了，因为 假期 很 长。

D Nǐ huì xiūlǐ zhège diànnǎo ma
你 会 修理 这个 电脑 吗？

E Tā zài nǎr ne Nǐ kànjiàn tā le ma
他 在 哪儿 呢？你 看见 她 了 吗？

F Zhè fèn gōngzuò gōngzī suīrán bù dī dàn yālì tài dà le
这 份 工作 工资 虽然 不 低，但 压力 太 大 了。

例如：Tā hái zài jiàoshì li xuéxí
他 还 在 教室 里 学习。 [E]

51 Tā chūle shénme máobìng
它 出了 什么 毛病 ？。 [ ]

52 Wǒ yǒu ge hǎo xiāoxi yào gàosu nǐ
我 有 个 好 消息 要 告诉 你。 [ ]

53 Nǐ jīntiān jǐ diǎn dào zhèli de
你 今天 几 点 到 这里 的？ [ ]

54 Nǐ yào xiǎng qīngchu a xiànzài zhǎo yí fèn gōngzuò duō kùnnan a
你 要 想 清楚 啊，现在 找 一 份 工作 多 困难 啊。 [ ]

55 Nǐ zuì xǐhuan shénme jiérì
你 最 喜欢 什么 节日？ [ ]

第 56-60 题

A Wǒ gěi nǐmen zhǔnbèile chá hé kāfēi nǐ xiǎng hē shénme
我给你们准备了茶和咖啡，你想喝什么？

B Wǒmen bú shì yìqǐ tīguo zúqiú ma
我们不是一起踢过足球吗？

C Shì a tīngshuō guò jǐ tiān hái yào shēngwēn
是啊，听说过几天还要升温。

D Wǒ qián jǐ tiān tóu tòng hái xiǎng tù ne
我前几天头痛，还想吐呢。

E Lǐ xiānsheng sòng wǒ liǎng zhāng diànyǐngpiào
李先生送我两张电影票。

56 Zuìjìn tiānqì zhēn guài qián liǎng tiān hái hěn rè jīntiān jiù tūrán jiàngwēn le
最近天气真怪，前两天还很热，今天就突然降温了。 ☐

57 Xiànzài zěnmeyàng le Hǎo diǎn le ma
现在怎么样了？好点了吗？ ☐

58 Xīngqīsān nǐ yǒu shíjiān qù kàn ma
星期三，你有时间去看吗？ ☐

59 Qǐng jìn huānyíng nǐmen lái wǒ jiā wánr
请进，欢迎你们来我家玩儿。 ☐

60 Tā shì wǒ de tóngxué nǐ bú rènshi tā
他是我的同学，你不认识他？ ☐

新汉语水平考试

HSK（二级）

模拟考试5

注　意

一、HSK（二级)分两部分：

1．听力(35题，约25分钟)

2．阅读(25题，22分钟)

二、听力结束后，有3分钟填写答题卡。

三、全部考试约55分钟(含考生填写个人信息时间5分)。

一、听力

第一部分

第 1-10 题

例如：		√
		×
1		
2		
3		
4	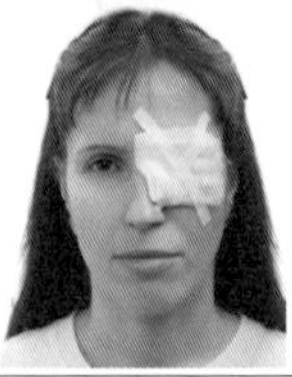	
5		

6		
7		
8		
9		
10		

第二部分

第 11-15 题

A

B

C

D

E

F

例如： 男： Nǐ xǐhuan shénme yùndòng
你 喜欢 什么 运动 ？

女： Wǒ zuì xǐhuan tī zúqiú
我 最 喜欢 踢 足球。 D

11

12

13

14

15

第 16-20 题

A 

B 

C 

D 

E 

16 □

17 □

18 □

19 □

20 □

第三部分

第 21-30 题

例如：男：Xiǎo Wáng, zhèli yǒu jǐ ge bēizi, nǎge shì nǐ de?
小王，这里有几个杯子，哪个是你的？

女：Zuǒbian de nàge hóngsè de shì wǒ de.
左边的那个红色的是我的。

问：Xiǎo Wáng de bēizi shì shénme yánsè de?
小王的杯子是什么颜色的？

A hóngsè 红色 ✓　　B hēisè 黑色　　C báisè 白色

21　A Běijīng 北京　　B Shànghǎi 上海　　C Shǒu'ěr 首尔

22　A 2 ge xiǎoshí 2个小时　　B 4 ge xiǎoshí 4个小时　　C 10 ge xiǎoshí 10个小时

23　A xīngqīwǔ 星期五　　B xīngqīliù 星期六　　C xīngqītiān 星期天

24　A jiàoshì 教室　　B bàngōngshì 办公室　　C yínháng 银行

25　A nán de 男的　　B nánrén de māma 男人的妈妈　　C nǚrén de māma 女人的妈妈

26　A yǒudiǎnr nán 有点儿难　　B méi yǒuyìsi 没有意思　　C tài róngyì 太容易

27　A kàn diànnǎo 看电脑　　B xiūxi 休息　　C shuìjiào 睡觉

28　A gēge de 哥哥的　　B jiějie de 姐姐的　　C dìdi de 弟弟的

29　A nǚ'er méi lái 女儿没来　　B nǚ'er zài nàr 女儿在那儿　　C xuésheng méi lái 学生没来

30　A zài shāngdiàn 在商店　　B zài shítáng 在食堂　　C zài jiā 在家

第四部分

第 31-35 题

例如:	女:	Qǐng zài zhèr xiě nín de míngzi 请 在 这儿 写 您 的 名字。
	男:	Shì zhèr ma 是 这儿 吗 ?
	女:	Bú shì shì zhèr 不 是，是 这儿。
	男:	Hǎo xièxie 好，谢谢。
	问:	Nán de yào xiě shénme 男 的 要 写 什么 ?

	A míngzi 名字 ✓	B shíjiān 时间	C fángjiān hào 房间 号
31	A 30 yuán 元	B 44 yuán 元	C 120 yuán 元
32	A qiánmian 前面	B yóujú 邮局	C fàndiàn 饭店
33	A nánrén de dìdi 男人 的 弟弟	B zhàngfu 丈夫	C bàba 爸爸
34	A gōngzuò 工作	B xuéxí 学习	C yùndòng 运动
35	A qiánbāo 钱包	B cídiǎn 辞典	C Hànyǔ shū 汉语 书

二、阅读

第一部分

第 36-40 题

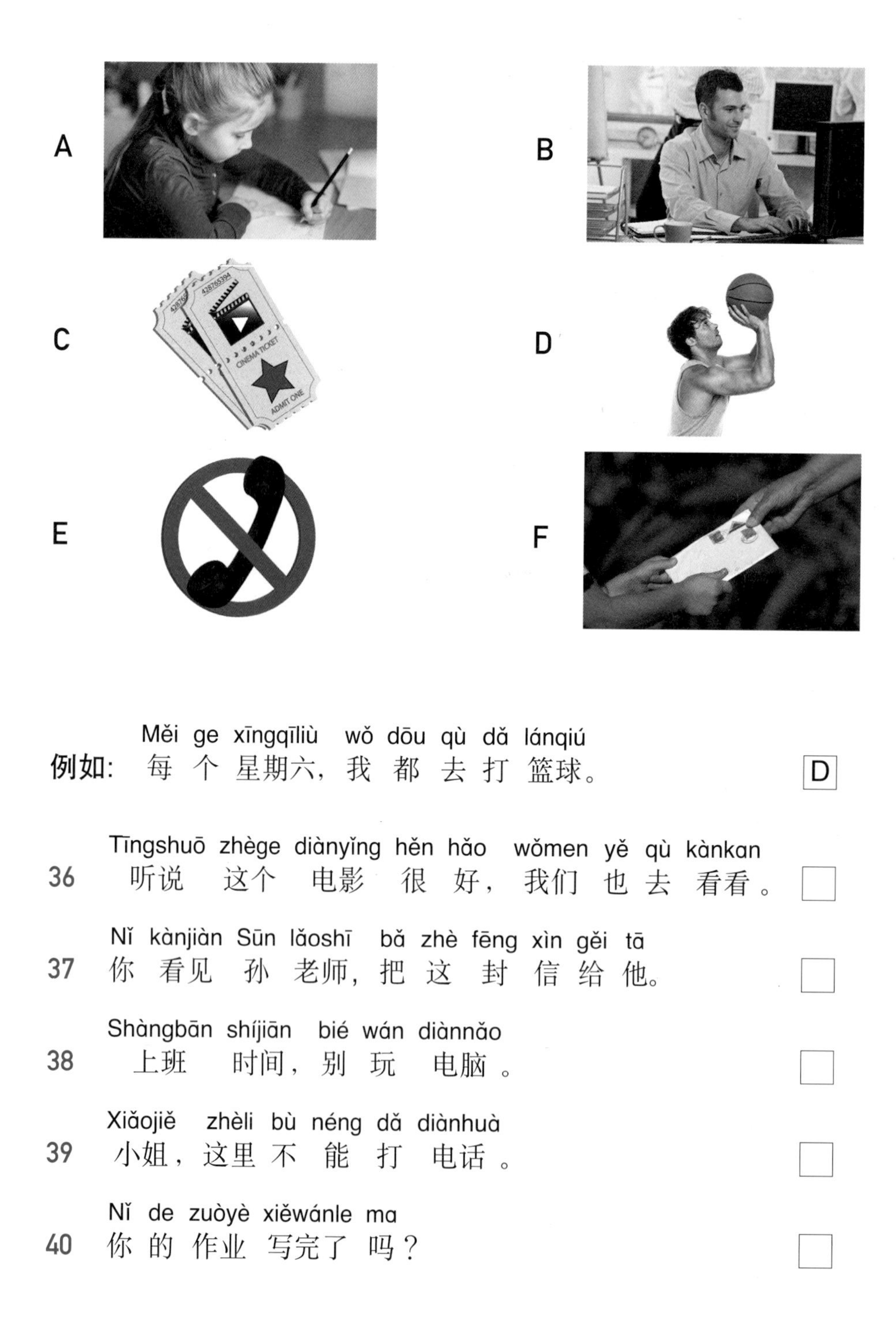

Měi ge xīngqīliù wǒ dōu qù dǎ lánqiú
例如: 每个星期六，我都去打篮球。 D

Tīngshuō zhège diànyǐng hěn hǎo wǒmen yě qù kànkan
36 听说这个电影很好，我们也去看看。 □

Nǐ kànjiàn Sūn lǎoshī bǎ zhè fēng xìn gěi tā
37 你看见孙老师，把这封信给他。 □

Shàngbān shíjiān bié wán diànnǎo
38 上班时间，别玩电脑。 □

Xiǎojiě zhèli bù néng dǎ diànhuà
39 小姐，这里不能打电话。 □

Nǐ de zuòyè xiěwánle ma
40 你的作业写完了吗？ □

第二部分

第 41-45 题

shǒujī	yǐjing	piányi	téng	guì	yào
A 手机	B 已经	C 便宜	D 疼	E 贵	F 药

Zhèr de yángròu hěn hǎochī dànshì yě hěn
例如: 这儿 的 羊肉 很 好吃，但是 也 很（ E ）。

Nǐ hái yào mǎi yīfu nǐ de yīfu hěn duō le
41 你 还 要 买 衣服，你 的 衣服（ ）很 多 了。

Guì de kuài qián yì jīn de kuài qián yì jīn
42 贵 的 30 块 钱 一 斤，（ ）的 10 块 钱 一 斤。

Lǎo Zhāng nín de shì zài nǎr mǎi de
43 老 张，您 的（ ）是 在 哪儿 买 的？

Zhège yì tiān chī cì cì piàn
44 这个（ ）一 天 吃 3次，1次4 片。

Wǒ zuìjìn yǎnjing yǒudiǎnr
45 我 最近 眼睛 有点儿（ ）。

모의고사 5

第三部分

第 46-50 题

Xiànzài shì diǎn fēn tāmen yǐjing yóule fēnzhōng le
例如：现在 是11 点 30分，他们 已经 游了20 分钟 了。

Tāmen diǎn fēn kāishǐ yóuyǒng
★ 他们 11 点 10分 开始 游泳 。 （ √ ）

Wǒ huì tiàowǔ dàn tiào de bù zěnmeyàng
我 会 跳舞，但 跳 得 不 怎么样 。

Wǒ tiào de fēicháng hǎo
★ 我 跳 得 非常 好。 （ × ）

Hā'ěrbīn de dōngtiān hěn lěng nǐ lái de shíhou duō chuān yīfu
46 哈尔滨 的 冬天 很 冷，你 来 的 时候 多 穿 衣服。

Nǐ lái Hā'ěrbīn yào duō chuān yīfu
★ 你 来 哈尔滨 要 多 穿 衣服。 （ ）

Dàjiā shuō Dōngdong de Hànyǔ hěn hǎo kěshì tā shuō de bú shì nàme
47 大家 说 冬冬 的 汉语 很 好，可是 他 说 得 不 是 那么
hǎo
好。

Dōngdong Hànyǔ shuō de bú shì hěn hǎo
★ 冬冬 汉语 说 得 不 是 很 好。 （ ）

Wǒ juéde zài jiā dāizhe yě shì yì zhǒng kuàilè Wǒ kěyǐ tīng yīnyuè yě
48 我 觉得 在 家 呆着 也 是 一 种 快乐。我 可以 听 音乐，也
kěyǐ zài jiā dú hěn duō shū
可以 在 家 读 很 多 书。

Wǒ xǐhuan zài jiā kàn diànshì
★ 我 喜欢 在 家 看 电视 。 （ ）

49

Wǒ rènwéi Niǔyuē bǐ Běijīng gèng hǎo xiē
我 认为 纽约 比 北京 更 好 些。

Běijīng gèng hǎo
★ 北京 更 好。 ( )

50

Xīngqīwǔ xiàwǔ wǒ zhěnglǐle yíxià wǒ de yīguì Zài yīguì li wǒ
星期五 下午，我 整理了 一下 我 的 衣柜。在 衣柜 里，我
zhǎochūle xǔduō báisè yīfu yǒu de yǐjing biànhuáng le
找出了 许多 白色 衣服，有 的 已经 变黄 了。

Xǔduō báisè yīfu dōu hěn bái
★ 许多 白色 衣服 都 很 白。 ( )

第四部分

第 51-55 题

A Yǒu piányi yìxiē de ma
有 便宜 一些 的 吗？

B Wǒ xiǎng chī ge píngguǒ zài shuì
我 想 吃 个 苹果 再 睡。

C Nǐ lái zhèr duōshǎo nián le
你 来 这儿 多少 年 了？

D Wǒ yǐqián zuò dìtiě kě xiànzài kāichē shàngbān
我 以前 坐 地铁，可 现在 开车 上班 。

E Tā zài nǎr ne Nǐ kànjiàn tā le ma
他 在 哪儿 呢？你 看见 她 了 吗？

F Méi guānxi wǒ zhīdào nǐ hěn máng
没 关系，我 知道 你 很 忙 。

例如： Tā hái zài jiàoshì li xuéxí
他 还 在 教室 里 学习。 [E]

51 Nǐ zuìjìn zěnme shàngbān
你 最近 怎么 上班 ？ [ ]

52 Méiyǒu le zhè jiù shì zuì piányi de
没有 了，这 就 是 最 便宜 的。 [ ]

53 Bú yào shuōhuà le kuài shuìjiào ba
不 要 说话 了，快 睡觉 吧。 [ ]

54 Duìbuqǐ wǒ bù néng hé nǐ yìqǐ qù wǒ méi shíjiān
对不起，我 不 能 和 你 一起 去，我 没 时间。 [ ]

55 Shíjiān guò de zhēn kuài wǒ lái Guǎngzhōu yǐjing nián le
时间 过 得 真 快，我 来 广州 已经 10 年 了。 [ ]

第 56-60 题

A
Tīngshuō nǐmen xuéxiào hěn dà lǎoshī hěn duō
听说 你们 学校 很 大，老师 很 多。

B
Méishìr wǒ hěn kuài jiù huílai
没事儿，我 很 快 就 回来。

C
Xiànzài hǎo duō le yīshēng shuō xià ge xīngqī jiù kěyǐ chūyuàn le
现在 好 多 了，医生 说 下 个 星期 就 可以 出院 了。

D
Jīntiān tài wǎn le wǒmen bié qù Xiǎo Zhāng jiā le
今天 太 晚 了，我们 别 去 小 张 家 了。

E
Méi le wǒ xiànzài chūqu mǎi ba
没 了，我 现在 出去 买 吧。

56
Xiànzài shēntǐ zěnmeyàng Shénme shíhou kěyǐ chūyuàn
现在 身体 怎么样 ？什么 时候 可以 出院 ？ □

57
Tiānqì tài rè le jiāli yǒu xīguā ma
天气 太 热 了，家里 有 西瓜 吗？ □

58
Shì de wǒmen yǒu liǎng bǎi duō ge lǎoshī
是 的，我们 有 两 百 多 个 老师。 □

59
Nǐ duō chuān jiàn yīfu wàimian hěn lěng
你 多 穿 件 衣服，外面 很 冷。 □

60
Hǎo wǒmen míngtiān zài qù
好，我们 明天 再 去。 □

新

HSK 실전 모의고사

해설집

저자 박은영

J PLUS
Language Publishing Co.

HSK 모의고사 제1회 답안

一、听力

第一部分

1. √ 2. √ 3. × 4. √ 5. × 6. × 7. √ 8. √ 9. √ 10. ×

第二部分

11. B 12. C 13. E 14. F 15. A 16. E 17. D 18. C 19. B 20. A

第三部分

21. A 22. C 23. B 24. C 25. B 26. B 27. B 28. A 29. C 30. C

第四部分

31. C 32. A 33. B 34. C 35. B

二、阅读

第一部分

36. F 37. A 38. C 39. E 40. B

第二部分

41. C 42. B 43. F 44. A 45. D

第三部分

46. √ 47. × 48. × 49. √ 50. ×

第四部分

51. A 52. D 53. B 54. F 55. C 56. D 57. A 58. B 59. E 60. C

1. 듣기(听力)

제1부분 (第一部分)

1

Tā mǎile sān ge píngguǒ
他 买了 三 个 苹果。

그는 사과 세 개를 샀습니다.

답: √

포인트 수량사와 명사 잘 듣기

해설 녹음을 듣기 전에 먼저 그림을 확인합니다. 개수 세 개를 뜻하는 '三个'와 사과를 뜻하는 명사 '苹果'를 잘 들으면 그림과 녹음이 일치한다는 것을 쉽게 확인할 수 있습니다.

단어 买 mǎi 동 사다 | 三个 sān ge 3개 | 苹果 píngguǒ 명 사과

2

Zuótiān wǒ xǐle hěn duō yīfu
昨天 我 洗了 很 多 衣服。

어제 나는 많은 옷을 세탁했습니다.

답: √

포인트 술어와 목적어 잘 듣기

해설 녹음에 언급된 '洗了很多衣服'를 간략하게 술어와 목적어로 줄이면 '洗+衣服'입니다. 이는 '옷을 빨다'란 뜻으로 옷과 세탁기가 있는 그림과 일치한다고 볼 수 있으므로 답은 √가 됩니다.

단어 昨天 zuótiān 명 어제 | 洗 xǐ 동 세탁하다, 빨다 | 很 hěn 부 매우 | 多 duō 형 많다 | 衣服 yīfu 명 옷, 의복

3

Chuáng shang de xiǎogǒu shì shéi de
床 上 的 小狗 是 谁 的?

침대에 있는 강아지는 누구 강아지죠?

답: ×

포인트 명사 구별해서 잘 듣기

해설 제시된 그림은 고양이 '猫(māo)'이므로 녹음에 제시된 강아지를 뜻하는 '小狗'와는 다른 그림이라고 판단합니다.

단어 床 chuáng 명 침대 | 小狗 xiǎogǒu 명 강아지 | 谁 shéi 대명 누구

4

Shàngbian de bǐ xiàbian de dà
上边 的 比 下边 的 大。

위의 것이 아래 것보다 크다.

답: √

포인트 비교문 '比' 잘 듣기

해설 그림을 먼저 확인한 후 녹음을 들으면 쉽게 풀 수 있습니다. 개사 '比'는 두 가지 사물을 비교할 때 많이 사용하고 듣기 1부분에 한 문제는 꼭 나오는 개사이므로 반드시 알아두도록 합니다.

단어 上边 shàngbian 명 위 | 比 bǐ 개 ~보다 | 下边 xiàbian 명 아래 | 大 dà 형 크다

5

Tā měitiān dōu qù sànbù
他 每天 都 去 散步。

그녀는 매일 산책 합니다.

답: ×

포인트 동사 구별해서 잘 듣기

해설 제시된 그림의 동작은 수영 '游泳(yóuyǒng)'입니다. 녹음에는 산책 '散步'라고 하였으니 답은 ×가 됩니다.

단어 每天 měitiān 명 매일 | 都 dōu 부 모두 | 散步 sànbù 동 산책하다

6

Nǐ bié shuō le wǒ bù xiǎng chī
你 别 说 了，我 不 想 吃。

그만 하세요. 더 먹고 싶지 않아요.

답: ×

포인트 부정 잘 듣기

해설 녹음에 언급된 '不想'은 '~하고 싶지 않다'로 부정을 뜻합니다. 제시된 그림은 먹고 있는 동작이므로 녹음과 그림이 일치한다고 볼 수 없습니다.

단어 别~了 bié le ~하지 마세요 | 说 shuō 동 말하다 | 不想 bù xiǎng ~하고 싶지 않다

7

Tā xiàozhe shuō nǐ hǎo
他 笑着 说"你 好！"

그는 웃으며 "안녕하세요!"라고 말했다.

답: √

포인트 동시에 이루어지는 두 가지 동작 잘 듣기

해설 제시된 그림은 웃으며 손을 흔드는 사람입니다. '웃다'를 뜻하는 '笑'에서 그림의 표정과 일치함을 확인할 수 있고, 일상 생활 속에서 인사할 때 손을 흔드는 동작이 함께 이루어지기도 하므로 √에 표시해야 합니다. 두 가지 동작이 동시에 이루어질 때는 앞 동작 동사 뒤에 조동사 '着'를 붙이면 됩니다.

단어 笑 xiào 동 웃다 | 着 zhe 조 ~하면서 | 说 shuō 동 말하다

8

Tāmen zài chànggē
他们 在 唱歌 。

그들은 노래를 부르고 있습니다.

답: √

포인트 동사 잘 듣기

해설 제시된 그림은 여러 사람들이 노래를 부르고 있는 모습이므로 녹음의 내용과 일치한다고 판단합니다. '在唱歌'는 진행형으로 '노래를 부르고 있다'는 뜻입니다.

단어 在 zài 부 ~하고 있다 | 唱歌 chànggē 동 노래 부르다

9

Nǐ juéde nàge hóngsè de bēizi zěnmeyàng
你 觉得 那个 红色 的 杯子 怎么样 ？

당신은 저 빨간색 컵이 어떻습니까?

답: √

포인트 명사 잘 듣기

해설 제시된 그림은 컵이고, 녹음에서 '红色的杯子'라고 했으므로 일치한다고 판단합니다. 녹음에 언급된 '觉得+사물 명사+怎么样?'은 '사물을 어떻게 여기는가?'를 뜻하며, 회화에 자주 사용되는 형식입니다.

단어 觉得 juéde 동 여기다 | 红色 hóngsè 명 빨간색 | 杯子 bēizi 명 컵 | 怎么样 zěnmeyàng 대명 어떠합니까?

10

Tā méi kāi diànshì tā zài kàn bàozhǐ ne 她 没 开 电视，她 在 看 报纸 呢。	그녀는 TV를 켜지 않았고, 신문을 보고 있습니다. 답: ×

포인트 부정 '没' 잘 듣기

해설 동사를 부정할 때는 '没(méi)'나 '不(bù)'를 사용합니다. '没'는 과거를 부정하는 것으로 '没开电视'는 'TV를 켜지 않았다'를 뜻합니다. 제시된 그림은 TV를 보고 있는 것이므로 답안지에는 ×라고 표시합니다.

단어 没 méi 부 ~하지 않았다 | 开 kāi 동 (전자제품 등을) 켜다 | 电视 diànshì 명 TV | 在 zài 부 ~하고 있다 | 看 kàn 동 보다 | 报纸 bàozhǐ 명 신문 | 呢 ne 조 ~하고 있다

제2부분 (第二部分)

11

Ràng wǒ xiǎngxiang zài huídá wèntí ba 男：让 我 想想 再 回答 问题 吧。 Kěyǐ kěyǐ 女：可以 可以。	남: 제가 생각을 해 본 후에 문제에 대답을 하겠습니다. 여: 네, 좋습니다. 답: B

포인트 '让我想想' 잘 듣기

해설 녹음에 들리는 '让我想想'은 회화에 자주 사용되는 어구로 생각을 해본 후에 의사를 표현하겠다는 뜻입니다. 그러므로 고민하고 있는 그림 보기B를 답으로 골라야 합니다.

단어 让 ràng 동 ~하게 하다 | 想 xiǎng 동 생각하다 | 再 zài 부 다시 | 回答 huídá 동 대답하다 | 问题 wèntí 명 문제 | 可以 kěyǐ 조동 ~해도 좋다

12

Wǒ de māo zěnme le Tā yǐjing liǎng tiān méi chī 女：我 的 猫 怎么 了？它 已经 两 天 没 吃 dōngxi le 东西 了。 Ràng wǒ kànkan 男：让 我 看看。	여: 제 고양이가 왜 그러죠? 벌써 이틀 동안 아무것도 못 먹었어요. 남: 제가 좀 살펴 보겠습니다. 답: C

포인트 의료 진찰 상황파악과 '고양이'명사 잘 듣기

해설 우선 고양이를 뜻하는 '猫'가 들리므로 보기C에 눈길을 둡니다. '怎么了?'는 부정적으로 발전된 상황을 묻는 표현이므로 뭔가가 안 좋아졌다고 짐작할 수 있습니다. 남자가 말한 '让我看看.'은 상대방의 부탁을 받고 상황을 해결하고자 노력하는 사람이 자주 사용하는 회화체로 환자를 돌보는 의사, 물건을 수리하는 엔지니어, 문제를 풀어 달라고 부탁 받은 사람들이 종종 사용합니다. 그러므로 답은 보기C 입니다.

단어 猫 māo 명 고양이 | 怎么了 zěnme le 어떻게 된 것입니까? 왜 그러죠? | 已经 yǐjing 부 이미, 벌써 | 两天 liǎng tiān 이틀 | 没~了 méi le ~하지 않았다 | 吃 chī 동 먹다 | 东西 dōngxi 명 음식 | 让 ràng 동 ~하게 하다 | 看 kàn 동 살펴보다

13

Bāng wǒ kàn yíxià xiànzài jǐ diǎn le 女：帮 我 看 一下，现在 几 点 了？ Xiànzài kuài bā diǎn le 男：现在 快 八 点 了。	여: 좀 봐 주세요. 지금 몇 시인가요? 남: 지금 8시가 되려고 합니다. 답: **E**

포인트 시간을 물어보는 질문과 대답 잘 듣기

해설 질문 '现在几点了?'와 이에 대한 대답인 '现在快八点了.'가 시간과 관련된 내용임을 빨리 판단한다면 답을 쉽게 찾을 수 있습니다.

단어 帮 bāng 동 돕다 | 现在 xiànzài 명 현재 | 几 jǐ 대명 몇 | 点 diǎn 명 시 | 块~了 kuài le 곧 ~이다

14

Wéi wǎnshang yìqǐ chīfàn zěnmeyàng 男：喂，晚上 一起 吃饭，怎么样？ Hǎo zài nǎr chī 女：好，在 哪儿 吃？	남: 여보세요! 저녁에 같이 식사해요, 어떠세요? 여: 좋습니다. 어디에서 드실까요? 답: **F**

포인트 전화 용어 '喂' 잘 듣기

해설 이 대화에서 '喂'가 없었다면 여러 배경 설정이 가능하겠지만, 이 '喂' 때문에 전화상으로 대화가 이루어지고 있음을 알 수 있습니다. 그러므로 답은 F입니다.

단어 喂 wéi 여보세요 | 晚上 wǎnshang 명 저녁 | 一起 yìqǐ 부 같이 | 吃饭 chīfàn 동 식사하다 | 在 zài 개 ~에서 | 哪儿 nǎr 대명 어디서

15

Wǒ xǐhuan zhè jiàn báisè de 男：我 喜欢 这 件 白色 的。 Wǒ yě shì érqiě tā yě bú guì 女：我 也 是，而且 它 也 不 贵。	남: 저는 이 하얀색이 좋습니다. 여: 저도 그래요. 게다가 비싸지도 않네요. 답: **A**

포인트 가격 표현 '不贵' 잘 듣기, 옷 양사 '件' 잘 듣기

해설 일반적으로 물건 구매와 관련된 대화에서는 가격적인 부분이 빠지지 않고 언급됩니다. 대화 속에 언급된 '不贵'는

가격에 관련된 표현입니다. '件'은 옷을 세는 양사로 이 두 가지에 포인트를 맞추면 답을 보기A로 고를 수 있습니다.

단어 喜欢 xǐhuan 동 좋아하다 | 件 jiàn 양 옷을 세는 양사 | 白色 báisè 명 흰색 | 而且 érqiě 관 게다가 | 贵 guì 형 비싸다

16

Xièxie nǐ sòng wǒ huílai 男：谢谢 你 送 我 回来。 Bú kèqi zàijiàn 女：不 客气， 再见 ！	남: 감사합니다. 당신이 저를 바래다 주셔서요. 여: 천만에요. 또 뵙겠습니다. 답: E

포인트 동사 '送', '回来', '再见' 잘 듣기

해설 대화 속의 '送我回来'는 집까지 바래다 주었다는 것을 뜻합니다. 그리고 '再见'이라고 인사를 하니 헤어지는 상황입니다. 따라서 답은 보기E입니다.

단어 谢谢 xièxie 동 감사합니다 | 送 sòng 동 바래다 주다 | 回来 huílai 동 되돌아 오다, 집으로 돌아오다 | 不客气 bú kèqi 천만에요 | 再见 zàijiàn 다시 만나요

17

Zhège tí nǐ huì zuò ma 女：这个 题 你 会 做 吗？ Wǒ huì wǒ bāng nǐ 男：我 会， 我 帮 你。	여: 이 문제 풀 수 있나요? 남: 네, 제가 도와드리죠. 답: D

포인트 '我帮你', '做' 잘 듣기

해설 '做'는 '문제를 풀다'라는 뜻이고, '我帮你'는 상대방에게 도움을 주겠다는 뜻입니다. 그러므로 보기D를 고르는 것이 적합합니다.

단어 题 tí 명 문제 | 会 huì 조동 ~할 수 있다 | 做 zuò 동 (문제를) 풀다 | 帮 bāng 동 돕다

18

Nǐ yào qù nǎr 男：你 要 去 哪儿？ Wǒ yào qù gōngzuò 女：我 要 去 工作 。	남: 어디 가십니까? 여: 저는 출근합니다. 답: C

포인트 '去工作' 잘 듣기

해설 '去哪儿'과 '去工作'로 간추릴 수 있는 대화는 가방을 들고 출근하는 그림C와 가장 일치되는 내용임을 알 수 있습니다.

단어 要 yào 조동 ~하려 하다 | 去 qù 동 가다 | 哪儿 nǎr 대명 어디 | 工作 gōngzuò 명 일, 업무

19

Xiǎojiě wǒ xiǎng mǎi qù Shànghǎi de piào 男：小姐，我 想 买 去 上海 的 票。 Hǎo qù Shànghǎi de yì zhāng gěi nín 女：好，去 上海 的 一 张，给 您。	남: 아가씨! 상하이 가는 표 주세요. 여: 네, 상하이 행 표 한 장, 받으세요. 답: **B**

포인트 '去上海的票' 잘 듣기

해설 '去上海的票'는 상하이 행 티켓을 뜻하며, 기차, 배, 비행기 다 사용가능합니다. 그러므로 티켓이 있는 보기B가 이 대화에 가장 적합한 것임을 알 수 있습니다.

단어 小姐 xiǎojiě 명 아가씨 | 想 xiǎng 조동 ~하고 싶다 | 买 mǎi 동 사다 | 上海 Shànghǎi 명 상하이 | 票 piào 명 표, 티켓 | 张 zhāng 양 장 | 给 gěi 동 주다 | 您 nín 대명 '너'의 존칭

20

Nǐ xǐhuan zuòfàn ma 女：你 喜欢 做饭 吗？ Xǐhuan wǒ de àihào jiù shì zuòfàn 男：喜欢，我 的 爱好 就 是 做饭。	여: 요리하는 것 좋아하세요? 남: 좋아합니다. 제 취미가 요리입니다. 답: **A**

포인트 '做饭' 잘 듣기

해설 '做饭'은 '밥을 하다'라는 뜻인데 '요리를 하다'라고 확대되어 사용되기도 합니다. 이 단어의 뜻을 모른다고 해도 '饭'에 포인트를 맞추어 주방과 관련된 보기A를 고를 수 있습니다.

단어 喜欢 xǐhuan 동 좋아하다 | 做饭 zuòfàn 동 밥 하다, 요리 하다 | 爱好 àihào 명 취미 | 就 jiù 부 바로

제3부분 (第三部分)

21

Nǐ néng gàosu wǒ tā de shǒujī hàomǎ ma 男：你 能 告诉 我 他 的 手机 号码 吗？ Duìbuqǐ wǒ yě bù zhīdào 女：对不起，我 也 不 知道。 Nán de xiǎng zhīdào shénme 问：男 的 想 知道 什么？ shǒujī hàomǎ chīfàn shíjiān shǒujī yánsè **A** 手机 号码 **B** 吃饭 时间 **C** 手机 颜色	남: 당신은 그 사람의 휴대폰 번호를 저에게 알려 주실 수 있습니까? 여: 죄송합니다. 저도 모릅니다. **질문: 남자가 알고 싶은 것은 무엇인가요?** A 휴대폰 번호 B 식사 시간 C 휴대폰 색 답: **A**

포인트 '手机号吗' 잘 듣기

해설 녹음을 듣기 전에 보기를 먼저 읽어 보면 듣기 녹음이 훨씬 더 잘 들립니다. 보기A가 녹음에 그대로 언급이 되므로 답을 쉽게 고를 수 있습니다.

단어 能 néng 조동 ~할 수 있다 | 告诉 gàosu 동 알려주다 | 手机 shǒujī 명 휴대폰 | 号码 hàomǎ 명 번호 | 对不起

duìbuqǐ 죄송합니다 | 不知道 bù zhīdào 모르다

22

Yǒu jǐ ge háizi
女：有 几 个 孩子？

Wǒ yǒu sān ge háizi yí ge nǚ'ér liǎng ge érzi
男：我 有 三 个 孩子，一 个 女儿，两 个 儿子。

Nán de yǒu jǐ ge háizi
问：男 的 有 几 个 孩子？

yí ge liǎng ge sān ge
A 一 个 B 两 个 C 三 个

여: 자녀가 몇 명입니까?
남: 세 명입니다. 딸 하나, 아들 둘입니다.

질문: 남자는 자녀가 몇 명인가요?
A 한 명
B 두 명
C 세 명

답: **C**

포인트 숫자 잘 듣기

해설 보기를 먼저 보고 개수에 관한 문제라는 것을 확인해 둡니다. 남자는 한 명의 딸, 두 명의 아들 이렇게 세 명의 자녀가 있습니다. 따라서 답은 보기C입니다.

단어 有 yǒu 동 있다 | 几个 jǐ ge 몇 명 | 孩子 háizi 명 아이 | 女儿 nǚ'ér 명 딸 | 儿子 érzi 명 아들

23

Yìndù rénkǒu hǎo duō ya
男：印度 人口 好 多 呀！

Bù zhīdào Zhōngguó rénkǒu gèng duō
女：不 知道？中国 人口 更 多！

Yìndù hé Zhōngguó nǎ guó de rénkǒu duō
问：印度 和 中国 哪 国 的 人口 多？

Yìndù Zhōnguó yíyàng duō
A 印度 B 中国 C 一样 多

남: 인도 인구가 아주 많군요!
여: 모르세요? 중국 인구가 더 많아요.

질문: 인도와 중국, 어느 나라 인구가 많은가요?
A 인도
B 중국
C 똑같다

답: **B**

포인트 부사 '更' 잘 듣기

해설 부사 '更'은 비교 표현에 많이 사용되어 정도가 큼을 나타냅니다. 여자가 한 말 '中国人口更多！'에서 중국 인구가 인도 인구보다 훨씬 많음을 알 수 있으므로 답은 보기B입니다.

단어 印度 Yìndù 명 인도 | 人口 rénkǒu 명 인구 | 好~呀 hǎo ya (감탄) ~하군요!, ~하네요! | 多 duō 형 많다 | 中国 Zhōngguó 명 중국 | 更 gèng 부 더, 훨씬

24

Nǐ gǎnjué hǎo diǎn le ma
男：你 感觉 好 点 了 吗？

Xièxie hǎo duō le Dàn yīshēng ràng wǒ duō zhù jǐ tiān yīyuàn
女：谢谢，好 多 了。但 医生 让 我 多 住 几 天 医院。

Nǚ de xiànzài kěnéng zài nǎr
问：女 的 现在 可能 在 哪儿？

A 学校 (xuéxiào)　B 商店 (shāngdiàn)　C 医院 (yīyuàn)

남: 조금 괜찮아지셨나요?

여: 감사합니다. 많이 좋아졌습니다. 그러나 의사선생님이 몇 일 더 입원해 있으라고 하시네요.

질문: 여자는 지금 어디에 있을까요?

A 학교

B 상점

C 병원

답: **C**

포인트 상황에 맞는 핵심어 잘 듣기

해설 보기를 먼저 분석합니다. 그러면 장소를 묻는 문제라는 것을 알 수 있습니다. 대화 속 '医生', '医院'에서 이 대화가 병원에서 이루어졌다는 것을 알 수 있습니다.

단어 **感觉** gǎnjué 명 느낌, 컨디션 | **好点了** hǎo diǎn le 조금 좋아지다 | **好多了** hǎo duō le 많이 좋아지다 | **但** dàn 관 그러나 | **医生** yīshēng 명 의사 | **让** ràng 동 ~하게 하다 | **住** zhù 동 묵다 | **医院** yīyuàn 명 병원 | **现在** xiànzài 명 현재, 지금 | **可能** kěnéng 부 아마도

25

Nǐ mā yě lái le Zěnme méi kàndào tā Tā zài nǎr
女：你 妈 也 来 了？怎么 没 看到 她？她 在 哪儿？

Zài nàr tā qù mǎi xiē shuǐguǒ
男：在 那儿，她 去 买 些 水果。

Tā māma qù mǎi shénme le
问：他 妈妈 去 买 什么 了？

A 铅笔 (qiānbǐ)　B 水果 (shuǐguǒ)　C 饮料 (yǐnliào)

여: 당신 어머님도 오셨군요? 왜 보이시지 않죠? 어디 계세요?

남: 저쪽에 계세요. 과일 사러 가셨어요.

질문: 남자의 어머니는 무엇을 사러 갔나요?

A 연필

B 과일

C 음료수

답: **B**

포인트 사물 대상 잘 듣기

해설 보기 분석을 통해 사물 대상을 묻는 문제라고 빨리 판단하고 녹음을 듣도록 합니다. 대화 속에 보기B만 언급이 되고 나머지는 언급이 되지 않으므로 답이 보기B라는 것을 알 수 있습니다.

단어 **妈妈** māma 명 엄마, 어머니 | **也** yě 부 ~도 | **怎么** zěnme 대명 왜, 어째서 | **看到** kàndào 동 보다 | **买** mǎi 동 사다 | **些** xiē 양 약간, 좀 | **水果** shuǐguǒ 명 과일

26

Wǒ jièshào yíxià zhè shì Xiǎo Lǐ wǒ de zhàngfu
女：我 介绍 一下，这 是 小 李，我 的 丈夫。

Nǐ hǎo rènshi nǐ hěn gāoxìng
男：你 好，认识 你 很 高兴。

Nǚ de jièshào de rén shì shéi
问：女 的 介绍 的 人 是 谁？

qīzi zhàngfu xuésheng
A 妻子 **B** 丈夫 **C** 学生

여: 소개하겠습니다. 이쪽은 샤오리이고 제 남편입니다.
남: 안녕하세요, 알게 되어서 반갑습니다.

질문: 여자가 소개하는 사람은 누구인가요?
A 부인
B 남편
C 학생

답: **B**

포인트 사람 관계 핵심어 잘 듣기

해설 이 대화는 사람을 소개할 때 많이 사용되는 표현입니다. 2급 듣기 문제에서 사람을 소개하는 표현은 아주 중요한 표현이므로 반드시 알아두어야 합니다. 여자가 남자를 자신의 남편이라고 소개하고 있으므로 답은 보기B입니다.

단어 介绍 jièshào 동 소개하다 | 一下 yíxià 양 ~좀 하다 | 丈夫 zhàgfu 명 남편 | 认识 rènshi 동 알다 | 高兴 gāoxìng 형 기쁘다

27

Nǐ kànjiàn wǒ de qiánbāo le ma
男：你 看见 我 的 钱包 了 吗？

Zài diànshìjī pángbiān de zhuōzi shang
女：在 电视机 旁边 的 桌子 上。

Qiánbāo zài nǎr
问：钱包 在 哪儿？

diànshìjī shàngmian zhuōzi shang shūbāo li
A 电视机 上面 **B** 桌子 上 **C** 书包 里

남: 당신 제 지갑을 보셨나요?
여: TV 옆 책상에 있네요.

질문: 지갑은 어디에 있나요?
A TV 위에
B 책상 위에
C 책가방 안에

답: **B**

포인트 장소 관계 핵심어 잘 듣기

해설 보기를 분석해 보면 장소에 관련된 문제라는 것을 알 수 있습니다. 그러나 이 문제는 함정이 있습니다. '在电视机旁边的桌子上.'은 'TV 옆 책상에 있다'이므로 지갑은 책상에 있는 것이지 TV 위에 있는 것이 아닙니다. 그러므로 답은 보기B입니다.

단어 看见 kànjiàn 동 보다 | 钱包 qiánbāo 명 지갑 | 在 zài 동 ~에 있다 | 电视机 diànshìjī 명 TV | 旁边 pángbiān 명 옆 | 桌子 zhuōzi 명 책상

28

Tā qù yīyuàn kànbìng le ma
男：他 去 医院 看病 了 吗？

Méiyǒu tā hái méi qǐchuáng ne
女：没有，他 还 没 起床 呢！

Tā zài zuò shénme
问：他 在 做 什么？

A 在 睡觉 (zài shuìjiào)　B 在 看病 (zài kànbìng)　C 在 看书 (zài kànshū)

남: 병원에 진료 받으러 갔나요?
여: 아니요, 아직 일어나지도 않았어요!

질문: 남자는 무엇을 하고 있나요?

A 잠을 자고 있다
B 진료 받고 있다
C 공부하고 있다

답: **A**

포인트 동작과 부정 잘 듣기

해설 진료 받으러 갔냐고 물었는데, '没有'로 대답했으니 우선 보기B는 제거합니다. 그리고 보기C도 대화 속에 언급되지 않았으니 제거합니다. 부정형 '没起床呢！'를 바꾸어 말하면 '아직도 자고 있다'는 뜻이므로 답은 보기A입니다.

단어 **看病** kànbìng 동 진찰하다 | **还** hái 부 아직 | **起床** qǐchuáng 동 일어나다

29

Qǐngwèn yǒu shénme kěyǐ bāngmáng de ma
女：请问 有 什么 可以 帮忙 的 吗？

Wǒ yào dìng liǎng ge fángjiān
男：我 要 定 两 个 房间。

Tāmen hěn kěnéng zài nǎr
问：他们 很 可能 在 哪儿?

A 商店 (shāngdiàn)　B 机场 (jīchǎng)　C 宾馆 (bīnguǎn)

여: 무엇을 도와 드릴까요?
남: 방을 두 개 예약했으면 합니다.

질문: 이들은 어디에 있을까요?

A 상점
B 공항
C 호텔

답: **C**

포인트 상황에 맞는 핵심어 듣기

해설 보기에 제시된 단어들은 장소와 관련된 것들로 상황에 알맞은 핵심어를 잘 듣도록 합니다. '定+房'은 호텔에서 방을 예약할 때 많이 사용합니다. 그러므로 답은 보기C입니다.

단어 **请问** qǐngwèn 동 잠깐 여쭙겠습니다 | **帮忙** bāngmáng 동 돕다 | **定** dìng 동 정하다, 예약하다 | **房间** fángjiān 명 방

30

yuè hào gēge yào qù Měiguó
女：1月24号 哥哥 要 去 美国。

Hái yǒu tiān ne
男：还 有 10天 呢。

Jīntiān jǐ yuè jǐ hào
问：今天 几 月 几 号？

yuè hào / yuè hào / yuè hào
A 1月24号 **B** 7月14号 **C** 1月14号

여: 1월 24일 오빠가 미국에 가신다네요.
남: 아직 열흘이나 있군요.

질문: 오늘은 몇 월 며칠인가요?
A 1월 24일
B 7월 14일
C 1월 14일

답: **C**

포인트 날짜 잘 듣기

해설 보기 분석을 통해 날짜 표현을 묻는 질문이라는 것을 우선 확인합니다. 그리고 대화 내용을 잘 듣습니다. 이 문제는 두 개의 함정이 있습니다. 우선 숫자 '1'과 '7'을 잘 들어야 하고, 1월 24일 오빠가 미국으로 출국하는데 아직 열흘이 남았다고 하니 오늘은 1월 14일입니다.

단어 哥哥 gēge 명 오빠 | 美国 Měiguó 명 미국 | 还 hái 부 아직 | 有 yǒu 동 있다 | 天 tiān 명 날, 일

제4부분 (第四部分)

31

Nǐ shēntǐ hǎo diǎnr le ma
女：你 身体 好 点儿 了 吗？

Xièxie hǎo duō le
男：谢谢，好 多 了。

Gēn nǐ shuōguo hěn duō cì duō chuān diǎnr yīfu
女：跟 你 说过 很 多 次，多 穿 点儿 衣服，
nǐ zǒngshì bù tīng
你 总是 不 听。

Yǐhòu tīng nǐ de gǎnmào le zhēn nánshòu a
男：以后 听 你 的，感冒 了 真 难受 啊。

Nán de zěnme le
问：男 的 怎么 了？

biànpàng le / dùzi téng / gǎnmào le
A 变胖 了 **B** 肚子 疼 **C** 感冒 了

여: 컨디션이 좀 좋아졌어요?
남: 고마워요. 많이 좋아졌습니다.
여: 몇 번이나 말했죠. 옷을 많이 입으라고, 당신은 늘 듣지 않았어요.
남: 앞으로 잘 들을게요. 감기 걸리니 정말 괴롭네요.

질문: 남자는 왜 그러나요?
A 뚱뚱해졌다
B 배가 아프다
C 감기 걸렸다

답: **C**

포인트 상황 파악하기

해설 여자가 한 말 '你身体好点儿了吗？'는 건강상태에 관해 묻는 표현입니다. 남자가 대답한 '感冒了真难受。'에서 답이 보기C 라는 것을 알 수 있습니다.

단어 身体 shēntǐ 명 건강, 컨디션 | 跟 gēn 개 ~에게, ~와(과) | 过 guo 조 ~한 적이 있다 | 次 cì 양 차례, 번 | 穿

chuān 동 입다 | 衣服 yīfu 명 옷 | 总是 zǒngshì 부 늘, 항상 | 听 tīng 동 듣다 | 以后 yǐhòu 명 앞으로, 이후 | 听你的 tīng nǐ de 상대방의 의견을 따르다 | 感冒 gǎnmào 동 감기 걸리다 명 감기 | 真 zhēn 부 진짜, 정말로 | 难受 nánshòu 형 괴롭다, 견디기 힘들다

32

Nǐ míngtiān qù Běijīng lǚyóu ma
男：你 明天 去 北京 旅游 吗？

Bú shì gōngsī yǒu huódòng
女：不 是，公司 有 活动 。

Nàme nǐ shénme shíhou huílai
男：那么，你 什么 时候 回来？

Hòutiān wǎnshang jiù néng huílai
女：后天 晚上 就 能 回来。

Zhège nǚrén qù Běijīng gàn shénme
问：这个 女人 去 北京 干 什么？

cānjiā huódòng　lǚyóu　xuéxí
A 参加 活动　B 旅游　C 学习

남: 당신 내일 베이징으로 여행가나요?
여: 아니요. 회사 행사가 있어요.
남: 그럼, 언제 돌아오시나요?
여: 모레 저녁이면 돌아옵니다.

질문: 여자는 베이징에 무엇을 하러 가나요?
A 행사 참가
B 여행
C 공부

답: **A**

포인트 부정과 동사 잘 듣기

해설 남자가 여자에게 여행 '旅游'가냐고 묻자 여자는 아니라고 부정하며 회사 행사가 있다고 '不是，公司有活动'라고 말합니다. 그러므로 보기B는 제거 하고 보기A를 답으로 고릅니다. 보기C는 언급되지 않았습니다.

단어 明天 míngtiān 명 내일 | 北京 Běijīng 명 베이징 | 旅游 lǚyóu 동 여행하다 명 여행 | 公司 gōngsī 명 회사 | 活动 huódòng 명 행사 | 后天 hòutiān 명 모레

33

Yǒu shénme shì ma Wǒ zhèng mángzhe ne
男：有 什么 事 吗？我 正 忙着 呢。

Nǐ bāng wǒ kànkan zhège diànnǎo zěnme le
女：你 帮 我 看看 这个 电脑 怎么 了。

Wǒ yě bù dǒng diànnǎo nǐ wènwen Xiǎo Zhāng ba
男：我 也 不 懂 电脑，你 问问 小 张 吧。

Hǎo ba wǒ qù zhǎo tā
女：好 吧，我 去 找 他。

Nǚ de qǐng nán de bāng tā kàn shénme
问：女 的 请 男 的 帮 她 看 什么？

diànhuà　diànnǎo　diànshì
A 电话　B 电脑　C 电视

남: 무슨 일 있으세요? 저는 지금 바쁜데요.
여: 제 컴퓨터가 왜 그런지 좀 봐 주세요.
남: 저도 컴퓨터는 잘 모릅니다. 샤오장에게 물어보세요.
여: 네, 그를 찾아 가 볼게요.

질문: 여자는 남자에게 무엇을 봐 달라고 하였나요?
A 전화
B 컴퓨터
C TV

답: **B**

포인트 앞 글자가 같은 명사 구별해서 잘 듣기

해설 보기를 보면 앞 글자가 모두 같습니다. 중국어는 이렇게 앞 글자가 같아서 혼동스럽게 느껴지는 단어들이 있습니다. 보기를 보고 녹음을 듣는다면 대화 속에서 줄곧 보기B만 언급되고 있다는 것을 알 수 있습니다.

단어 什么 shénme 대명 무슨 | 事 shì 명 일, 용무 | 正 zhèng 부 때마침, 지금 | 忙 máng 형 바쁘다 | 着 zhe 조 ~하고 있다(진행을 의미) | 呢 ne 조 ~하고 있다(진행을 의미) | 帮 bāng 동 돕다 | 电脑 diànnǎo 명 컴퓨터 | 怎么了 zěnmele 무슨 일이야, 안 좋게 변하다 | 不懂 bù dǒng 모르다

34

Wéi nǐ hǎo qǐngwèn Wáng xiānsheng zài ma
女：喂，你 好， 请问 王 先生 在 吗？

Tā bú zài tā chūqu le
男：他 不 在，他 出去 了。

Nǐ zhīdào tā shénme shíhou huílai ma
女：你 知道 他 什么 时候 回来 吗？

Tā kěnéng zhōngwǔ jiùyào huílai le
男：他 可能 中午 就要 回来 了。

Nǚ de zài zhǎo shéi
问：女 的 在 找 谁？

tā dìdi / Wáng xiǎojiě / Wáng xiānsheng
A 她 弟弟 **B** 王 小姐 **C** 王 先生

여: 여보세요. 안녕하세요, Mr.왕 계신가요?
남: 안 계십니다. 외출하셨어요.
여: Mr.왕이 언제 돌아오실지 아세요?
남: 아마 점심때 쯤이면 바로 돌아 오실겁니다.

질문: 여자는 누구를 찾고 있나요?
A 그녀의 남동생
B Miss 왕
C Mr.왕

답: **C**

포인트 사람 호칭 잘 듣기

해설 보기를 보면 누구인지 사람을 묻는 문제라는 것을 알 수 있습니다. '请问王先生在吗？'에서 여자가 보기 C Mr.왕을 찾는다는 것을 알 수 있습니다.

단어 喂 wéi (전화상)여보세요 | 请问 qǐngwèn 동 여쭙겠습니다 | 在 zài 동 있다 | 出去 chūqu 동 나가다 | 知道 zhīdào 동 알다 | 可能 kěnéng 부 아마도, 어쩌면 | 中午zhōngwǔ 명 점심 | 就要~了 jiùyào le 곧 ~이다 | 在 zài 부 ~하고 있다 | 找 zhǎo 동 찾다

35

Míngtiān jiù shì Xiǎo Hóng de shēngrì le nǐ gěi tā 男：明天 就是 小 红 的 生日 了，你 给 她 mǎi shēngrì lǐwù le ma 买 生日 礼物 了 吗？ Wǒ zhèngzài xiǎng mǎi shénme hǎo ne Nǐ mǎile ma 女：我 正在 想 买 什么 好 呢。你 买了 吗？ Wǒ mǎile yí ge shēngrì dàngāo 男：我 买了 一 个 生日 蛋糕。 Nà wǒ gěi tā mǎi yì běn xiǎoshuō ba 女：那 我 给 她 买 一 本 小说 吧。 Nǚ de dǎsuan mǎi shénme shēngrì lǐwù 问：女 的 打算 买 什么 生日 礼物? shēngrì dàngāo xiǎoshuō gāngbǐ **A** 生日 蛋糕 **B** 小说 **C** 刚笔	남: 내일이면 샤오홍의 생일이에요. 생일 선물 뭐 사셨나요? 여: 저는 지금 무엇을 하면 좋을까 생각하고 있었어요. 당신은 사셨나요? 남: 저는 생일 케익을 샀습니다. 여: 그럼 저는 소설책을 한 권 사야겠군요. **질문: 여자는 어떤 생일 선물을 사려고 하나요?** A 생일케익 B 소설책 C 만년필 답: **B**

포인트 사물 대상 구분해서 잘 듣기

해설 보기를 통해 사물을 묻는 문제라는 것을 알 수 있습니다. 남자가 생일 케익을 샀다고 하자 여자는 소설책을 선물하겠다고 하므로 답은 보기B입니다. 보기A는 남자가 산 것입니다.

단어 **明天** míngtiān 명 내일 | **生日** shēngrì 명 생일 | **给** gěi 개 ~에게 | **礼物** lǐwù 명 선물 | **正在** zhèngzài 부 때마침 | **蛋糕** dàngāo 명 케익 | **本** běn 양 권 | **小说** xiǎoshuō 명 소설, 소설책 | **正在** zhèngzài 부 ~하고 있다 | **打算** dǎsuan 동 ~할 계획이다

2. 독해(阅读)

제1부분 (第一部分)

36

Yǒu wèntí de huà nǐ kěyǐ gěi wǒ dǎ diànhuà
有 问题 的 话，你 可以 给 我 打 电话 。

만약 문제가 있다면 저에게 전화하시면 됩니다.

답: F

포인트 명사 뜻 이해하기

해설 지문 속의 '打电话'와 관련 깊은 그림으로 보기F를 답으로 고를 수 있습니다.

단어 有 yǒu 동 있다 | 问题 wèntí 명 문제 | 的话 de huà 만약 ~라면 | 打dǎ 동 (전화를)걸다 | 电话 diànhuà 명 전화

37

Yào xiàyǔ le nǐ dài sǎn le ma
要 下雨 了，你 带 伞 了 吗？

비가 오려 합니다. 우산 있으세요?

답: A

포인트 명사 뜻 이해하기

해설 지문 속의 명사 '伞'과 관련 깊은 그림은 보기A입니다.

단어 要~了 yào le 곧 ~이다 | 下雨 xiàyǔ 동 비가 내리다 | 带 dài 동 지니다, 가지고 있다 | 伞 sǎn 명 우산

38

Nàr de dōngxi yòu hǎo yòu piányi
那儿 的 东西 又 好 又 便宜。

그 곳의 물건은 좋으면서도 싸다.

답: C

포인트 명사 뜻 이해하기

해설 지문 속의 명사 '东西'는 물건을 뜻하므로 답은 보기C입니다. 이와 구별해야 할 것은 '东西(dōngxī)'인데, 둘 다 자기 본래의 성조로 읽습니다. 이렇게 '1성+1성'으로 읽으면 방향을 나타내는 동쪽과 서쪽을 뜻합니다. 물건을 뜻할 때는 '1성+경성'으로 발음합니다.

단어 那儿 nàr 대명 그곳, 저쪽 | 东西 dōngxi 명 물건 | 又~又 ~yòu~yòu ~이기도 하고 ~이기도 하다 | 便宜 piányi 형 싸다, 저렴하다

39

Kànshū shíjiān cháng le yǎnjing děi xiūxi xiūxi
看书 时间 长 了，眼睛 得 休息 休息。

책을 오랫동안 보았다면 눈도 쉬어야 한다.

답: E

포인트 명사 잘 이해하기

해설 지문 속의 '看书', '眼睛'을 통해서 관련 깊은 그림으로 보기E를 답으로 고릅니다.

단어 看书 kànshū 동 책을 보다, 공부하다 | 时间 shíjiān 명 시간 | 长 cháng 형 길다 | 眼睛 yǎnjing 명 눈 | 得 děi

조동 ~해야 한다 | 休息 xiūxi 동 쉬다

40 Tā shì wǒ jiějie tā ài tiàowǔ
她 是 我 姐姐，她 爱 跳舞。

그녀는 저의 언니입니다. 춤 추는 것을 좋아합니다.

답: **B**

포인트 동사 잘 이해하기

해설 지문 속의 동사 '跳舞'와 관련 깊은 그림은 보기B입니다.

단어 姐姐 jiějie 명 언니 | 爱 ài 동 ~하기 좋아하다 | 跳舞 tiàowǔ 동 춤 추다

제2부분 (第二部分)

第 41-45 题

màn A 慢 느리다	shēngrì B 生日 생일	jìn C 进 들어오다(가다)	kěnéng D 可能 아마도	guì E 贵 비싸다	gāoxìng F 高兴 기쁘다

41 Qǐng zhè jiù shì wǒ de fángjiān
请（ ），这 就 是 我 的 房间 。

(들어오세요), 이 곳이 바로 제 방입니다.

답: **C**

포인트 '请+동사' 이해하기

해설 '请'은 동사 앞에 위치해 '~좀 해 주세요'라는 뜻으로 상대방에게 공손하게 부탁하거나 요구할 때 많이 사용합니다. 보기 중에 '请'과 어울려 자주 사용하는 단어는 보기A와 보기C인데, 뒷 절의 내용이 자신의 방을 소개하는 것이므로 보기C가 적합합니다.

단어 就 jiù 부 바로 | 房间 fángjiān 명 방

42 Jīntiān shì hào lí wǒ de hái yǒu yí ge duō xīngqī ne
今天 是14 号，离 我 的（ ）还 有 一 个 多 星期 呢。

오늘이 14일이니, 제 (생일)로부터 아직 일주일 남짓 남았습니다.

답: **B**

포인트 '的+명사'이해하기

해설 조사 '的'는 명사 앞에 위치해 수식어 역할을 합니다. 그러므로 명사인 보기B가 정답입니다. 동사 '离'는 시간과 거리의 개념에 사용되는 단어입니다. 지문 속의 14일이라는 시점과 또 다른 시점을 엮어야 하는데 시간의 개념으로 사용될 수 있는 것은 보기B 밖에 없습니다.

단어 号 hào 명 일 | 离 lí 개 ~로부터(까지) 떨어지다 | 还 hái 부 또, 더, 아직 | 多 duō 수 여, ~이상 | 星期 xīngqī 명 주, 요일

43

Tā xiànzài hěn ba Wǒ kànjiàn tā xiào le
他 现在 很(　)吧？我 看见 他 笑 了。

그는 지금 아주 (기쁘)겠지요? 그가 웃는 것을 보았습니다.

답: F

포인트 '很+형용사' 이해하기

해설 부사 '很'은 일반적으로 형용사 앞에서 정도가 깊다는 것을 뜻합니다. 그러므로 보기F가 답으로 가장 적합합니다. 의미상 뒤 절의 '他笑了'와 연결되려면 보기F만 답이 됩니다.

단어 现在 xiànzài 명 현재, 지금 | 看见 kànjiàn 동 보았다 | 笑 xiào 동 웃다

44

Huānyíng xià cì zài lái nín zǒu
欢迎 下 次 再 来，您(　)走。

다음 번에 또 오십시오. (조심히 살펴) 가세요.

답: A

포인트 헤어질 때 인사 이해하기

해설 '欢迎'은 사람을 반길 때 사용하는 용어이기는 하나, 뒤에 '再来'가 붙으면 '다음에 또 오세요'라는 뜻이 됩니다. 헤어질 때 상대방에게 조심해서 살펴 가라는 뜻의 '慢走'를 인사로 사용하므로 보기A를 답으로 골라야 합니다.

단어 欢迎 huānyíng 동 환영하다 | 下 xià 명 다음 | 次 cì 양 번 | 再来 zài lái 다시 오다

45

Shénme shíhou kǎo qīmò kǎoshì
男：什么 时候 考 期末 考试？
Wǒ yě bú tài qīngchu dànshì zài xià xīngqīsān kǎoshì
女：我 也 不 太 清楚，但是(　)在 下 星期三 考试。

남: 언제 기말고사를 보나요?
여: 저도 잘 모르겠습니다. 그러나 (아마도) 다음주 수요일에 시험 볼 것 같습니다.

답: D

포인트 가능을 뜻하는 '可能' 이해하기

해설 다음 주 수요일쯤일 것 같다는 가능성과 추측을 나타내야 하므로 답은 보기D입니다.

단어 什么时候 shénme shíhou 언제 | 考 kǎo 동 시험보다 | 期末考试 qīmò kǎoshì 명 기말고사 | 不太 bú tài 부 그다지 | 清楚 qīngchu 형 분명하다, 알다 | 下星期三 xià xīngqīsān 명 다음 주 수요일

제3부분 (第三部分)

46

Wǒ zuótiān qù wàimian mǎile ge xīn shǒujī duō kuài
我 昨天 去 外面 买了 个 新 手机，950 多 块

qián bú guì
钱，不 贵。

Nàge shǒujī bú dào yuán
★ 那个 手机 不 到 1000 元 。

저는 어제 밖에 나가서 새로운 휴대폰을 샀습니다. 950여 위안인데 비싸지 않습니다.

★그 휴대폰은 1000 위안이 되지 않습니다.

답: √

포인트 어림수 이해하기

해설 '950多块钱'은 950위안이 조금 더 된다는 것으로 1000위안을 넘지 않는 것입니다. 따라서 두 문장은 일치하는 내용입니다. 형용사 '多'는 숫자 뒤에 사용되어 '대략', '~쯤'이란 뜻으로 어림수를 나타냅니다.

단어 昨天 zuótiān 명 어제 | 外面 wàimian 명 외부, 밖 | 新 xīn 형 새롭다 | 手机 shǒujī 명 휴대폰 | 块 kuài 양 위안(元) | 钱 qián 명 돈 | 贵 guì 형 비싸다 | 不到 bú dào ~에 이르지 않다, ~가 되지 않다

47

Zhè zhī chuán fēicháng dà kěyǐ zuò jǐ qiān rén
这 只 船 非常 大，可以 坐 几 千 人。

Nà zhī chuán yǒu jǐ qiān mǐ gāo
★ 那 只 船 有 几 千 米 高。

이 배는 아주 큽니다. 몇 천명이 탈 수 있습니다.

★그 배는 높이가 몇 천 미터 됩니다.

답: ×

포인트 크기와 높이 구별하기

해설 첫 번째 문장은 형용사 '大'를 사용해서 몇 천명이 탈 수 있을 크기를 나타내고 있습니다. 그러나 두 번째 문장은 형용사 '高'를 사용해 몇 천 미터 높이를 나타내고 있습니다. 그러므로 두 문장은 일치하지 않습니다.

단어 只 zhī 양 척(배에 대한 양사) | 船 chuán 명 배 | 非常 fēicháng 부 매우 | 大 dà 형 크다 | 可以 kěyǐ 조동 ~할 수 있다 | 坐 zuò 동 (차, 배, 비행기 등을)타다 | 米 mǐ 양 미터 | 高 gāo 형 높다

48

Zài wǒ qù Běijīng zhīqián zài Tiānjīn yě zhùle bān nián
在 我 去 北京 之前，在 天津 也 住了 半 年。

Dànshì nà dōu shì wǒ zài Shànghǎi dìngjū zhīqián de shì le
但是 那 都 是 我 在 上海 定居 之前 的 事 了。

Wǒ xiànzài zhù zài Tiānjīn
★ 我 现在 住 在 天津。

제가 베이징에 가기 전에 텐진에서 6개월 살았습니다. 그러나 이 모두 제가 상하이에 정착하기 전의 일들입니다.

★저는 지금 텐진에 살고 있습니다.

답: ×

포인트 개사구 '在~之前'으로 표시되는 시간의 흐름과 사건의 순서 이해하기

해설 첫 번째 문장의 내용을 시간의 흐름으로 정리해 보면 텐진에서 생활하다가 베이징에 갔고, 그 후에 상하이에 안착하였다는 뜻입니다. 그러나 두 번째 문장은 지금 현재 텐진에 살고 있다고 하였으므로 답은 ×입니다.

단어 在~之前 zài~zhīqián~ 하기 전에 | 北京 Běijīng 명 베이징 | 天津 Tiānjīn 명 톈진 | 住 zhù 동 살다, 묵다 | 半年 bān nián 명 6개월 | 但是 dànshì 관 그러나 | 上海 Shànghǎi 명 상하이 | 定居 dìngjū 동 정착하다

49

Xìngqù shì zuì hǎo de lǎoshī rúguǒ háizi duì yí jiàn shì
兴趣 是 最 好 的 老师，如果 孩子 对 一 件 事

hěn gǎn xìngqù nà tā yídìng huì zuòhǎo nà jiàn shì
很 感 兴趣，那 他 一定 会 做好 那 件 事。

Wǒmen yīnggāi ràng háizi duì shìwù chǎnshēng xìngqù
★ 我们 应该 让 孩子 对 事物 产生 兴趣。

흥미는 제일 좋은 선생님입니다. 만약 아이가 어떤 일에 흥미를 느낀다면 그 아이는 그 일을 잘 할 것입니다.

★ 우리는 마땅히 아이에게 어떤 사물에 흥미를 느끼도록 해야 합니다.

답: √

포인트 문장 의미 파악하기

해설 흥미가 제일 좋은 선생님이라고 첫 번째 문장에서 말하고 있으므로 아이에게 흥미를 느끼도록 해야한다는 지문과 일치합니다. 이 문제는 문장의 속 뜻을 정확히 파악해야 답을 유추할 수 있는 난이도가 높은 문제입니다.

단어 兴趣 xìngqù 명 흥미 | 最 zuì 부 제일 | 老师 lǎoshī 명 선생님 | 如果 rúguǒ 관 만약 | 孩子 háizi 명 아이 | 对~感兴趣~ duì~ gǎn xìngqù~ ~에 흥미를 느끼다 | 一定会 yídìng huì 반드시~일 것이다, 분명~일 것이다 | 做好 zuòhǎo 잘 하다 | 应该 yīngāi 조동 마땅히 ~ 해야 한다 | 让 ràng 동 ~하게 하다 | 产生 chǎnshēng 동 생기다

50

Zhāng xiānsheng kěnéng hái bù zhīdào zhè jiàn shìqing
张 先生 可能 还 不 知道 这 件 事情，

tā zuótiān méi lái shàngbān Nǐ gěi tā dǎ diànhuà qǐng tā
他 昨天 没 来 上班。你 给 他 打 电话，请 他

zhǔnbèi yíxià
准备 一下。

Zhāng xiānsheng yào dǎ diànhuà
★ 张 先生 要 打 电话。

Mr.장은 아마 아직 이 일을 모르고 계실 겁니다. 그가 어제 출근하지 않았으니까요. 당신이 그에게 전화해서 준비하라고 해 주세요.

★ Mr.장이 전화를 하려 한다.

답: ×

포인트 대상의 동작 잘 살피기, 인칭대명사 이해하기

해설 Mr.장이 어제 출근하지 않아서 이 일을 모르니 화자가 청자한테 Mr.장에게 전화를 하라고 시키고 있는 상황입니다. 그런데 두 번째 문장은 장 선생이 전화를 하려고 한다고 했으므로 정답은 ×입니다.

단어 先生 xiānsheng 명 Mr. 미스터, 선생 | 可能 kěnéng 부 아마도 | 没 méi 부 ~없다, 아니다 | 上班 shàngbān 동 출근하다 | 给 gěi 개 ~에게 | 打 dǎ 동 (전화)걸다 | 电话 diànhuà 명 전화 | 请 qǐng 동 ~해주세요, ~하세요 | 准备 zhǔnbèi 동 준비하다 | 一下 yíxià 양 ~좀(하다) | 要 yào 조동 ~하려 하다

제4부분 (第四部分)

第 51-55 题

A 我看过那个电影，还不错。(Wǒ kànguo nàge diànyǐng hái búcuò) 저는 그 영화를 봤는데, 괜찮았습니다.

B 妈妈，我们去跑步吧。(Māma wǒmen qù pǎobù ba) 엄마, 우리 조깅해요.

C 我们要向他学习。(Wǒmen yào xiàng tā xuéxí) 우리는 그를 본받아야겠습니다.

D 你比他大两岁。(Nǐ bǐ tā dà liǎng suì) 당신은 그 보다 두 살이 많습니다

E 他在哪儿呢？你看见他了吗？(Tā zài nǎr ne Nǐ kànjiàn tā le ma) 그는 어디 있습니까? 그를 보셨나요?

F 她很漂亮，对人也很好。(Tā hěn piàoliang duì rén yě hěn hǎo) 그녀는 아주 예쁘고, 남에게도 잘 합니다.

단어 看 kàn 동 보다 | 过 guo 조 ~한 적이 있다, ~했다 | 电影 diànyǐng 명 영화 | 不错 búcuò 형 괜찮다 | 跑步 pǎobù 동 조깅하다, 달리다 | 向~学习 ~xiàng xuéxí ~를 본 받다 | 比 bǐ 개 ~보다 | 大 dà 형 (나이가)많다 | 岁 suì 양 명 세, 살 | 看见 kànjiàn 동 보았다 | 漂亮 piàoliaog 형 예쁘다 | 对 duì 개 ~에게 | 人 rén 명 다른 사람, 사람

51 你觉得那个电影怎么样？(Nǐ juéde nàge diànyǐng zěnmeyàng)

당신은 그 영화를 어떻게 생각하나요?

답: A

포인트 의미 연결 핵심어 찾기와 관점 묻기

해설 이 문제와 보기A에 공통으로 있는 단어는 '电影'입니다. 다른 사람의 관점을 물을 때 많이 사용하는 '觉得~怎么样？'에는 '还不错'가 좋은 대답이 될 수 있습니다.

단어 觉得 juéde 동 ~라고 여기다 | 那 nà 대명 그,저 | 个 ge 양 개(사람이나 물건) | 怎么样 zěnmeyàng 대명 어떠하다

52 但是，你要知道，你没有他高。(Dànshì nǐ yào zhīdào nǐ méiyǒu tā gāo)

그러나 당신은 알아야 합니다. 당신이 그보다 크지 않다는 것을요.

답: D

포인트 관련사 이해하기, 비교문 이해하기

해설 관련사 '但是'는 전환을 나타냅니다. 그러므로 이 관련사 앞의 내용은 당신이 그보다 어떤 면은 좋다, 뛰어나다라는 의미가 와야 합니다. 따라서 답은 보기D입니다.

단어 但是 dànshì 관 그러나 | 要 yào 조동 ~해야 한다 | 知道 zhīdào 동 알다 | 没有 méiyǒu ~보다 ~하지 않다 | 高

gāo 형 (키가)크다

53 Yīshēng shuō duō yùndòng duì nín de shēntǐ hǎo
医生 说 多 运动 对 您 的 身体 好。

의사 선생님이 운동을 많이 하는 것이 건강에 좋다고 말씀하셨습니다.

답: B

포인트 의미 연결 핵심어 찾기

해설 문제에 언급된 '多运动'과 보기 B의 '跑步'는 의미상 한 쌍의 대화를 이루기에 좋습니다.

단어 医生 yīshēng 명 의사 | 说 shuō 동 말하다 | 运动 yùndòng 동 운동하다 | 身体 shēntǐ 명 건강, 신체

54 Nǐ zhǎole nǚpéngyou Tā rén zěnmeyàng
你 找了 女朋友 ?她 人 怎么样 ?

여자 친구 생겼어요? 그 사람 어때요?

답: F

포인트 연결 핵심어 찾기와 정도 묻기

해설 문제의 '女朋友, 她'와 보기F '她'가 일치하는 내용으로 대화를 구성하기 좋습니다. 그리고 문제에서 '怎么样?'이라며 어떠냐고 물었고 이에 대해 '漂亮, 很好'라고 대답하는 것도 자연스럽습니다.

단어 找 zhǎo 동 찾다 | 女朋友 nǚpéngyou 명 여자친구 | 怎么样 zěnmeyàng 대명 어떠하다

55 Tā zài sān nián de shíjiān li xiěle běn shū
他 在 三 年 的 时间 里 写了 4 本 书。

그는 3년이란 시간 동안 네 권의 책을 썼습니다.

답: C

포인트 의미상 자연스러운 연결 찾기

해설 보기D는 52번의 답이므로 제거합니다. 그리고 보기F도 여성을 뜻하는 '她'이니 이 문제와 호응하기 어렵습니다. 그렇다면 보기C만 남습니다.

단어 在~的时间里 zài ~de shíjiān li ~기간 동안 | 写 xiě 동 쓰다 | 本 běn 양 권 | 书 shū 명 책

第 56-60 题

A Jīntiān wǒ dì yī cì zuòcài
今天 我 第 一 次 做菜。 오늘 처음 요리를 했습니다.

B Xiàkè hòu wǒmen qù dǎ lánqiú hǎo bu hǎo
下课 后 我们 去 打 篮球， 好 不 好？ 수업이 끝난 후 농구를 하러 가죠, 어때요?

C Tā shì wǒ dìdi de zhōngxué tóngxué
他 是 我 弟弟 的 中学 同学。 그는 제 남동생의 중학교 동창입니다.

D Nǐmen tīngdǒng wǒ shuō de huà le ma
你们 听懂 我 说 的 话 了 吗？ 너희들은 내 말을 알아들었니?

E Qǐngwèn qù jīchǎng zěnme zǒu
请问，去 机场 怎么 走？ 여쭙겠습니다. 공항에 어떻게 갑니까?

단어 今天 jīntiān 명 오늘 | 第一次 dì yī cì 처음, 첫 번째 | 做菜 zuòcài 동 요리를 하다, 음식을 만들다 | 下课 xiàkè 동 수업이 끝나다 | 后 hòu 명 이후 | 打 dǎ 동 (손으로 하는 구기종목을) 하다, 치다 | 篮球 lánqiú 명 농구 | 弟弟 dìdi 명 남동생 | 中学 zhōngxué 명 중학교, 고등학교 | 同学 tóngxué 명 학우, 같은 반 친구 | 听懂 tīngdǒng 동 알아듣다, 이해하다 | 说 shuō 동 말하다 | 话 huà 명 말 | 机场 jīchǎng 명 공항 | 怎么 zěnme 대명 어떻게(방법) | 走 zǒu 동 가다

56 Dàjiā hǎo Wǒ xìng Wáng shì xīn lái de Hànyǔ lǎoshī
大家 好！我 姓 王，是 新 来 的 汉语 老师。

여러분, 안녕하세요! 제 성은 왕이고, 새로 온 중국어 선생입니다.

답: D

포인트 소개하는 표현 이해하기

해설 문장에서 본인을 새로 부임한 중국어 선생님이라고 소개하고 있습니다. 새로 오신 외국어 선생님이시니 학생들에게 자기 말을 알아 듣냐고 물어보는 것은 자연스러운 내용이므로 답은 보기D입니다.

단어 大家 dàjiā 대명 여러분, 모두 | 姓 xìng 동 성씨가 ~이다 | 王 Wáng 명 왕(씨) | 新 xīn 형 새롭다 | 汉语 Hànyǔ 명 중국어 | 老师 lǎoshī 명 선생님

57 Dànshì māma shuō hěn hǎochī tā chīle hěn duō
但是 妈妈 说 很 好吃，她 吃了 很 多。

그러나 엄마가 말씀하시기를 맛있다며 많이 드셨습니다.

답: A

포인트 내용 연결하기, 관련사 이해하기

해설 문장 속의 동사 '吃'와 연결 지을 수 있는 내용은 보기A의 '做菜'입니다. 다른 내용들은 먹는 것과 연결하기 어색합니다. 그리고 관련사 '但是'는 앞 뒤 내용의 전환 관계를 의미하는데, 처음 음식을 만들었지만 맛이 있어서 많이 먹었다라고 연결하기가 자연스럽습니다.

단어 但是 dànshì 관 그러나 | 好吃 hǎochī 형 맛있다

58

Tiānqì tài rè le wǒ xiǎng yóuyǒng 天气 太 热 了，我 想 游泳 。	날씨가 아주 무더워 저는 수영하고 싶습니다. 답: **B**

포인트 의사 표현하기

해설 상대방에게 어떤 행동을 하자고 제의를 할 때 '好不好'를 많이 사용하며, 본인의 생각이나 의사를 표현할 때 조동사 '想'도 많이 사용합니다. 그러므로 농구하러 가자고 제의를 했는데, 날씨가 더워 수영하러 가고 싶다는 말과 연결하기 좋습니다.

단어 **天气** tiānqì 명 날씨 | **太** tài 부 너무, 무척 | **热** rè 형 (날씨가)덥다 | **想** xiǎng 조동 ~하고 싶다 | **游泳** yóuyǒng 동 수영하다

59

Tāmen xiàng wǒ wènlù dànshì nà shíhou wǒ hái tīng bu dǒng 他们 向 我 问路，但是 那 时候 我 还 听 不 懂 。	그들이 저에게 길을 물었는데, 당시 저는 알아 듣지 못했습니다. 답: **E**

포인트 길 묻는 동작 이해하기

해설 보기E는 문장에 언급된 '问路' 의 내용을 나타낸다고 볼 수 있습니다. 따라서 공항을 어떻게 가냐고 길을 물었고 당시에는 그 말을 알아 듣지 못했다라는 내용은 호응이 될 수 있습니다.

단어 **向** xiàng 개 ~에게 | **问路** wènlù 동 길을 묻다 | **但是** dànshì 관 그러나 | **那时候** nà shíhou 그 당시 | **听不懂** tīng bu dǒng 못 알아 듣다

60

Wǒ de tiānna Nǐmen rènshi Zhè zěnme kěnéng 我 的 天哪！你们 认识？这 怎么 可能 ？	세상에나! 서로 알고 계셨어요? 어떻게 이럴 수가? 답: **C**

포인트 소개하는 동작 이해하기

해설 보기C는 누군가를 소개하고 있는 것이고, 문장에 언급된 '认识'는 사람과 사람이 서로 알고 있다는 것을 의미합니다. 그러므로 누군가에게 남동생의 동창을 소개했는데, 놀랍게도 이들이 서로 알고 있었다는 내용은 자연스럽게 연결될 수 있습니다.

단어 **我的天哪!** Wǒ de tiān na (놀라움)세상에나! | **认识** rènshi 동 (사람을)알고 있다 | **怎么可能** zěnme kěnéng (반문) 어떻게 그럴 수가 있는가?

HSK 모의고사 제2회 답안

一、听力

第一部分

1. √ 2. × 3. √ 4. × 5. √ 6. × 7. × 8. × 9. √ 10. √

第二部分

11. **A** 12. **C** 13. **F** 14. **B** 15. **E** 16. **E** 17. **B** 18. **C** 19. **D** 20. **A**

第三部分

21. **B** 22. **A** 23. **C** 24. **C** 25. **A** 26. **B** 27. **B** 28. **A** 29. **C** 30. **A**

第四部分

31. **A** 32. **B** 33. **C** 34. **B** 35. **C**

二、阅读

第一部分

36. **F** 37. **C** 38. **B** 39. **E** 40. **A**

第二部分

41. **B** 42. **A** 43. **F** 44. **D** 45. **C**

第三部分

46. × 47. √ 48. × 49. √ 50. √

第四部分

51. **C** 52. **A** 53. **D** 54. **B** 55. **F** 56. **C** 57. **B** 58. **A** 59. **D** 60. **E**

1. 듣기(听力)

제1부분 (第一部分)

1

Tài hǎo le wǒ zhǎodào zhè běn shū le
太好了，我 找到 这 本 书 了。

잘 됐다! 이 책 찾았어요.

답: √

포인트 명사 잘 듣기와 표정 유추하기

해설 녹음에 책이 나왔고 '太好了'는 기쁠 때 자주 사용하는 표현이므로 책을 보며 기뻐하는 사람 사진과 관련이 있습니다.

단어 太好了 tài hǎo le 정말 잘 됐다 | 找到 zhǎodào 찾았다 | 本 běn 양 권 | 书 shū 명 책

2

Jīntiān wǎnshang chī mǐfàn
今天 晚上 吃 米饭。

오늘 저녁은 쌀밥을 먹습니다.

답: ×

포인트 명사 잘 듣기

해설 '米饭'은 쌀밥을 뜻하고, 사진은 '面条(miàntiáo)'이므로 답은 ×입니다.

단어 今天 jīntiān 명 오늘 | 晚上 wǎnshang 명 저녁 | 吃 chī 동 먹다 | 米饭 mǐfàn 명 쌀밥

3

Xiànzài yǐjing diǎn duō le
现在 已经 11 点 多 了。

지금 이미 11시가 넘었다.

답: √

포인트 시간 표현 잘 듣기

해설 형용사 '多'는 수사 뒤에 쓰여 넘치는 어림수를 나타냅니다. 11시가 넘었다는 것을 의미하므로 녹음은 그림과 일치합니다.

단어 现在 xiànzài 명 현재 | 已经~了 yǐjīng le 이미 ~이다 | 点 diǎn 명 시 | 多 duō 수 ~여, ~쯤, 약

4

Zhège shǒujī shì sòng gěi nǐ de
这个 手机 是 送 给 你 的。

이 휴대폰은 당신에게 선물하는 것입니다.

답: ×

포인트 명사 잘 듣기

해설 명사 '手机'는 '휴대폰'을 뜻하고 사진은 꽃 한 다발 '一束花'이므로 답은 ×입니다.

단어 手机 shǒujī 명 휴대폰 | 送 sòng 동 선물하다 | 给 gěi 개 ~에게

5

Zuǒbian de dà yòubian de xiǎo
左边 的 大, 右边 的 小。

왼쪽 것이 크고, 오른쪽 것이 작다.

답: √

포인트 방향과 특징 잘 듣기

해설 이런 유형은 좌우 혹은 상하로 크기가 다른 물건들이 자리합니다. 그러므로 방향을 잘 듣고, 크고 작다는 특징을 잘 들어야 정확히 답을 표시할 수 있습니다. 녹음과 사진은 일치하는 내용입니다.

단어 **左边** zuǒbian 명 왼쪽 | **的** de 조 (앞에서 언급한 사람 또는 사물을 생략했을 때) 것 | **大** dà 형 크다 | **右边** yòubian 명 오른 쪽 | **小** xiǎo 형 작다

6

Nǐ kàn tā yě xǐhuan tī zúqiú
你 看, 他 也 喜欢 踢 足球。

보세요. 저 사람도 축구를 좋아하네요.

답: ×

포인트 명사 잘 듣기

해설 녹음에 언급된 것은 '축구'이고 사진은 '야구'이므로 답은 ×입니다.

단어 **也** yě 부 역시, ~도 | **喜欢** xǐhuan 동 좋아하다 | **踢** tī 동 (발로)차다 | **足球** zúqiú 명 축구

7

Tāmen kāichē chūqu le
他们 开车 出去 了。

그들은 차를 운전해서 나갔습니다.

답: ×

포인트 동사 잘 듣기

해설 차를 운전할 때는 '开车', 자전거를 탈 때는 '骑车'라고 합니다. '车'만 듣는다면 답을 어떻게 표기해야 할지 고민스럽겠지만, '开车', '骑车'의 뜻을 구별해서 잘 알고 있다면 ×라고 쉽게 고를 수 있습니다.

단어 **开车** kāichē 동 (차를)운전하다 | **出去** chūqu 동 나가다

8

Xièxie nǐ duì wǒ de bāngzhù
谢谢 你 对 我 的 帮助 。

도와 주셔서 감사합니다.

답: ×

포인트 상황에 맞는 표정 짓기

해설 감사를 전할 때는 일반적으로 웃으며 밝은 표정을 짓기 마련인데, 사진 속의 표정은 화가 나 있으므로 답은 ×입니다.

단어 **谢谢** xièxie 동 감사합니다 | **对** duì 개 ~에 대하여 | **帮助** bāngzhù 명 도움

9

Zhōngwǔ tā nǚ'ěr mǎile yí jiàn yīfu
中午 她 女儿 买了 一 件 衣服。

점심에 그녀의 딸은 옷을 한 벌 샀습니다.

답: √

포인트 동작 듣고 이해하기

해설 녹음 속 '买了一件衣服'와 옷 사진들은 서로 관련 있다고 판단할 수 있으므로 답은 √입니다.

단어 zhōngwǔ 명 점심, 정오 | 女儿 nǚ'ér 명 딸 | 件 jiàn 양 벌

10

Wǒ gàosu nǐ yí jiàn shìqing 我 告诉 你 一 件 事情。	당신에게 어떤 일을 알려 드릴게요. 답: √

포인트 동작 듣고 이해하기

해설 '告诉'는 무엇인가를 '알려 주다'는 뜻입니다. 이는 큰 소리로 알려줘도 좋고, 작은 소리로 알려 주어도 무관합니다. 그러므로 답은 √라고 표시해야 합니다.

단어 告诉 gàosu 동 알려주다 | 件 jiàn 양 건 | 事情 shìqing 명 일, 사건

제2부분 (第二部分)

11

Nǐ zuò nàr xiǎng shénme 男：你 坐 那儿 想 什么？ Méi xiǎng shénme wǒ juéde yǒudiǎnr lèi xiūxi yíxià 女：没 想 什么，我 觉得 有点儿 累，休息 一下。	남: 당신 거기에 앉아서 무슨 생각하시나요? 여: 별 생각 안 해요. 약간 피곤해서 쉬려는 거죠. 답: A

포인트 동사 잘 듣기

해설 녹음에 언급된 '坐那儿', '休息一下'와 연결 지을 수 있는 사진은 보기 A입니다.

단어 坐 zuò 동 앉다 | 想 xiǎng 동 생각하다 | 什么 shénme 명 무슨 | 觉得 juéde 동 느끼다, 여기다 | 有点儿 yǒudiǎnr 부 약간 | 累 lèi 형 피곤하다 | 休息 xiūxi 동 휴식하다, 쉬다 | 一下 yíxià 양 약간

12

Wǒ shuō de méi cuò ba xiàng zuǒ zǒu 女：我 说 的 没 错 吧，向 左 走。 Hǎo ba tīng nǐ de 男：好 吧，听 你 的。	여: 제가 한 말이 틀리지 않았죠, 왼쪽으로 가요. 남: 네, 당신 말대로 하죠. 답: C

포인트 방향 잘 듣기

해설 녹음에 언급된 '向左'와 보기C를 같이 연결시킬 수 있습니다. 따라서 답은 보기C입니다.

단어 说的 shuō de 말한 것 | 错 cuò 형 틀리다 | 向 xiàng 개 ~향해서 | 左 zuǒ 명 왼쪽 | 听你的 tīng nǐ de 상대방 말대로 하다

13

Nǐ kàn zhège zěnmeyàng
男：你 看 这个 怎么样 ？

Kànzhe hái kěyǐ nǐ xǐhuan jiù mǎi ba
女：看着 还 可以，你 喜欢 就 买 吧。

남: 보세요. 이거 어때요?
여: 보기에 괜찮네요. 좋다면 사세요.

답: **F**

포인트 관점 드러내기와 구매의사 표현 알기

해설 '怎么样？'은 상대방에게 관점을 물어보는 것이고, 이에 대한 대답으로 '可以'는 좋은 대답이 될 수 있습니다. 녹음에 언급된 '你喜欢就买吧'는 좋아한다면 사라는 뜻이므로 웃는 표정으로 물건을 가리키고 있는 F를 선택합니다.

단어 **怎么样** zěnmeyàng 대명 어떻습니까? | **看** kàn 동 보다 | **还可以** hái kěyǐ 괜찮다 | **喜欢** xǐhuan 동 좋아하다 | **买** mǎi 동 사다

14

Chē zěnmeyàng
女：车 怎么样 ？

Méi guānxi kěnéng chūle diǎnr xiǎo wèntí
男：没 关系， 可能 出了 点儿 小 问题。

여: 차가 어떻습니까?
남: 괜찮습니다. 약간의 문제가 생긴 것 같습니다.

답: **B**

포인트 명사 잘 듣기

해설 녹음 처음에 바로 언급되는 '车'를 잘 듣는다면 보기B가 문제 14번과 관계가 깊다는 것을 판단할 수 있습니다. 이처럼 녹음의 첫부분을 놓치지 않고 듣는 것은 매우 중요합니다.

단어 **没关系** méi guānxi 괜찮습니다, 상관없습니다 | **可能** kěnéng 부 아마도, ~일 것이다 | **出** chū 동 (문제, 사고)생기다 | **点儿** diǎnr 양 약간 | **问题** wèntí 명 문제

15

Xiànzài yǔ yǐjing bú xià le
男： 现在 雨 已经 不 下 了。

Shì ma Wǒ kànkan
女：是 吗 ？ 我 看看 。

남: 지금 비가 벌써 그쳤습니다.
여: 그래요? 제가 좀 보죠.

답: **E**

포인트 상황 잘 듣기

해설 녹음에 언급된 '雨已经不下了'와 관계 깊은 상황은 보기E입니다. 대화 속에 언급된 '我看看'은 상대방의 말을 듣고 그런 상황인지 확인해 보겠다는 것을 뜻하지 구체적으로 어떤 사물을 보겠다는 것은 아닙니다.

단어 **现在** xiànzài 명 현재, 지금 | **雨** yǔ 명 비 | **已经** yǐjing 부 벌써, 이미 | **下** xià 동 (비, 눈) 내리다

16

Jīntiān xiàxuě hái guāfēng zhè tiānqì zhēn lěng 女：今天 下雪 还 刮风，这 天气 真 冷。 Shì a nǐ chuānle zhème duō hái juéde lěng 男：是 啊，你 穿了 这么 多，还 觉得 冷？	여: 오늘 눈도 내리고 또 바람도 부네요. 날씨가 정말 춥네요. 남: 그렇네요. 당신은 이렇게 많이 입고도 아직 추운가요? 답: **E**

포인트 형용사 잘 듣기

해설 대화 속에 언급되는 '冷'의 의미를 알고 있으면 우선 눈이 보기E로 가야겠지요. 그리고 '你穿了这么多，还觉得冷?'를 듣고 나서는 답이 보기E라는 확신을 가져야 합니다. 이 대화에서 '还'가 두 곳에 서로 다른 의미로 사용되었습니다. 첫 번째는 '게다가', '또'를 뜻하고 두 번째는 전환을 의미하는 '아직', '그래도'를 뜻합니다.

단어 下雪 xiàxuě 동 눈이 내리다 | 还 hái 부 게다가, 또 | 刮风 guāfēng 동 바람이 불다 | 冷 lěng 형 춥다 | 穿 chuān 동 입다 | 觉得 juéde 동 느끼다, 여기다

모의고사 2

17

Nǐ yǒu dìdi mèimei ma 女：你 有 弟弟 妹妹 吗？ Wǒ yǒu yí ge dìdi tā bǐ wǒ xiǎo yí suì 男：我 有 一 个 弟弟，他 比 我 小 一 岁。	남: 남동생이나 여동생이 있나요? 여: 저는 남동생이 있는데, 저보다 한 살 어려요. 답: **B**

포인트 가족 관계와 숫자 잘 듣기

해설 한 살 어린 남동생이 있다고 했으므로 보기B가 관련 있는 것으로 판단할 수 있습니다.

단어 弟弟 dìdi 명 남동생 | 妹妹 mèimei 명 여동생 | 比 bǐ 개 ~보다 | 小 xiǎo 형 (나이가)적다, 어리다 | 岁 suì 양 명 세, 살

18

Nǐ ài chī shénme shuǐguǒ 女：你 爱 吃 什么 水果？ Xīguā nǐ ne 男：西瓜，你 呢？	여: 어떤 과일을 좋아하시나요? 남: 수박요, 당신은요? 답: **C**

포인트 과일 이름 잘 듣기

해설 명사 '水果', '西瓜'에서 답을 보기C로 골라야 합니다.

단어 爱 ài 동 ~하기 좋아하다 | 水果 shuǐguǒ 명 과일 | 西瓜 xīguā 명 수박

19

Cóng Zhōngguó lái zhèr yào duō cháng shíjiān 男：从 中国 来 这儿 要 多 长 时间？ Zuò chuán yào shí jǐ ge xiǎoshí 女：坐 船 要 十 几 个 小时。	남: 중국에서 여기까지 얼마나 걸리나요? 여: 배를 타면 열 몇 시간 걸립니다. 답: **D**

포인트 동사 잘 듣기

해설 대화 속에 언급된 '坐船'에서 답을 보기D로 고를 수 있습니다.

단어 从 cóng 개 ~로부터 | 中国 Zhōngguó 명 중국 | 要 yào 동 (시간)걸리다 | 多duō 명 얼마나 | 长 cháng 형 길다 | 时间 shíjiān 명 시간 | 坐船 zuò chuán 배를 타다 | 小时 xiǎoshí 명 시간

20

Zhège yào yì tiān chī jǐ cì ne
女：这个 药 一 天 吃 几 次 呢？

Yīshēng shuō yì tiān chī liǎng cì
男：医生 说 一 天 吃 两 次。

여: 이 약을 하루 몇 번 먹나요?

남: 의사 선생님이 하루에 두 번 먹으라고 하셨어요.

답: **A**

포인트 명사 잘 듣기

해설 녹음 속의 '药', '医生'을 통해서 보기A와 관련 있다는 것을 추측할 수 있습니다.

단어 药 yào 명 약 | 一天 yì tiān 명 하루 | 几 jǐ 대명 몇 | 次 cì 양 번 | 医生 yīshēng 명 의사

제3부분 (第三部分)

21

Nǐ xǐhuan shénme yùndòng
男：你 喜欢 什么 运动？

Zúqiú lánqiú bàngqiú dōu xǐhuan kě wǒ zuì xǐhuan dǎ lánqiú
女：足球，篮球，棒球 都 喜欢，可 我 最 喜欢 打 篮球。

Nǚ de zuì xǐhuan shénme
问：女 的 最 喜欢 什么？

zúqiú lánqiú bàngqiú
A 足球 **B** 篮球 **C** 棒球

남: 당신은 어떤 운동을 좋아하나요?

여: 축구, 농구, 야구 다 좋아합니다. 그러나 농구를 제일 좋아합니다.

질문: 여자는 어떤 운동을 제일 좋아하나요?

A 축구

B 농구

C 야구

답: **B**

포인트 부사 '最' 잘 듣기

해설 운동 종목이 나열된 보기를 먼저 보고 내용을 대략 짐작합니다. 부사 '最'는 '제일'이라는 뜻으로 여자가 제일 좋아하는 운동은 농구입니다.

단어 运动 yùndòng 명 운동 | 足球 zúqiú 명 축구 | 蓝球 lánqiú 명 농구 | 棒球 bàngqiú 명 야구 | 可 kě 관 그러나 | 最 zuì 부 제일 | 打 dǎ 동 (손으로 하는 운동을)하다

22

Jīntiān de bàozhǐ kànle ma
女：今天 的 报纸 看了 吗？

Hái méi kàn ne zěnme le
男：还 没 看 呢，怎么 了？

Nán de méi kàn shénme
问：男 的 没 看 什么？

bàozhǐ běnzi xiàngpí
A 报纸 B 本子 C 橡皮

여: 오늘 신문 보셨나요?
남: 아직 못 봤어요, 왜요?

질문: 남자는 무엇을 못 보았나요?

A 신문
B 공책
C 지우개

답: **A**

포인트 사물 명사 잘 듣기

해설 대화 속에 언급된 유일한 사물은 '报纸'입니다.

단어 报纸 bàozhǐ 명 신문 | 还 hái 부 아직 | 没 méi 부 ~하지 못했다

23

Tiān hēi le nǐ lù shang kāichē màn diǎnr
男：天 黑 了，你 路 上 开车 慢 点儿。

Hǎo de zàijiàn míngtiān zhōngwǔ jiàn
女：好 的，再见， 明天 中午 见。

Xiànzài zuì kěnéng shì shénme shíhou
问：现在 最 可能 是 什候 时候？

zǎoshang zhōngwǔ wǎnshang
A 早上 B 中午 C 晚上

남: 날이 저물었네요. 길에서 운전 천천히 조심하세요.
여: 네, 안녕히 계세요. 내일 점심에 뵙겠습니다.

질문: 지금은 어떤 때인가요?

A 아침
B 점심
C 저녁

답: **C**

포인트 비슷한 뜻 이해하기

해설 남자가 한 말 '天黑了'는 날이 저물어 어둑해졌다는 것을 나타내는 것으로 대화가 이루어지는 시점은 저녁입니다. 따라서 답은 보기C입니다. 대화 속에 보기B가 언급되기는 하나 내일 만나는 시점을 뜻하는 것이므로 질문의 답이 될 수 없습니다.

단어 天 tiān 명 날 | 黑 hēi 형 어둡다 | 路 lù 명 길 | 开车 kāichē 동 운전하다 | 慢 màn 형 느리다 동 천천히 하다 | 中午 zhōngwǔ 명 점심

24

Xiàxīngqī qù lǚyóu de shì nǐ zhīdàole ma
女：下星期 去 旅游 的 事 你 知道了 吗？

Zhīdào zuótiān shàngwǔ Xiǎo Wáng gàosu wǒ le
男：知道， 昨天 上午 小 王 告诉 我 了。

Nán de shì shénme yìsi
问：男 的 是 什么 意思？

tā tīng bu dǒng tā shēngbìng le tā tīngshuō le
A 他 听 不 懂 B 他 生病 了 C 他 听说 了

여: 다음 주 여행가는 일 알고 계시나요?
남: 네, 어제 오전에 샤오왕이 제게 알려 주었습니다.

질문: 남자의 말은 무슨 뜻인가요?

A 그가 알아 듣지 못한다
B 그가 병이 났다
C 그가 소식을 들었다

답: **C**

포인트 비슷한 뜻 이해하고 상황 판단하기

해설 대화 속에 언급된 '知道', '告诉'는 어떤 사실을 알고 알려 줄 때 많이 사용되는 단어들이고, 보기C에 언급된 '听说'는 어떤 사실을 전해 들었을 때 많이 사용합니다. 어제 샤오왕이 남자에게 알려 주었다고 하니, 바꾸어 말하면 '남자는 여행가는 사실을 들었다'가 됩니다. 따라서 답은 보기C입니다.

단어 下星期 xiàxīngqī 명 다음 주 | 旅游 lǚyóu 동 여행가다 | 知道 zhīdào 동 알다 | 告诉 gàosu 동 알려주다 | 意思 yìsi 명 의미, 뜻 | 听不懂 tīng bu dǒng 알아 듣지 못하다 | 生病 shēngbìng 동 병 나다

25

Nǐ de fángjiān hào shì duōshao
男：你 的 房间 号 是 多少 ？

Wǒ zhù zài hào
女：我 住 在 1805 号。

Nǚ de fángjiān hào shì duōshao
问：女 的 房间 号 是 多少 ？

hào hào hào
A 1805 号 **B** 1085 号 **C** 1508 号

남: 당신 방 호수가 어떻게 됩니까?
여: 저는 1805호에 묵고 있습니다.

질문: 여자 방 호수는 어떻게 되나요?
A 1805호
B 1085호
C 1508호

답: **A**

포인트 숫자 잘 듣기

해설 보기를 먼저 보고 숫자를 잘 듣도록 합니다. 방 호수는 한 자리씩 읽는데 1은 yī, 혹은 yāo(幺)라고 읽으며, 8은 bā, 0은 líng, 5는 wǔ라고 읽습니다.

단어 房间 fángjiān 명 방 | 号 hào 명 호수 | 多少 duōshao 대명 얼마 | 住 zhù 동 묵다, 살다 | 在 zài 개 ~에서

26

Shéi zài mén wài Shì nǐ gēge huílai le
女：谁 在 门 外？是 你 哥哥 回来 了？

Bú shì shì sòng bàozhǐ de
男：不 是，是 送 报纸 的。

Shéi zài mén wài
问：谁 在 门 外？

gēge sòng bàozhǐ de sòng niúnǎi de
A 哥哥 **B** 送 报纸 的 **C** 送 牛奶 的

여: 누가 문 밖에 계시죠? 당신의 형이 돌아오셨나요?
남: 아니요, 신문 배달부에요.

질문: 누가 문 밖에 있나요?
A 형
B 신문 배달부
C 우유 배달부

답: **B**

포인트 사람 대상 잘 듣기

해설 보기 분석을 통해 사람을 묻는 문제라는 것을 먼저 확인해 둡니다. '동사+명사+的'는 '~하는 사람'을 뜻합니다. 녹음에 보기A와 B가 다 언급되지만 형이 아니라 신문 배달부라고 하였으므로 답은 보기B가 됩니다.

단어 谁 shéi 대명 누구 | 在 zài 동 ~에 있다 | 门 mén 명 문 | 外 wài 명 밖 | 送 sòng 동 배달하다 | 报纸 bàozhǐ 명 신문 | 的 de 조 ~하는 사람

27

Nǐ hǎo Mǎi liǎng zhāng diǎn bàn de diànyǐngpiào
男：你 好！买 两 张 6点 半 的 电影票 。

Duìbuqǐ diǎn bàn de yǐjing màiwán le diǎn de
女：对不起，6点 半 的 已经 卖完 了。9点 的

kěyǐ ma
可以 吗？

Tā zuì kěnéng zài nǎr
问：他 最 可能 在 哪儿？

shāngdiàn diànyǐngyuàn jiàoshì
A 商店 B 电影院 C 教室

남: 저기요! 6시 반 영화표 두 장 주세요.
여: 죄송합니다. 6시 반 것은 이미 다 팔렸습니다. 9시 영화 괜찮으세요?

질문: 이들은 어디에 있을까요?

A 상점
B 극장
C 교실

답: **B**

포인트 장소 관련 핵심어 핵심어 잘 듣기

해설 보기를 통해서 장소 문제라는 것을 먼저 확인하고 녹음을 들으세요. 대화 속에서 언급된 '电影票'에서 이들이 지금 극장에 있다는 것을 알 수 있습니다.

단어 买 mǎi 동 사다 | 电影票 diànyǐngpiào 명 영화표 | 对不起 duìbuqǐ 죄송합니다 | 卖 mài 동 팔다

28

Nín hǎo Qǐngwèn nín hē diǎnr shénme
女：您 好！ 请问 您 喝 点儿 什么 ？

Gěi wǒ yì bēi kāfēi xièxie
男：给 我 一 杯 咖啡，谢谢。

Nán de yào hē shénme
问：男 的 要 喝 什么 ？

kāfēi lǜchá kuàngquánshuǐ
A 咖啡 B 绿茶 C 矿泉水

여: 안녕하세요! 무엇을 드시겠습니까?
남: 커피 한 잔 주세요. 감사합니다.

질문: 남자는 무엇을 마시려 하나요?

A 커피
B 녹차
C 광천수

답: **A**

포인트 사물 대상 잘 듣기

해설 여자가 무엇을 마시겠냐고 묻자 남자는 커피 한 잔을 달라고 주문합니다. 따라서 답은 보기A이며, 나머지 보기들은 나오지 않았습니다.

단어 喝 hē 동 마시다 | 给 gěi 동 ~을 주다 | 杯 bēi 양 잔 | 咖啡 kāfēi 명 커피

29

Wǒmen jiā lí bǎihuò shāngdiàn hěn jìn
男：我们 家 离 百货 商店 很 近。

Shì ma Nàme mǎi dōngxi hěn fāngbiàn le
女：是 吗？那么 买 东西 很 方便 了。

Nán de jiā lí nǎr hěn jìn
问：男 的 家 离 哪儿 很 近？

jīchǎng gōngsī bǎihuò shāngdiàn
A 机场 **B** 公司 **C** 百货 商店

남: 저희 집은 백화점에서 가깝습니다.
여: 그래요? 그럼 물건 사기가 편하겠네요.

질문: 남자의 집은 어디에서 가깝나요?

A 공항
B 회사
C 백화점

답: **C**

포인트 장소 명사 잘 듣기

해설 대화 속에서 분명하게 백화점에서 가깝다고 말했고, 물건 사기 수월하다고 하였으니 답은 보기C입니다.

단어 **离** lí 개 ~에서부터, ~까지 | **百货商店** bǎihuò shāngdiàn 명 백화점 | **东西** dōngxi 명 물건 | **方便** fāngbiàn 형 편리하다, 수월하다

30

Nǐ yǎnjing zěnme zhème hóng Méi xīuxi hǎo
女：你 眼睛 怎么 这么 红？没 休息 好？

Shì a zuótiān wǎnshang kànshū kàndào shí'èr diǎn
男：是 啊，昨天 晚上 看书 看到 十二 点。

Nán de zuótiān wǎnshang zuò shénme le
问：男 的 昨天 晚上 做 什么 了？

kànshū gōngzuò kū le
A 看书 **B** 工作 **C** 哭 了

여: 당신 눈이 왜 이렇게 빨갛죠? 잘 쉬지 못했나요?
남: 네, 어제 밤에 12시까지 공부 했어요.

질문: 남자는 어제 밤에 무엇을 했나요?

A 공부
B 일
C 울었다

답: **A**

포인트 동사 잘 듣기

해설 여자가 남자에게 잘 쉬지 못했냐고 질문하자 남자는 12시까지 책 보며 공부하느라 못 잤다고 말합니다. 따라서 답은 보기A입니다.

단어 **眼睛** yǎnjing 명 눈 | **红** hóng 형 빨갛다, 붉다 | **休息** xīuxi 동 쉬다 | **到** dào 개 ~까지

제4부분 (第四部分)

31

Nǐ qù nǎr le
女：你 去 哪儿 了？
Wǒ qù zhǎo wǒ de gǒu le
男：我 去 找 我 的 狗 了。
Zhǎo gǒu Zhǎodàole ma
女：找 狗？找到了 吗？
Hái méiyǒu bù zhīdào pǎo nǎr qù le zhēn ràng wǒ zháojí
男：还 没有，不 知道 跑 哪儿 去 了，真 让 我 着急。

Nán de zài zhǎo shénme
问：男 的 在 找 什么？

gǒu māo niǎo
A 狗 B 猫 C 鸟

여: 어디 가셨어요?
남: 제 개를 찾으러 갔었어요.
여: 개를 찾으러요? 찾으셨어요?
남: 아직 못 찾았습니다. 어디로 갔는지 모르겠네요. 저를 조급하게 만드는군요.

질문: 남자는 무엇을 찾고 있나요?
A 개
B 고양이
C 새

답: **A**

포인트 명사 잘 듣기

해설 보기에 제시된 동물 이름들은 일상생활에서 흔히 볼 수 있는 동물입니다. 녹음에는 보기A만 나오고 다른 보기는 언급되지 않고 있으니 답을 고르기는 어렵지 않지만 대화 내용이 길기 때문에 집중력을 요하는 문제입니다.

단어 找 zhǎo 동 찾다 | 狗 gǒu 명 개 | 不知道 bù zhīdào 모르다 | 跑 pǎo 동 뛰다, 도망가다 | 真 zhēn 부 정말 | 让 ràng 동 ~로 하여금 ~하게 만들다 | 着急 zháojí 형 조급하다

32

Nǐ měitiān zěnme qù shàngbān
男：你 每天 怎么 去 上班？
Wǒ kāichē wǒ jiā lí gōngsī yǒu xiē yuǎn Nǐ ne
女：我 开车，我 家 离 公司 有 些 远。你 呢？
Wǒ zǒulù qù cóng wǒ jiā dào gōngsī zǒu 10 fēnzhōng jiù dào le
男：我 走路 去，从 我 家 到 公司 走 10 分钟 就 到 了。
Zhēn hǎo wǒ yě xīwàng néng zhù de jìn diǎnr
女：真 好，我 也 希望 能 住 得 近 点儿。

Nǚ de měitiān zěnme qù shàngbān
问：女 的 每天 怎么 去 上班？

zǒulù kāichē qíchē
A 走路 B 开车 C 骑车

남: 당신은 매일 어떻게 출근하고 계신가요?
여: 저는 운전해서 출근해요. 저희 집에서 회사까지 약간 멀거든요. 당신은요?
남: 저는 걸어갑니다. 저희 집에서 회사까지 10분 걸으면 바로 도착해요.
여: 정말 좋네요. 저도 가까운데 살았으면 좋겠어요.

질문: 여자는 매일 어떻게 출근하나요?
A 걸어서
B 자동차를 운전해서
C 자전거를 타고

답: **B**

포인트 대화 내용 이해하기

해설 보기A와 보기B가 녹음에 나오기 때문에 이 둘을 구별해서 잘 들어야 하는데, 남자의 말, 여자의 말을 보기 옆에 표시하며 들으면 좋습니다. 여자는 차를 운전해서, 남자는 걸어서 출근한다고 했으므로 질문의 답은 보기B입니다.

단어 怎么 zěnme 대명 (방법)어떻게 | 上班 shàngbān 동 출근하다 | 开车 kāichē 동 자동차를 운전하다 | 离 lí 개 ~에서부터, ~까지 | 公司 gōngsī 명 회사 | 有些 yǒu xiē 부 약간 | 走路 zǒulù 동 걷다 | 从 cóng 개 ~로부터 | 到 dào 개 ~까지 동 도착하다 | 分钟 fēnzhōng 명 시간 | 希望 xīwàng 동 희망하다

33

Nǐ shénme shíhou chūfā qù Běijīng ne
女：你 什么 时候 出发 去 北京 呢？

Jīntiān xiàwǔ de fēijī
男：今天 下午 的 飞机。

Jǐ diǎn néng dào a
女：几 点 能 到 啊？

Xiàwǔ wǔ diǎn qǐfēi chàbuduō qī diǎn bàn néng dào
男：下午 五 点 起飞，差不多 七 点 半 能 到。

Nán de jǐ diǎn dào Běijīng
问：男 的 几 点 到 北京？

wǔ diǎn / qī diǎn / qī diǎn duō
A 五 点 **B** 七 点 **C** 七 点 多

여: 당신은 언제 출발해서 베이징에 가시나요?
남: 오늘 오후 비행기예요.
여: 몇 시에 도착하시나요?
남: 오후 5시에 이륙하니, 거의 7시반 쯤 도착할 수 있을겁니다.

질문: 남자는 몇 시에 베이징에 도착하나요?
A 5시
B 7시
C 7시 넘어서

답: **C**

포인트 시간 표현 익히기, 비슷한 뜻 찾기

해설 시간을 묻는 문제로 남자는 5시에 출발해서 7시반 쯤 도착한다고 합니다. 질문은 남자가 몇 시에 도착하느냐는 것으로 보기A,B는 제거합니다. 보기C '七点多'는 7시 넘어서 이므로 보기 중에서는 7시반 쯤과 가장 가깝습니다. 따라서 답은 보기C입니다.

단어 什么时候 shénme shíhou 언제 | 出发 chūfā 동 출발하다 | 飞机 fēijī 명 비행기 | 能 néng 조동 ~할 수 있다 | 到 dào 동 도착하다 | 起飞 qǐfēi 동 이륙하다 | 差不多 chàbuduō 부 거의, 대략

34

Wǒ néng yòng yíxià nǐ de diànnǎo ma
男：我 能 用 一下 你 的 电脑 吗？

Kěyǐ a nǐ dǎsuan gàn shénme
女：可以 啊，你 打算 干 什么 ？

Wǒ xiǎng dǎ yí fèn cáiliào mǎshàng jiù huán gěi nǐ
男：我 想 打 一 份 材料， 马上 就 还 给 你。

Hǎo de búyòng zháojí wǒ gāng fāwán yí ge yóujiàn
女：好 的，不用 着急，我 刚 发完 一 个 邮件 。

Nǐ mànmàn yòng ba
你 慢慢 用 吧。

Zhège nánrén wèishénme yào yòng diànnǎo
问：这个 男人 为什么 要 用 电脑 ？

wán yóuxì dǎ cáiliào fā yóujiàn
A 玩 游戏 **B** 打 材料 **C** 发 邮件

남: 당신의 컴퓨터를 사용해도 될까요?
여: 예, 사용하세요. 무엇을 하시려고요?
남: 자료를 좀 타이핑하려고 합니다. 바로 돌려드릴게요.
여: 네, 조급해 하지 마세요. 전 방금 이메일을 다 보냈거든요. 천천히 사용하세요.

질문: 이 남자는 무엇 때문에 컴퓨터를 사용하려 하나요?

A 게임을 하려고
B 자료를 타이핑하려고
C 이메일을 보내려고

답: **B**

포인트 집중해서 내용 구별해 듣기

해설 먼저 보기 분석을 통해 어떤 동작을 묻고 있음을 확인합니다. 대화 속에서 남자는 자료를 타이핑 하려고 한다고 말했고 여자는 방금 이메일을 보냈으니 남자에게 천천히 컴퓨터를 사용하라고 했으므로 답은 보기B입니다.

단어 用 yòng 동 사용하다 | 打 dǎ 동 (타자를)치다, 타이핑하다 | 份 fèn 양 (문서에 대한)부 | 材料 cáiliào 명 자료 | 马上 mǎshàng 부 바로, 곧 | 还 huán 동 되돌려주다 | 给 gěi 개 ~에게 | 不用 búyòng 부 ~할 필요없다 | 着急 zháojí 형 조급하다 | 刚 gāng 부 방금 | 发 fā 동 보내다, 전송하다 | 完 wán 동 다 하다 | 邮件 yóujiàn 명 이메일

35

Tiān kuài hēi le wǒ yào huíqu le
女：天 快 黑 了，我 要 回去 了。

Hǎo de Wàimian zhèngzài xiàyǔ nǐ lù shang màn diǎnr
男：好 的。外面 正在 下雨，你 路 上 慢 点儿。

Ò zhīdào le míngtiān jiàn
女：哦， 知道 了， 明天 见。

Hǎo de zàijiàn
男：好 的，再见。

Xiànzài tiānqì zěnmeyàng
问：现在 天气 怎么样 ？

tiān qíng le xiàxuě le xiàyǔ le
A 天 晴 了 **B** 下雪 了 **C** 下雨 了

여: 날도 곧 저무니 돌아가야겠습니다.
남: 그러시죠. 밖에 지금 비가 내리고 있으니 가시는 길에 천천히 조심하세요.
여: 네, 알겠습니다. 내일 뵙겠습니다.
남: 네, 내일 뵙겠습니다.

질문: 현재 날씨는 어떤가요?

A 날씨가 맑다
B 눈이 내린다
C 비가 내린다

답: **C**

포인트 날씨 표현 익히기

해설 보기를 먼저 보면 날씨를 묻고 있는 것을 알 수 있습니다. 비가 오다 '下雨'를 놓치지 않고 들으면 쉽게 풀립니다.

단어 天 tiān 명 날 | 快~了 kuài le 곧 ~이다 | 黑 hēi 형 어둡다 | 外面 wàimian 명 밖, 바깥 | 正在 zhèngzài 부 때마침 | 下雨 xiàyǔ 동 비가 오다 | 路 lù 명 길 | 慢 màn 동 천천히 하다 | 见 jiàn 동 만나다

2. 독해(阅读)

제1부분 (第一部分)

36

Tā xiànzài kàn bu jiàn wǒmen zài nǎr
他 现在 看 不 见 我们 在 哪儿。

그는 지금 우리가 어디 있는지 보이지 않습니다.

답: **F**

포인트 '看不见'이해하기

해설 가능보어는 '무엇을 할 수 있다 혹은 없다'는 가능을 나타냅니다. '看不见'은 '볼 수 없다'는 뜻이고 '不看'은 화자의 의지가 담긴 '보지 않는다'라는 뜻이므로 혼동하지 않도록 해야 합니다. 그러므로 앞을 볼 수 없는 사람, 사진 F가 답이 됩니다.

단어 看不见 kàn bu jiàn 볼 수 없다 | 在 zài 동 ~에 있다 | 哪儿 nǎr 대명 어디

37

Nàge fúwùyuán hěn gāoxìng hěn kuàilè
那个 服务员 很 高兴、很 快乐。

저 종업원은 아주 기쁘고 즐거워해요.

답: **C**

포인트 직업 관련 단어 익히기

해설 '服务员'은 일반적으로 음식점에서 일하는 종업원을 뜻합니다. 따라서 보기C가 정답입니다. 사진 속에 웃고 있는 표정도 '高兴', '快乐'와 연결짓기 자연스럽습니다.

단어 服务员 fúwùyuán 명 종업원 | 很 hěn 부 매우, 아주 | 高兴 gāoxìng 형 기쁘다 | 快乐 kuàilè 형 즐겁다

38

Háizi xiàozhe shuō wǒ yě yǒu xiǎomāo le
孩子 笑着 说："我 也 有 小猫 了。"

아이가 웃으며 말했습니다. "나도 새끼 고양이가 생겼다"

답: **B**

포인트 동작 동사와 동물 이름 익히기

해설 동작 동사 '笑'와 동물 '小猫'는 보기B와 연결시킬 수 있는 핵심 단어들입니다.

단어 孩子 háizi 명 아이 | 笑 xiào 동 웃다 | 着 zhe 조 ~하면서 | 说 shuō 동 말하다 | 有 yǒu 동 생기다 | 小猫 xiǎomāo 명 새끼 고양이

39

Tóngxuémen nǐmen tīngdǒngle ma
同学们，你们 听懂了 吗？

여러분, 듣고 이해하셨습니까?

답: **E**

포인트 명사와 상황 이해하기

해설 명사 '同学'는 학생을 뜻하고, '听懂了吗？'는 이해했냐고 묻는 말로 선생님들이 자주 사용합니다.

단어 同学 tóngxué 명 학생 | 们 men (복수)~들 | 听懂 tīngdǒng 동 듣고 이해하다

40

Lǐmian yǒu nǐ ài chī de shuǐguǒ
里面 有 你 爱 吃 的 水果。

안에 당신이 좋아하는 과일이 있습니다.

답: **A**

포인트 명사 이해하기

해설 명사 '水果'는 과일이므로 보기A가 답이 됩니다. 난이도가 낮은 문제이니 실수하지 않고 꼭 점수를 확보해야 합니다.

단어 里面 lǐmian 명 안쪽 | 有 yǒu 동 있다 | 爱 ài 동 ~하기 좋아하다 | 吃 chī 동 먹다 | 水果 shuǐguǒ 명 과일

제2부분 (第二部分)

第 41-45 题

A 旁边 (pángbiān) 옆	B 给 (gěi) ~에게	C 准备 (zhǔnbèi) 준비하다	D 认识 (rènshi) 알다	E 贵 (guì) 비싸다	F 离 (lí) ~에서부터

41

Wǒ zài fùmǔ xiě xìn
我 在( )父母 写 信。

나는 지금 부모님(에게) 편지를 쓰고 있습니다.

답: **B**

포인트 개사구 상용구 '给~写信' 익히기

해설 '给~写信'은 '~에게 편지를 쓰다'로 자주 사용하는 짝궁입니다. 중급으로 가면 작문이나 오류 찾기 문제에 많이 활용되니 꼭 알아두세요!

단어 在 zài 부 (진행)~하고 있다 | 父母 fùmǔ 명 부모 | 写 xiě 동 쓰다 | 信 xìn 명 편지

42

Zuò zài nǐ de nàge rén shì shéi
坐 在 你( )的 那个 人 是 谁？

당신 (옆에) 앉은 저 사람은 누구에요?

답: **A**

포인트 '在+장소' 익히기

해설 개사 '在' 뒤에는 일반적으로 시간이나 장소 관련 단어가 많이 위치합니다. '你'는 인칭대명사로 장소 역할을 할 수 없기 때문에 그 뒤에 방위를 나타내는 '旁边'을 붙여서 '당신 옆'으로 만들어야 합니다.

단어 坐 zuò 동 앉다 | 在 zài 개 ~에, ~에서 | 是 shì 동 ~이다 | 谁 shéi 대명 누구

43

Dàjiā dōu bù xiǎng qù nàr nàr zhèr tài yuǎn le 大家 都 不 想 去 那儿，那儿（ ）这儿 太 远 了。	모두들 그곳에 가고 싶어하지 않습니다. 거긴 여기(로부터) 너무 멀어요. 답: F

포인트 '离' 익히기

해설 '离'는 '~로부터 ~까지'란 뜻으로 보통 두 개의 시점이나 지점 사이에 위치하여 떨어진 거리나 시간을 표현합니다. 따라서 괄호 앞 뒤에 있는 지점 那儿, 这儿사이에 들어갈 단어는 보기F입니다.

단어 大家 dàjiā 대명 모두 | 都 dōu 부 모두, 전부 | 那儿 nàr 대명 저기, 그곳 | 这儿 zhèr 대명 여기, 이곳 | 太 tài 부 너무 | 远 yuǎn 형 멀다

44

Wǒ lái Běijīng de dì yī tiān jiù tā le 我 来 北京 的 第 一 天 就（ ）他 了。	나는 베이징에 온 첫 날 바로 그를 (알았)습니다. 답: D

포인트 '부사+동사+인칭대명사' 익히기

해설 괄호 앞에 '就'는 부사이고 그 뒤의 '他'는 인칭대명사입니다. 앞에서 부사 수식을 받을 수 있고, 뒤에 인칭대명사 목적어를 가질 수 있는 것은 동사술어입니다.

보기B는 개사, 동사 용법이 있는데 동사 용법으로 본다면 44번 빈칸에 들어갈 수는 있지만 41번에는 보기B만 들어갈 수 있기 때문에 제외시켜야 합니다. 보기C는 동사이긴 하나 문장에서 의미가 어색하기 때문에 제외합니다. 보기D는 사람과 같이 사용되면 '그 사람을 알다, 사귀다'를 뜻하므로 정답으로 적합합니다.

단어 来 lái 동 오다 | 北京 Běijīng 명 베이징 | 第 dì 수 (서수)제 | 天 tiān 명 날

45

A: Zhème duō yīfu dōu ná chūlai gàn shénme A：这么 多 衣服 都 拿 出来 干 什么？ B: Kuàiyào dào xiàtiān le wǒ děi xiàtiān de yīfu B：快要 到 夏天 了，我 得（ ）夏天 的 衣服。	A: 이렇게 많은 옷들을 꺼내서 뭐하시나요? B: 곧 여름이 와요, 여름 옷들을 (준비)해야만 해요. 답: C

포인트 '조동사+동사' 익히기

해설 빈 칸 앞에 '~해야만 하다'를 의미하는 조동사가 있습니다. 조동사 뒤에는 일반적으로 동사가 와야 하므로, 보기 중 C가 적합합니다.

단어 这么 zhème 대명 이렇게 | 衣服 yīfu 명 옷 | 拿 ná 동 꺼내다 | 干 gàn 동 ~을 하다 | 快要~了 kuàiyào le 곧~이다 | 到 dào 동 이르다, 때가 되다 | 夏天 xiàtiān 명 여름 | 得 děi 조동 ~해야만 하다

제3부분 (第三部分)

46

Tā yuándìng míngtiān xiàwǔ huíjiā búguò xuéxiào tūrán chūle
他 原定 明天 下午 回家，不过 学校 突然 出了
diǎn shì suǒyǐ tā zhǐhǎo liú zài xuéxiào jìxù gōngzuò le
点 事，所以 他 只好 留 在 学校 继续 工作 了。
Tā míngtiān xiàwǔ huíjiā
★他 明天 下午 回家。

그는 원래 내일 오후에 집으로 돌아 가려고 했는데, 갑자기 학교에 일이 생겨서 어쩔 수 없이 학교에 남아 계속 일을 해야 했다.
★그는 내일 오후에 집으로 돌아간다.

답 : ×

포인트 지문 내용 올바로 이해하기와 관련사 '不过' 익히기

해설 지문 내용을 올바로 이해하지 않고 같은 글자가 있다는 것만 보고 답을 고른다면 상당히 어려운 문제가 될 수 있습니다. 관련사 '不过'는 앞, 뒤 내용이 달라지는 전환 관계를 나타내므로 앞부분만 보고 덥석 답을 체크하기 보다는 뒤에까지 다 읽고 답을 골라내야 합니다. 뒤의 내용이 '학교에 남아서 계속 일을 해야 했다' 이므로 답은 ×입니다.

단어 原定 yuándìng 동 원래 정하다 | 不过 búguò 관 ~이지만, 그러나 | 突然 tūrán 부 갑자기 | 出 chū 동 생기다 | 所以 suǒyǐ 관 그래서 | 只好 zhǐhǎo 부 어쩔 수 없이 | 留 liú 동 남다 | 继续 jìxù 부 계속 | 工作 gōngzuò 동 일하다

47

Rúguǒ lǎoshī zǎo diǎn gàosu wǒ míngtiān bú shàngkè nà
如果 老师 早 点 告诉 我 明天 不 上课，那
wǒ yě jiù búyòng qǐ zhème zǎo le
我 也 就 不用 起 这么 早 了。
Tā qǐ de hěn zǎo
★他 起 得 很 早。

만약 선생님께서 내일 수업을 안 하신다고 일찍 알려 주셨더라면 나는 이렇게 일찍 일어날 필요가 없었는데.
★그는 일찍 일어났다.

답 : √

포인트 가정법 이해하기

해설 '如果~, 那也就不用~了'는 '만약에 ~라면, ~할 필요 없었는데'라는 뜻으로 이미 일어난 일에 대해 약간의 후회가 섞여 있습니다. 이 가정법을 이해하고 있다면 남자가 일찍 일어나서 약간 불만이 섞여 있다는 것을 알 수 있습니다. 따라서 정답은 √입니다.

단어 如果 rúguǒ 관 만약~라면 | 早 zǎo 부 일찍 형 이르다 | 告诉 gàosu 동 알려주다 | 不用 búyòng 조동 ~할 필요없다 | 起 qǐ 동 기상하다, 일어나다

48

Wǒ qīzi qù shāngdiàn le qù mǎi diǎnr dōngxi Děng tā
我 妻子 去 商店 了，去 买 点儿 东西。等 她
huílai wǒ ràng tā gěi nǐ dǎ diànhuà ba
回来，我 让 她 给 你 打 电话 吧。

Tā qīzi chūqu dǎ diànhuà
★ 他 妻子 出去 打 电话 。

제 부인은 상점에 물건을 사러 갔습니다. 부인이 돌아오면 당신에게 전화를 드리라고 하겠습니다.

★그의 부인은 전화하러 갔다.

답: ×

포인트 문장 뜻과 비슷한 뜻 이해하기

해설 부인은 물건을 사러 나갔고, 부인이 돌아온 후에 전화를 걸라고 하겠다고 하므로, 부인은 전화를 걸러 나간 것은 아닙니다. 따라서 답은 x입니다.

단어 **妻子** qīzi 명 부인 | **商店** shāngdiàn 명 상점 | **等** děng 동 기다리다 | **让** ràng 동 ~에게~하도록 하다 | **电话** diànhuà 명 전화

49

Cóng wǒ jiā dào Běijīng zuò huǒchē jiù ge xiǎoshí bǐ
从 我 家 到 北京，坐 火车 就 5个 小时，比
zuò fēijī piányi hěn duō Suǒyǐ míngtiān wǒ zhǔnbèi zuò
坐 飞机 便宜 很 多。所以， 明天 我 准备 坐
huǒchē qù
火车 去。

Wǒ míngtiān qù Běijīng
★ 我 明天 去 北京。

저희 집에서 베이징까지 기차로 5시간이면 됩니다. 비행기를 타는 것보다 많이 쌉니다. 그래서 내일은 기차를 타고 가려고 합니다.

★나는 내일 베이징에 간다.

답: √

포인트 문장 의미 파악하기

해설 첫 번째 문장은 '베이징에서 집까지 기차로 5시간인데, 비행기보다 저렴해서 내일은 기차를 타고 가려고 한다'입니다. 비록 직접적으로 내일 베이징에 간다고 하지는 않았지만 내용상 일치합니다.

단어 **从~到** cóng dào~ ~로부터 ~까지 | **坐** zuò 동 (교통수단을)타다 | **火车** huǒchē 명 기차 | **比** bǐ 개 ~보다 | **飞机** fēijī 명 비행기 | **便宜** piányi 형 싸다 | **所以** suǒyǐ 관 그래서 | **准备** zhǔnbèi 동 ~을 하려고 준비하다

50

Wǒ dìdi zài yì jiā diànnǎo gōngsī zhǎole ge gōngzuò
我 弟弟 在 一 家 电脑 公司 找了 个 工作 。
Jīntiān shì tā dì yī tiān shàngbān tā zǎoshang diǎn
今天 是 他 第 一 天 上班 ，他 早上 6点
jiù qǐchuáng le
就 起床 了。

Dìdi jīntiān kāishǐ shàngbān
★ 弟弟 今天 开始 上班 。

제 남동생은 어느 컴퓨터 회사에서 일자리를 구했습니다. 오늘이 첫 출근이라 아침 6시에 바로 일어났습니다.

★남동생은 오늘 출근하기 시작했습니다.

답: √

포인트 비슷한 뜻 이해하기

해설 첫 번째 문장의 '今天是他第一天上班'과 두 번째 지문은 같은 뜻이라고 볼 수 있습니다. 따라서 정답은 √ 입니다.

단어 弟弟 dìdi 명 남동생 | 家 jiā 양 회사의 양사 | 电脑 diànnǎo 명 컴퓨터 | 公司 gōngsī 명 회사 | 找 zhǎo 동 찾다 | 工作 gōngzuò 명 일, 업무 | 第一天 dì yī tiān 첫째날 | 上班 shàngbān 동 출근하다 | 起床 qǐchuáng 동 기상하다

제4부분 (第四部分)

第 51-55 题

A Zuǒbian de kuài qián yì jīn yòubian de kuài
左边的8块钱一斤，右边的10块。 왼쪽 것은 8위안에 한 근이고, 오른 쪽 것은 10위안입니다.

B Tā xìng Sòng shì wǒ de yí ge péngyou
他姓宋，是我的一个朋友。 그는 성은 송이고 저의 친구입니다.

C Hǎo ba wǒ zhè jiù qù shuìjiào
好吧，我这就去睡觉。 예, 알겠습니다. 지금 바로 가서 잘게요.

D Hái kěyǐ bú dào yuán
还可以，不到500元。 적당합니다. 500위안이 못 됩니다.

E Tā zài nǎr ne Nǐ kànjiàn tā le ma
他在哪儿呢？你看见她了吗？ 그는 어디 있습니까? 그를 보셨나요?

F Nà wǒ hé nǐ yìqǐ qù
那我和你一起去。 그럼 당신과 같이 가죠.

단어 左边 zuǒbian 명 왼쪽 | 块 kuài 양 돈에 대한 양사 | 斤 jīn 양 근(500g) | 姓 xìng 동 성씨가 ~이다 | 宋 Sòng 명 송씨(사람의 성씨) | 睡觉 shuìjiào 동 잠을 자다 | 还可以 hái kěyǐ 적당하다, 괜찮다 | 不到 bú dào ~에 못 미치다

51 Bié kàn diànshì le míngtiān hái yào kǎoshì ne
别看电视了，明天还要考试呢。

TV 그만 보렴, 내일은 더욱이 시험을 보잖니.

답: C

포인트 금지 표현 '别~了'와 수락을 뜻하는 '好吧' 익히기

해설 내일 시험이 있다고 TV를 그만 보라고 하면 그에 응대할 수 있는 답변으로는 보기C '好吧'를 사용할 수 있습니다. 상대방의 권유나 금지를 받아들이는 표현으로 사용 가능합니다.

단어 别~了 bié le ~하지 마라 | 看 kàn 동 보다 | 电视 diànshì 명 TV | 还 hái 부 또, 역시, 더욱이 | 考试 kǎoshì 동 시험보다

52 Nǐ hǎo Zhè yú zěnme mài
你好，这鱼怎么卖？

저기요, 이 생선 어떻게 파나요?

답: **A**

포인트 가격 물어보는 표현 익히기

해설 '怎么卖'는 '얼마에 파느냐'고 묻는 표현이므로 가격을 알려주고 있는 보기A와 보기D가 관계있다고 볼 수 있습니다. 그러나 보기D의 '还可以'는 '적당하다'는 뜻으로 구체적으로 가격이 얼마냐고 묻는 말에 대한 대답으로 어색합니다. 그러므로 보기A가 이 문제와 대화를 이루기 가장 적합합니다.

단어 你好 nǐ hǎo 저기요, 여보세요 | 鱼 yú 명 생선 | 怎么 zěnme 대명 어떻게 | 卖 mài 동 팔다

53 Nǐ de zìxíngchē shì báisè de Zhēn piàoliang guì ma
你的自行车是白色的？真漂亮，贵吗？

당신의 자전거는 흰색인가요? 정말 보기 좋네요, 비싼가요?

답: **D**

포인트 '还可以' 표현 익히기

해설 가격이 비싸냐고 물어보았기 때문에 가격이 '적당하다'는 의사를 밝히고 있는 보기D가 답으로 적당합니다.

단어 自行车 zìxíngchē 명 자전거 | 白色 báisè 명 흰색 | 漂亮 piàoliang 형 예쁘다 | 贵 guì 형 비싸다

54 Gē nǐ rènshi nàge rén
哥，你认识那个人？

형, 저 분을 알고 계세요?

답: **B**

포인트 사람 소개 표현 익히기

해설 '认识'가 사람과 사용되면 '친분이 있다, 없다'를 뜻합니다. 그러므로 그 사람을 잘 알고 있어서 소개할 수 있는 표현인 보기B가 이 문제와 같이 대화를 이루기 적당합니다.

단어 哥 gē 명 형,오빠 | 认识 rènshi 동 알다, 친분이 있다

55 Jīdàn chīwán le xiàwǔ wǒ zài qù mǎi yìxiē
鸡蛋吃完了，下午我再去买一些。

계란을 다 먹었어요. 오후에 제가 다시 가서 좀 살게요.

답: **F**

포인트 의사 밝히기

해설 상대방이 무엇인가를 한다고 했을 때 자신도 상대방과 같이 행동을 취하겠다는 대화 내용은 서로 자연스럽게 호응됩니다. 그러므로 정답은 보기F입니다.

단어 鸡蛋 jīdàn 명 계란 | 完 wán 동 다하다, 끝나다 | 再 zài 부 다시, 또 | 买 mǎi 동 사다 | 一些 yìxiē 양 약간, 좀

第 56-60 题

A Cóng zhèr qù jīchǎng yào duō cháng shíjiān
从 这儿 去 机场 要 多 长 时间？ 여기에서 공항까지 시간이 어느 정도 걸리나요?

B Xīnnián kuàilè
新年 快乐！ 새해 복 많이 받으세요!

C Xià ge xīngqīliù shì jiějie de shēngrì sòng tā shénme hǎo ne
下 个 星期六 是 姐姐 的 生日， 送 她 什么 好 呢？ 다음 주 토요일이 누나 생일인데 어떤 선물을 하는 것이 좋을까요?

D Shì ma Wǒ de shǒubiǎo màn le
是 吗？我 的 手表 慢 了。그래요? 제 시계가 느리네요.

E Děng yíxià wǒ dǎ diànhuà wèn yíxià
等 一下，我 打 电话 问 一下。잠시 기다리세요. 제가 전화해서 문의해 보겠습니다.

단어 从 cóng 개 ~로부터 | 机场 jīchǎng 명 공항 | 要 yào 동 (시간)걸리다, 소요되다 | 时间 shíjiān 명 시간 | 新年快乐 Xīnnián kuàilè! 새해 복 많이 받으세요 | 生日 shēngrì 명 생일 | 送 sòng 동 주다, 선물하다 | 手表 shǒubiǎo 명 시계 | 慢 màn 형 느리다 | 等 děng 동 기다리다

56 Mǎi yí kuài shǒubiǎo zěnmeyàng
买一块 手表 怎么样？
시계를 사는 것이 어떤가요?
답: C

포인트 건의하기

해설 '怎么样?'은 상대방에게 어떠냐고 물어보는 표현입니다. 자신의 생각 뒤에 '怎么样？'을 붙여 자신의 생각을 상대방에게 물어보거나, 건의를 하는 표현이 될 수 있습니다. 그러므로 보기C가 이 문제와 대화를 이루기 가장 적합합니다. 보기D에 '手表'라는 표현이 있다고 무조건 고르지 않도록 주의해야 합니다. 특히, 보기D 처음에 언급된 '是吗？'는 56번 문제와 호응하기에 어색합니다. 이유는 59번을 참고하세요.

단어 块 kuài 양 시계에 대한 양사 | 手表 shǒubiǎo 명 시계, 손목시계 | 怎么样 zěnmeyàng 대명 어떠하다

57 Jīntiān shì yuè hào
今天 是1月1号。
오늘은 1월 1일입니다.
답: B

포인트 상황에 맞는 고정 표현 익히기

해설 보기B는 중국식 새해인사입니다. 그러므로 새해 첫 날인 1월 1일이라는 말과 호응하기 적합합니다.

58 Zuò gōnggòng qìchē fēnzhōng jiù dào le
坐 公共 汽车 40 分钟 就 到 了。
버스를 타고 40분이면 곧 도착합니다.
답: A

포인트 소요 시간 묻고 답하기

해설 58번 문제는 시간이 어느 정도 소요되는지 묻는 말 '要多长时间？'에 대한 대답으로 좋습니다. 따라서 보기A와

호응하여 사용하기 알맞습니다.

단어 坐 zuò 동 타다 | 坐公共汽 gōnggòng qìchē 명 버스 | 分钟 fēnzhōng 명 분 | 就 jiù 부 곧,바로 | 到 dào 동 도착하다

59 diǎn Xiànzài yǐjing diǎn le
9点？现在 已经9点25了。

9시요? 지금 벌써 9시 25분입니다.

답: **D**

포인트 예상치 못한 상황에 알맞은 표현

해설 보기D '是吗？'는 상황이 자신의 생각과 다른 경우에 종종 사용합니다. 그러므로 9시 25분인데 9시로 알고 있는 상황과 호응을 이루므로 답은 보기D입니다.

단어 已经 yǐjing 부 벌써, 이미

60 Zhège shì xiàwǔ sòng de Sòng dào nǎr
这个 是 下午 送 的？送 到 哪儿？

이건 오후에 배달할 건가요? 어디로 배달하나요?

답: **E**

포인트 질문에 답하기

해설 보기E는 상대방의 질문에 어떻게 답을 해야 할지 모르는 경우에 사용할 수 있습니다. 그러므로 60번 문제와 짝이 될 수 있습니다.

단어 送 sòng 동 배달하다 | 到 dào 개 ~까지

HSK 모의고사 제3회 답안

一、听力

第一部分

1. √ 2. √ 3. × 4. √ 5. × 6. × 7. √ 8. √ 9. × 10. √

第二部分

11. **F** 12. **B** 13. **A** 14. **C** 15. **E** 16. **C** 17. **A** 18. **B** 19. **E** 20. **D**

第三部分

21. **A** 22. **B** 23. **C** 24. **B** 25. **C** 26. **A** 27. **B** 28. **A** 29. **C** 30. **A**

第四部分

31. **C** 32. **A** 33. **B** 34. **A** 35. **C**

二、阅读

第一部分

36. **F** 37. **E** 38. **C** 39. **B** 40. **A**

第二部分

41. **B** 42. **C** 43. **D** 44. **A** 45. **F**

第三部分

46. √ 47. × 48. √ 49. × 50. ×

第四部分

51. **C** 52. **F** 53. **A** 54. **B** 55. **D** 56. **C** 57. **D** 58. **B** 59. **A** 60. **E**

1. 듣기(听力)

제1부분 (第一部分)

1

Zhè liǎng ge píngguǒ nǐ xiǎng chī nǎge
这 两 个 苹果，你 想 吃 哪个？

이 두 개의 사과 중에서 어떤 것을 먹고 싶은가요?

답: √

포인트 명사와 숫자 잘 듣기

해설 그림의 과일은 '苹果'이며, 개수 역시 두 개 이므로 그림이 녹음 내용과 관련 있다고 판단할 수 있습니다. 따라서 답은 √입니다.

단어 苹果 píngguǒ 명 사과 | 想 xiǎng 조동 ~하려고 하다, ~하고 싶다 | 吃 chī 동 먹다

2

Nǐ shēngbìng le duō hē shuǐ duō xiūxi
你 生病 了，多 喝 水，多 休息。

당신은 병이 나서 물을 많이 마시고 많이 쉬어야 합니다.

답: √

포인트 동사 잘 듣기

해설 동사 '生病'과 관련된 동작이나 표정 등을 생각해 보면 문제2번과 연결짓기 어렵지 않습니다. 답은 √입니다.

단어 生病 shēngbìng 동 병이 나다 | 喝 hē 동 마시다 | 水 shuǐ 명 물 | 休息 xiūxi 동 쉬다, 휴식하다

3

Tā zài fángjiān li xuéxí ne
他 在 房间 里 学习 呢。

그는 방에서 공부하고 있다.

답: ×

포인트 동사 잘 듣기

해설 녹음에 언급된 동사 '学习'와 축구하는 사진은 전혀 어울리지 않습니다. 축구하다는 '踢足球(tī zúqiú)'입니다.

단어 房间里 fángjiān li 방안 | 学习 xuéxí 동 공부하다

4

Tā xiàozhe shuō wǒ dǒng le
她 笑着 说："我 懂 了。"

그녀는 웃으며 말했어요. "이해되었습니다."

답: √

포인트 동작과 표정 연결하기

해설 녹음에 언급된 '笑'와 미소 짓는 사진은 관련 있는 것이라고 판단할 수 있습니다.

단어 笑 xiào 동 웃다 | 着 zhe 조 ~하면서 | 说 shuō 동 말하다 | 懂 dǒng 동 이해하다, 알다

5

Cháng shíjiān kàn diànnǎo duì yǎnjing bù hǎo
长 时间 看 电脑，对 眼睛 不 好。

오랫동안 컴퓨터를 보면 눈에 좋지 않습니다.

답: ×

포인트 발음이 비슷한 명사 구별해서 듣기

해설 녹음의 '电脑'는 '컴퓨터'라는 뜻이고, 사진 속의 TV는 '电视(diànshì)' 이므로 답은 ×입니다.

단어 **长** cháng 형 (시간)오래되다 | **时间** shíjiān 명 시간 | **电脑** diànnǎo 명 컴퓨터 | **对** duì 개 ~에게, ~에 | **眼睛** yǎnjing 명 눈

6

Yīnwèi tiānqì lěng suǒyǐ tā méi qù yóuyǒng
因为 天气 冷，所以 他 没 去 游泳。

날씨가 춥기 때문에 그는 수영하러 가지 않았습니다.

답: ×

포인트 날씨 관련 표현과 부정 잘 듣기

해설 '날씨가 춥다'는 표현 '天气冷'과 땀을 흘리는 사진은 상반적인 내용이며, 동사 앞에 부정이 붙은 '没去'는 '가지 않았다'란 뜻입니다. 따라서 답은 ×입니다.

단어 **因为** yīnwèi 관 왜냐하면, 때문에 | **天气** tiānqì 명 날씨 | **冷** lěng 형 춥다 | **所以** suǒyǐ 관 그래서 | **游泳** yóuyǒng 동 수영하다

7

Nǐ shuō shénme Wǒ tīng bu dào
你 说 什么？我 听 不 到。

뭐라고 말씀하셨나요? 들리지 않습니다.

답: √

포인트 동사 잘 듣기

해설 '听不到'는 들리지 않는다는 뜻으로 거리가 멀거나 잡음 등으로 잘 들을 수 없다는 뜻입니다. 따라서 녹음 내용과 사진은 관련 있는 내용이라고 볼 수 있습니다.

단어 **说** shuō 동 말하다 | **听不到** tīng bu dào 들을 수 없다

8

Zhèxiē cài shì nǐ mǎi de
这些 菜 是 你 买 的？

이 채소들은 당신이 산 것인가요?

답: √

포인트 명사 잘 듣기

해설 '菜'는 음식, 반찬, 채소를 뜻하므로 녹음 내용과 사진을 연결 지을 수 있습니다.

단어 **些** xiē 양 약간, ~들 | **菜** cài 명 음식, 반찬, 채소

9

Qīzi xǐhuan chī zǎofàn de shíhou kàn bàozhǐ
妻子 喜欢 吃 早饭 的 时候 看 报纸。

아내는 아침 먹을 때 신문 보는 것을 좋아합니다.

답: ×

포인트 시간 표현 잘 듣기

모의고사 3

해설 '~的时候'와 같은 표현으로 '~할 때'를 뜻합니다. 녹음 내용은 밥 먹으면서 신문을 보는 것을 좋아하는데, 사진은 버스에서 신문을 보는 것이므로 관련있는 내용이라고 하기에 어색합니다.

단어 妻子 qīzi 명 부인 | 早饭 zǎofàn 명 아침식사 | 报纸 bàozhǐ 명 신문

10

Zhè kuài zhūròu shíwǔ kuài yì jīn búcuò ba 这 块 猪肉 十五 块 一 斤, 不错 吧?	이 돼지고기는 한 근에 15위안인데, 괜찮지요? 답: √

포인트 명사와 가격 잘 듣기

해설 '猪肉'는 돼지고기이고 '十五块一斤'은 1근에 15위안을 뜻하므로 사진과 녹음 내용은 일치합니다. 따라서 답은 √ 입니다.

단어 块 kuài 양 덩어리 고기에 대한 양사, 돈에 대한 양사 | 猪肉 zhūròu 명 돼지고기 | 斤 jīn 양 근(500g) | 不错 búcuò 형 괜찮다, 나쁘지 않다

제2부분 (第二部分)

11

Wǒ jièshào yíxià zhè shì wǒ mèimei 女：我 介绍 一下, 这 是 我 妹妹 。 Rènshi nǐ hěn gāoxìng 男：认识 你 很 高兴 。	여: 제가 소개할게요. 이쪽은 제 여동생입니다. 남: 만나서 반갑습니다. 답: F

포인트 사람 소개하는 표현 익히기

해설 '介绍'는 소개할 때 많이 쓰는 표현이고, '认识你很高兴'은 새롭게 누군가를 알게 되었을 때 반갑다는 인사로 사용됩니다. 따라서 보기F와 연결 지을 수 있습니다.

단어 介绍 jièshào 동 소개하다 | 一下 yíxià 양 ~좀 하다 | 认识 rènshi 동 알다 | 高兴 gāoxìng 형 기쁘다

12

Zhèxiē yīfu nǐ shénme shíhou xǐ de Wǒ zěnme méi kànjiàn 男：这些 衣服 你 什么 时候 洗 的? 我 怎么 没 看见 。 Jiù shì zuótiān xiàwǔ 女：就 是 昨天 下午。	남: 이 옷들은 언제 세탁한 거죠? 제가 왜 못 봤지요. 여: 바로 어제 오후에요. 답: B

포인트 상황에 따른 핵심단어 잘 듣기

해설 '衣服', '洗'는 보기B와 연결 시킬 수 있는 핵심 단어들입니다.

단어 衣服 yīfu 명 옷 | 洗 xǐ 동 세탁하다, 물로 씻다 | 怎么 zěnme 대명 어떻게, 왜 | 没 méi 부 ~하지 못했다 | 就是 jiù shì 부 바로, 곧 | 昨天 zuótiān 명 어제

13

Nǐ huì xiě lǚyóu de yóu ma 女：你 会 写“旅游”的“游”吗？ Wǒ huì xiě nǐ kàn zhèyàng xiě 男：我 会 写，你 看， 这样 写。	여: 당신은 '여행'의 '游'를 쓰실 줄 아나요? 남: 쓸 줄 압니다. 보세요. 이렇게 쓰는 겁니다. 답: A

포인트 '会'와 상황 이해하기

해설 무엇인가를 할 수 있다, 없다를 표현할 때 조동사 '会'를 많이 사용합니다. 여자가 남자에게 쓸 줄 아냐고 물었고, 남자는 쓸 줄 안다며 여자에게 친절히 가르쳐주고 있습니다. 이런 상황은 보기A와 연결짓기 자연스럽습니다.

단어 会 huì 조동 ~을 할 수 있다 | 写 xiě 동 쓰다 | 旅游 lǚyóu 명 여행 | 这样 zhèyàng 대명 이렇게

14

Nǚ'ér jīntiān méi qù shàngkè 男：女儿 今天 没 去 上课 。 Tā hé tóngxué chànggē qù le 女：她 和 同学 唱歌 去 了。	남: 딸이 오늘 수업을 가지 않았어요. 여: 친구랑 노래 부르러 갔어요. 답: C

포인트 동사 잘 듣기

해설 '和同学唱歌'는 학급 친구와 노래 부르다 이므로 여러 학생이 노래 부르고 있는 보기C가 답으로 적합합니다.

단어 女儿 nǚ'ér 명 딸 | 上课 shàngkè 동 수업하다 | 和 hé 개 ~와 | 同学 tóngxué 명 학우 | 唱歌 chànggē 동 노래부르다

15

Zài nǎr ne 女：在 哪儿 呢？ Jiù zài yòubian nǐ kàndàole ma Hěn jìn 男：就 在 右边 ，你 看到了 吗？很 近。	여: 어디에 있지요? 남: 바로 오른쪽에 있어요. 보이나요? 아주 가깝습니다. 답: E

포인트 방위사 잘 듣기

해설 '在右边'는 '오른쪽에 있다'는 뜻으로 위치를 묻는 말에 대한 대답이 될 수 있습니다. 따라서 보기E와 연결 짓기 자연스럽습니다.

단어 在 zài 동 ~에 있다 | 右边 yòubian 명 오른 쪽 | 近 jìn 형 가깝다

16

Nǐ zài xiǎng shénme ne
男：你 在 想 什么 呢？
Wǒ Wǒ zài xiǎng xià ge yuè qù nǎr lǚyóu ne
女：我？我 在 想 下 个 月 去 哪儿 旅游 呢。

남: 무슨 생각을 하고 계신가요?
여: 저요? 다음 달에 어디로 여행을 갈까 생각하고 있었어요.

답: C

포인트 동사 잘 듣기

해설 '想什么'라고 질문을 했고, 그에 여행갈 생각을 하고 있다고 하였으니 보기C와 연결 짓기 자연스럽습니다.

단어 想 xiǎng 동 생각하다 | 什么 shénme 대명 무엇 | 下个月 xià ge yuè 다음 달 | 旅游 lǚyóu 동 여행하다

17

Nǐ pángbiān de zhège rén shì shéi
女：你 旁边 的 这个 人 是 谁？
Qián lǎoshī wǒ de Yīngyǔ lǎoshī
男：钱 老师，我 的 英语 老师。

여: 당신 옆에 이 사람은 누구예요?
남: 첸 선생님이신데요, 제 영어선생님이세요.

답: A

포인트 소개하는 표현 익히기

해설 주변에 잘 모르는 사람이 있을 때 '~是谁?'라고 물어 볼 수 있고, 이에 대한 대답으로 그의 성이나 신분을 언급할 수 있습니다. 따라서 보기A와 17번 문제를 같이 연결시킬 수 있습니다.

단어 旁边 pángbiān 명 옆 | 谁 shéi 명 누구 | 钱 Qián 명 첸 | 老师 lǎoshī 명 선생님 | 英语 Yīngyǔ 명 영어

18

Zhèxiē shū nǐ dōu dú le
男：这些 书 你 都 读 了？
Méi ne zhèxiē dōu shì xīn shū
女：没 呢，这些 都 是 新 书。

남: 이 책들을 다 읽었나요?
여: 아직이요. 이 책들은 모두 새책이에요.

답: B

포인트 명사 잘 듣기

해설 '这些书'와 '新书'를 잘 들었다면 보기B가 문제 18번과 관련 있다는 것을 알 수 있습니다.

단어 书 shū 명 책 | 读 dú 동 읽다 | 没 méi 부 ~하지 못했다 | 新 xīn 형 새롭다

19

Xiānsheng nín hǎo nín xiǎng hē diǎnr shénme
女：先生 您 好，您 想 喝 点儿 什么？
Wǒ yào yì bēi kāfēi xièxie
男：我 要 一 杯 咖啡，谢谢！

여: 손님, 무엇을 드시겠습니까?
남: 커피 한 잔 주세요. 감사합니다.

답: E

포인트 주문하는 표현 익히기

해설 여자가 남자에게 무엇을 마시겠냐고 물으니, 남자는 커피를 마시겠다고 합니다. 이 대화 내용은 주문을 받고 하는 상황이므로 보기E와 연결됩니다.

단어 先生 xiānsheng 명 (남자)손님 | 喝 hē 동 마시다 | 要 yào 동 요구하다, 원하다, 주세요 | 杯 bēi 양 잔 | 咖啡 kāfēi 명 커피

20

Wéi nǐ dào Běijīng le ma
男：喂，你 到 北京 了 吗？
Dào le wǒ xiànzài yǐjing dào fàndiàn le zhèng xiǎng
女：到 了，我 现在 已经 到 饭店 了， 正 想
xiūxi xiūxi ne
休息 休息 呢。

남: 여보세요, 베이징에 도착하셨습니까?
여: 도착했습니다. 이미 호텔에 도착했고, 쉬려고 하던 참이었습니다.

답: **D**

포인트 전화 용어와 명사 익히기

해설 '喂'는 전화상으로 자주 사용하는 용어이며, '饭店'은 호텔을 뜻하므로 보기D가 이 대화들과 관련 있다고 판단해야 합니다.

단어 喂 wéi (전화상)여보세요 | 到 dào 동 도착하다 | 北京 Běijīng 명 베이징 | 已经 yǐjing 부 이미, 벌써 | 饭店 fàndiàn 명 호텔 | 正 zhèng 부 때마침 | 想 xiǎng 조 ~하려고 하다 | 休息 xiūxi 동 휴식하다, 쉬다

제3부분 (第三部分)

21

Tīngshuō zhè cì shùxué kǎoshì hěn nán ne nǐ fùxí
男：听说 这 次 数学 考试 很 难 呢，你 复习
de zěnmeyàng le
得 怎么样 了？
Wǒ zuótiān wǎnshang jiù kànle yìdiǎn zhè cì
女：我 昨天 晚上 就 看了 一点， 这 次
kǎoshì yídìng bù zěnmeyàng
考试 一定 不 怎么样 。

Zhège nǚshēng kǎoshì kǎo de zěnmeyàng
问：这个 女生 考试 考 得 怎么样 ？

bù hǎo búcuò kěyǐ
A 不 好 **B** 不错 **C** 可以

남: 이번 수학 시험 아주 어려웠다고 들었는데, 복습은 어떻게 했나요?
여: 어제 저녁에 조금 봤는데, 이번 시험은 분명 별로일 것 같아요.

질문: 이 여학생은 시험을 어떻게 보았나요?

A 안 좋다
B 괜찮다
C 괜찮다

답: **A**

포인트 비슷한 뜻 익히기

해설 대화 속의 '不怎么样'은 보기A와 비슷한 뜻입니다. 보기B와 보기C는 비슷한 의미이므로 일찍 제거하는 것이 답을 고르기에 좋습니다. '不错'는 '나쁘지 않다', '괜찮다' 이므로 혼동하지 않도록 주의하세요.

단어 听说 tīngshuō 동 듣자하니 | 数学 shùxué 명 수학 | 考试 kǎoshì 명 시험 동 시험보다 | 难 nán 형 어렵다 | 复

习 fùxí 동 복습하다 | 一定 yídìng 부 반드시 | 不怎么样 bù zěnmeyàng 별로다, 나쁘다 | 不错 búcuò 형 괜찮다 | 还可以 hái kěyǐ 괜찮다

22

Hái yǒu dào Shànghǎi de huǒchēpiào ma
女：还 有 到 上海 的 火车票 吗？

Duìbuqǐ mài wán le
男：对不起， 卖完 了。

Zhège duìhuà kěnéng zài nǎr fāshēng
问：这个 对话 可能 在 哪儿 发生？

shítáng huǒchēzhàn qìchēzhàn
A 食堂 **B** 火车站 **C** 汽车站

여: 상하이 가는 기차표가 또 있나요?
남: 죄송합니다. 매진되었습니다.

질문: 이 대화는 어디에서 발생했나요?
A 식당
B 기차역
C 버스 정류장

답: **B**

포인트 장소 관련 핵심어 잘 듣기

해설 보기를 먼저 보고 장소를 묻는 문제라는 것을 확인한 후 녹음을 들으면 답이 더 쉽게 눈에 들어옵니다. '火车票'와 '卖完了'에서 답을 보기B로 고릅니다.

단어 还 hái 부 또, 아직 | 上海 Shànghǎi 명 상하이 | 火车票 huǒchēpiào 명 기차표 | 卖 mài 동 팔다 | 发生 fāshēng 동 발생하다, 생기다 | 食堂 shítáng 명 식당 | 火车站 huǒchēzhàn 명 기차역 | 汽车站 qìchēzhàn 명 버스정류장

23

Āyí wǒmen jiā xiànzài méiyǒu rén wǒ kěyǐ zài
男：阿姨， 我们 家 现在 没有 人，我 可以 在

nǐmen jiā děng wǒ māma huílai ma
你们 家 等 我 妈妈 回来 吗？

Xíng a kuài jìnlai ba
女：行 啊， 快 进来 吧。

Zhè liǎng ge rén zuì kěnéng shì shénme guānxì
问：这 两 个 人 最 可能 是 什么 关系？

lǎoshī hé xuésheng fūqī línjū
A 老师 和 学生 **B** 夫妻 **C** 邻居

남: 아줌마, 저희 집에 지금 사람이 없어요. 제가 아줌마 댁에서 어머니 돌아오실 때까지 기다려도 될까요?
여: 그럼, 괜찮단다. 어서 들어오렴.

질문: 이 둘은 어떤 관계일까요?
A 선생님과 학생
B 부부
C 이웃

답: **C**

포인트 상황 이해하기

해설 자신의 집에 사람이 없어서 이웃집 아주머니 댁에서 엄마가 돌아올 때까지 기다리겠다는 상황이므로 두 사람의 관계가 이웃이라는 것을 알 수 있습니다.

단어 阿姨 āyí 명 아줌마 | 家 jiā 명 집 | 没有 méiyǒu 동 없다 | 可以 kěyǐ 조동 ~해도 괜찮다 | 等 děng 동 기다리다 | 行 xíng 동 가능하다, 허가하다 | 快 kuài 형 빠르다 | 进来 jìnlai 동 들어오다 | 夫妻 fūqī 명 부부 | 邻居 línjū 명 이웃

24

Xiǎo Fāng zěnme hái méi lái dōu diǎn le
女：小方怎么还没来，都8点20了。

Wǒ yǐjing gěi tā dǎ diànhuà le tā shuō zài chūzūchē
男：我已经给他打电话了，他说在出租车

shang fēnzhōng hòu jiù dào
上，10分钟后就到。

Xiànzài jǐ diǎn
问：现在几点？

diǎn fēn diǎn fēn diǎn fēn
A 8点10分 **B** 8点20分 **C** 8点30分

여: 샤오팡이 왜 아직 안 올까요? 벌써 8시 20분입니다.

남: 이미 전화를 했어요. 택시에 있다며 10분 후면 곧 도착한다고 하네요.

질문: 지금은 몇 시인가요?

A 8시 10분

B 8시 20분

C 8시 30분

답: **B**

포인트 시간 계산하기

해설 녹음을 듣기 전에 보기를 보고 시간 관련 문제임을 확인 후 문제를 풉니다. 지금은 8시 20분이고 샤오팡이 10분 후 8시 30분에 도착한다는 정보를 대화로 알 수 있습니다.

단어 **小方** Xiǎo Fāng 인명 샤오팡 | **怎么** zěnme 대명 왜, 어떻게 | **都~了** dōu le 이미 ~이다 | **打电话** dǎ diànhuà 전화를 걸다 | **出租车** chūzūchē 명 택시 | **分钟** fēnzhōng 명 시간, 분

25

Míngnián jiù bìyè le nǐ dǎsuàn kǎo yánjiūshēng ma
男：明年就毕业了，你打算考研究生吗？

Wǒ méiyǒu nàge dǎsuàn wǒ xiǎng xiān zhǎozhao
女：我没有那个打算，我想先找找

gōngzuò
工作。

Zhège nǚrén míngnián yǒu shénme dǎsuàn
问：这个女人明年有什么打算？

kǎo yánjiūshēng liúxué zhǎo gōngzuò
A 考研究生 **B** 留学 **C** 找工作

남: 내년이면 곧 졸업입니다. 대학원 시험 볼 계획이신가요?

여: 저는 그런 계획은 없습니다. 먼저 취직을 할 생각입니다.

질문: 이 여자는 내년에 무엇을 할 계획인가요?

A 대학원 시험을 본다

B 유학을 간다

C 취직을 한다

답: **C**

포인트 동작과 부정 잘 듣기

해설 남자가 여자에게 대학원 시험을 볼 것이냐고 물었는데 여자는 그럴 계획이 없다고 하니 보기A는 우선 제거해야 합니다. 여자가 한 말 '先找找工作'에서 질문의 답이 보기C라는 것을 알 수 있습니다.

단어 **毕业** bìyè 동 졸업하다 | **打算** dǎsuàn 동 ~할 계획이다 명 계획 | **考** kǎo 동 시험보다 | **研究生** yánjiūshēng 명 대학원생 | **先** xiān 부 먼저 | **找** zhǎo 동 찾다 | **工作** gōngzuò 명 일 | **留学** liúxué 동 유학하다

26

Jīntiān tài wǎn le wǒ sòng nǐ huíqu ba
女：今天 太 晚 了，我 送 你 回去 吧。

Méi guānxi wǒ jiā lí zhèr hěn jìn
男：没 关系，我 家 离 这儿 很 近。

Nán de shì shénme yìsi
问：男 的 是 什么 意思？

zhù de hěn jìn / bù xiǎng huíjiā / bú rènshi lù
A 住 得 很 近 **B** 不 想 回家 **C** 不 认识 路

여: 오늘은 너무 늦었으니 모셔다 드리겠습니다.

남: 괜찮습니다. 저희 집은 여기서 아주 가깝습니다.

질문: 남자의 말은 무슨 뜻인가요?

A 가까이 산다

B 집에 가기 싫다

C 길을 모른다

답: **A**

포인트 의미 파악하기

해설 남자가 한 말 '我家离这儿很近'은 보기A와 같은 의미입니다. 보기B와 C는 언급된 내용들이 아닙니다.

단어 **太** tài 부 너무 | **晚** wǎn 형 늦다 | **送** sòng 동 배웅하다 | **没关系** méi guānxi 괜찮다, 상관없다 | **离** lí 동 ~로부터, ~까지 | **近** jìn 형 가깝다 | **意思** yìsi 명 의미

27

Nǐ mǎidào nǐ xiǎng yào de shū le ma
男：你 买到 你 想 要 的 书 了 吗？

Wǒ méiyǒu mǎi shū de dǎsuàn a Jīntiān qù mǎi wǒ xiǎng yào de shūjià kěshì méi zhǎodào
女：我 没有 买 书 的 打算 啊。今天 去 买 我 想 要 的 书架，可是 没 找到 。

Nǚ de xiǎng mǎi shénme
问：女 的 想 买 什么 ？

shū / shūjià / bǐ
A 书 **B** 书架 **C** 笔

남: 당신은 당신이 원하는 책을 샀나요?

여: 저는 책을 사려는 계획이 없었어요. 오늘은 제가 원하는 책장을 사려고 했는데 찾지를 못했어요.

질문: 여자는 무엇을 사려고 하나요?

A 책

B 책장

C 펜

답: **B**

포인트 명사와 부정 잘 듣기

해설 남자가 책을 샀냐고 물었는데 여자는 책장을 사려고 했는데 못 샀다고 하니 보기A는 제거하고 보기B를 답으로 고릅니다. 보기C는 언급되지 않았습니다.

단어 **要** yào 동 원하다 | **书** shū 명 책 | **打算** dǎsuàn 동 ~하려 하다 | **书架** shūjià 명 책장 | **找** zhǎo 동 찾다

28

Fúwùyuán wǒmen xiǎng zài yào yí ge cài
女：服务员，我们 想 再 要 一 个 菜。
Hǎo de nín yào shénme cài
男：好 的，您 要 什么 菜？

Nǚ de xiàng fúwùyuán yào shénme
问：女 的 向 服务员 要 什么？
cài mǐfàn shuǐguǒ
A 菜 B 米饭 C 水果

여: 저기요, 요리 하나 더 주문할게요.
남: 네, 어떤 음식을 더 원하시나요?

질문: 여자는 종업원에게 무엇을 원하나요?
A 음식
B 쌀밥
C 과일

답: **A**

포인트 명사 잘 듣기

해설 녹음을 듣기 전 보기 분석을 통해 먹을 것을 물어보는 문제라는 것을 확인하고 듣습니다. 그러면 답은 보기A라는 것을 쉽게 알 수 있습니다. '要一个菜'는 '음식을 주문하다'를 뜻합니다.

단어 **服务员** fúwùyuán 명 종업원 | **要** yào 동 주문하다, 원하다 | **菜** cài 명 음식, 요리 | **向** xiàng 개 ~에게 | **米饭** mǐfàn 명 쌀밥 | **水果** shuǐguǒ 명 과일

29

Nǐ mā zài jiā zuò shénme ne
男：你 妈 在 家 做 什么 呢？
Tā zài kàn bàozhǐ
女：她 在 看 报纸。

Māma zhèngzài zuò shénme
问：妈妈 正在 做 什么？
zuòfàn xǐ yīfu kàn bàozhǐ
A 做饭 B 洗 衣服 C 看 报纸

남: 당신 어머니 집에서 뭐하고 계신가요?
여: 어머니는 신문을 보고 계세요.

질문: 엄마는 무엇을 하고 있나요?
A 식사 준비
B 세탁
C 신문보기

답: **C**

포인트 동작, 명사 잘 듣기

해설 대화 속에 언급된 '看报纸'에서 답을 C로 고릅니다.

단어 **在** zài 개 ~에서 부 ~하고 있다 | **家** jiā 명 집 | **做** zuò 동 하다 | **报纸** bàozhǐ 명 신문

30

Zhè jiàn yīfu tài guì le bù mǎi le
女：这 件 衣服 太 贵 了，不 买 了。
Nǐ chuānzhe zhēn de hěn piàoliang mǎi
男：你 穿着 真 的 很 漂亮，买！

Nǚ de juéde nà jiàn yīfu zěnmeyàng
问：女 的 觉得 那 件 衣服 怎么样？
tài guì hěn piàoliang tài dà
A 太 贵 B 很 漂亮 C 太 大

여: 이 옷은 너무 비싸요, 안 살래요.
남: 당신이 입으니 정말 예쁘네요, 삽시다!

질문: 여자는 그 옷을 어떻다고 생각하나요?
A 너무 비싸다
B 매우 예쁘다
C 너무 크다

답: **A**

모의고사 3

포인트 화자의 생각과 형용사 잘 듣기

해설 여자는 비싸다고 했고 남자는 예쁘다고 합니다. 질문은 여자의 생각을 물어본 것이니 답은 보기A입니다. 보기B는 남자의 생각이므로 혼동하지 않도록 주의하세요.

단어 **件** jiàn 양 옷에 대한 양사 | **衣服** yīfu 명 옷 | **太** tài 부 너무 | **贵** guì 형 비싸다 | **不** bù 부 ~하지 않다 | **穿** chuān 동 입다 | **漂亮** piàoliang 형 예쁘다

제4부분 (第四部分)

31

Míngtiān nǐ dǎchē lái ma
女：明天 你 打车 来 吗？

Bù běnlái dǎsuàn zuò gōnggòng qìchē guòqu de
男：不，本来 打算 坐 公共 汽车 过去 的，

búguò gēge shuō míngtiān sòng wǒ dào xuéxiào ménkǒu
不过 哥哥 说 明天 送 我 到 学校 门口 。

Zhèyàng a nà hǎo ba Míngtiān jiàn
女：这样 啊，那 好 吧。明天 见。

Hǎo míngtiān jiàn
男：好， 明天 见。

Míngtiān nán de zěnme qù xuéxiào
问： 明天 男 的 怎么 去 学校 ？

dǎchē zuò gōnggòng qìchē zuò gēge de chē
A 打车 **B** 坐 公共 汽车 **C** 坐 哥哥 的 车

여: 내일 택시 타고 오실건가요?

남: 아니요, 원래는 버스를 타고 가려고 했어요, 그런데 형이 내일 학교 입구까지 데려다 준다고 이야기하네요.

여: 그러시군요, 그럼 알겠습니다. 내일 뵙죠.

남: 네, 내일 뵙겠습니다.

질문: 내일 남자는 어떻게 학교에 가나요?

A 택시를 타고서

B 버스를 타고서

C 형의 차를 타고서

답: **C**

포인트 교통수단 잘 듣기와 의미 파악하기

해설 이 문제는 대화 내용속에 보기 3개가 다 언급이 됩니다. 여자가 남자에게 택시 타고 올 것이냐고 물었는데, 남자는 아니라고 부정을 합니다. 보기A는 제거하고, 다음 내용을 잘 듣도록 합니다. 전환을 의미하는 '不过'는 그 뒤에 화자의 의도가 나오기 때문에 주의해서 듣습니다. '送'은 '바래다 주다' 이므로 화자가 형의 차를 타고 온다라는 것을 알 수 있으므로 보기C가 답이 됩니다.

단어 **打车** dǎchē 동 택시를 타다 | **本来** běnlái 부 본래 | **打算** dǎsuàn 동 ~할 계획이다, ~할 셈이다 | **坐** zuò 동 타다 | **公共汽车** gōnggòng qìchē 명 버스 | **不过** búguò 관 그러나 | **送** sòng 동 바려다 주다, 배웅하다 | **学校** xuéxiào 명 학교 | **门口** ménkǒu 명 입구

32

Nǐ de shēngrì shì yuè hào 女：你的生日是3月16号？ Shì nǐ de shēngrì shì nǎ tiān 男：是，你的生日是哪天？ Wǒ yě shì nà tiān shēngrì Wǒ shì nián de nǐ ne 女：我也是那天生日。我是83年的，你呢？ Nà wǒ bǐ nǐ dà suì 男：那我比你大2岁。 Nán de shì shénme yìsi 问：男的是什么意思？ tā dà suì / tā xiǎng qù / tā è le A 他大2岁　B 他想去　C 他饿了	여: 당신의 생일이 3월 16일인가요? 남: 네, 당신 생일은 언제인가요? 여: 저도 그 날이에요. 저는 83년도생입니다. 당신은요? 남: 그럼 제가 당신보다 2살 많군요. **질문: 남자의 말은 무슨 뜻인가요?** A 남자가 2살 많다 B 그는 가고 싶어한다 C 그는 배가 고프다 답: **A**

포인트 나이 관련 표현 이해하기

해설 생일을 묻지만 날짜는 보기에 언급되지 않았으니 주의 깊게 듣지 않아도 되는 정보들입니다. 이런 정보들은 그냥 넘기고 남자가 마지막에 한 말 '那我比你大2岁'를 잘 들어야 합니다. 여기서 답을 보기A로 골라냅니다.

단어 生日 shēngrì 명 생일 | 号 hào 명 일 | 比 bǐ 개 ~보다 | 大 dà 형 (나이가)많다

33

Nǐ měitiān zǎoshang jǐ diǎn qǐchuáng 男：你每天早上几点起床？ diǎn bàn 女：5点半。 Nǐ qǐ de hěn zǎo 男：你起得很早。 Wǒ shuì de yě zǎo wǒ měitiān wǎnshang diǎn jiù 女：我睡得也早，我每天晚上10点就 shuìjiào zǎo shuì zǎo qǐ duì shēntǐ hǎo 睡觉，早睡早起对身体好。 Nǚ de juéde zǎo shuì zǎo qǐ zěnmeyàng 问：女的觉得早睡早起怎么样？ hěn lèi / duì shēntǐ hǎo / shìqing duō A 很累　B 对身体好　C 事情多	남: 당신은 매일 아침 몇 시에 기상하나요? 여: 5시 반이요. 남: 무척 일찍 일어나시네요. 여: 저는 일찍 잡니다. 매일 밤 10시면 바로 자요. 일찍 자고 일찍 일어나는 것이 건강에 좋으니까요. **질문: 여자는 일찍 자고 일찍 일어나는 것에 대해 어떻게 여기나요?** A 힘들다 B 건강에 좋다 C 일이 많다 답: **B**

포인트 의미 파악하기

해설 대화 속에서 언급된 '早睡早起对身体好'에서 질문의 답이 보기B라는 것을 알 수 있습니다.

단어 几 jǐ 대명 몇 | 点 diǎn 명 시 | 起床 qǐchuáng 동 기상하다 | 早 zǎo 형 이르다 | 睡 shuì 동 자다 | 睡觉 shuìjiào 동 잠을 자다 | 早睡早起 zǎo shuì zǎo qǐ 일찍 자고 일찍 일어나다 | 对 duì 개 ~에게 | 身体 shēntǐ 명 건강, 몸 | 累 lèi 형 힘들다

34

Tīngshuō Xiǎo Zhāng mǎi xīn fángzi le
女： 听说，小张买新房子了。

Shì ma Huāle hěn duō qián ba
男：是吗？花了很多钱吧？

Bú tài duō yígòng duō wàn
女：不太多，一共 40 多万。

Wǒ yě xiǎng mǎi fángzi xiàwǔ wǒmen qù tā jiā kànkan ba
男：我也想买房子，下午我们去他家看看吧。

Xiǎo Zhāng mǎi shénme le
问：小张买什么了？

xīn fángzi méiguihuā diànshì
A 新房子 **B** 玫瑰花 **C** 电视

여: 듣자하니 샤오장이 새 집을 장만했다면서요.
남: 그래요? 돈을 많이 썼겠어요.
여: 그다지 많지 않아요. 모두 40여만 위안이래요.
남: 저도 집을 사고 싶은데요, 오후에 우리 같이 그의 집에 가서 좀 둘러봐요.

질문: 샤오장이 무엇을 샀나요?
A 새 집
B 장미 꽃
C TV

답: **A**

포인트 사물 대상 잘 듣기

해설 대화는 새집 장만에 대한 이야기입니다. 대화 초반에 '小张买新房子了'을 잘 들었다면 보기A를 쉽게 고를 수 있고, 놓쳤다고 하더라도 대화 내용을 이해했으면 어렵지 않게 고를 수 있습니다.

단어 **听说** tīngshuō 듣자하니 | **张** Zhāng 명 장(성씨) | **新** xīn 형 새롭다, 새(것) | **房子** fángzi 명 집 | **花** huā 동 (돈, 시간)사용하다 | **一共** yígòng 부 모두 | **多** duō 수 (어림수)여 | **万** wàn 수 만

35

Dōngdong bié kàn diànshì le kuài qù xiě zuòyè
女： 东东，别看电视了，快去写作业。

Ràng wǒ zài kàn huìr fēnzhōng jiù wán le
男： 让我再看会儿，10 分钟就完了。

Hǎo fēnzhōng hòu yídìng guān diànshì tīngjiànle ma
女：好，10 分钟后一定关电视，听见了吗？

Zhīdào le māma
男： 知道了，妈妈。

Māma ràng Dōngdong zuò shénme
问：妈妈让东东做什么？

dǎ lánqiú chīfàn xiě zuòyè
A 打蓝球 **B** 吃饭 **C** 写作业

여: 동동, TV는 그만 보고 어서 가서 숙제하렴.
남: 조금만 더 보게 해 주세요. 10분이면 끝나요.
여: 그래, 10분 후에는 TV 정말로 끄는거다. 들었지?
남: 네, 엄마.

질문: 엄마는 동동보고 무엇을 하라고 하나요?
A 농구를 하라고
B 밥을 먹으라고
C 숙제를 하라고

답: **C**

포인트 동작 잘 듣기

해설 엄마가 동동에게 TV 끄고 '快去写作业'라고 했으므로 답 보기C를 고를 수 있습니다.

단어 **别** bié 부 ~하지 마라 | **电视** diànshì 명 TV | **写** xiě 동 쓰다 | **作业** zuòyè 명 숙제 | **让** ràng 동 ~에게~하라고 하다 | **再** zài 부 더, 다시 | **会儿** huìr 양 조금, 약간 | **一定** yídìng 부 반드시 | **关** guān 동 끄다 | **知道** zhīdào 동 알다 | **打篮球** dǎ lánqiú 동 농구하다

2. 독해(阅读)

제1부분 (第一部分)

36

Yí ge xiāngjiāo shì bu shì tài shǎo le
一 个 香蕉，是 不 是 太 少 了？

바나나 한 개 너무 적은 것 아닙니까?

답: **F**

포인트 명사 익히기

해설 '香蕉'는 바나나입니다. 일상 생활에서 자주 접하는 과일 이름은 기본적으로 알고 있어야 합니다.

단어 香蕉 xiāngjiāo 명 바나나 | 是不是 shì bu shì 입니까? 아닙니까? | 少 shǎo 형 적다

37

Zhǔnbèi hǎo le ma Kàn wǒ zhèr yī èr sān
准备 好 了 吗？看 我 这儿，一、二、三。

준비 되셨나요? 여기를 보세요. 하나, 둘, 셋.

답: **E**

포인트 상황 핵심어 이해하기

해설 사진을 찍을 때 주의를 집중시키며 숫자 1,2,3을 세기도 합니다. 보기E 와 같은 상황에서 37번과 같은 대화는 자연스럽습니다.

단어 准备 zhǔnbèi 동 준비하다 | 我这儿 wǒ zhèr 내가 있는 이 곳

38

Měi ge xīngqīliù tā dōu qù dǎ wǎngqiú
每 个 星期六 他 都 去 打 网球 。

매주 토요일 그는 테니스를 치러 갑니다.

답: **C**

포인트 운동 종목 이름 익히기

해설 '打网球'는 '테니스를 치다'는 뜻이므로 정답은 보기C입니다.

단어 每 měi 대명 마다 | 星期六 xīngqīliù 명 토요일 | 都 dōu 부 모두 | 打网球 dǎ wǎngqiú 테니스를 치다

39

Bàba gěi tā mǎile yí ge xīn shǒujī
爸爸 给 她 买了 一 个 新 手机。

아버지는 그녀에게 새 휴대폰을 사주셨다.

답: **B**

포인트 명사 익히기

해설 '手机'는 '휴대폰'을 의미하므로 보기B가 정답입니다.

단어 爸爸 bàba 명 아버지 | 给 gěi 개 ~에게 | 买 mǎi 동 사다 | 新 xīn 형 새롭다 | 手机 shǒujī 명 휴대폰

40 Tā fēicháng xǐhuan tīng liúxíng yīnyuè
他 非常 喜欢 听 流行 音乐。

그는 유행가 듣는 것을 무척이나 좋아합니다.
답: A

포인트 동사 익히기

해설 '听流行音乐'에서 '流行'을 뺀 '听音乐'는 '음악을 듣다'란 뜻입니다. 따라서 보기A가 답으로 적당합니다.

단어 **非常** fēicháng 부 무척 | **喜欢** xǐhuan 동 좋아하다 | **听** tīng 동 듣다 | **流行** liúxíng 동 유행하다 | **音乐** yīnyuè 명 음악

제2부분 (第二部分)

第 41-45 题

A 比 bǐ ~보다	B 工作 gōngzuò 일하다	C 雨 yǔ 비	D 觉得 juéde ~라고 여기다	E 贵 guì 비싸다	F 不能 bù néng ~할 수 없다

41 Fēicháng huānyíng lái wǒmen gōngsī
非常 欢迎 来 我们 公司( )。

우리 회사에 오셔서 (일하시는) 것을 매우 환영합니다.
답: B

포인트 상황에 맞는 관련 단어 찾기

해설 회사에 와서 무엇을 할까 생각해 보면 보기B '工作'가 답으로 가장 적합하다는 것을 바로 알 수 있습니다.

단어 **非常** fēicháng 부 매우 | **欢迎** huānyíng 동 환영하다 | **公司** gōngsī 명 회사

42 Tiān yīn le kěnéng yào xià le
天 阴 了， 可能 要 下( )了。

날이 흐려서 아마도 (비가) 올 것 같아요.
답: C

포인트 상황에 맞는 관련 단어 찾기

해설 날이 흐리니 '下( )'에 맞는 단어는 '雨'라는 것을 추측할 수 있습니다. '下雨'는 '비가 내리다'는 뜻입니다.

단어 **天** tiān 명 날씨 | **阴** yīn 형 흐리다 | **可能** kěnéng 부 아마도 ~일 것이다 | **要** yào 조동 ~하려 하다 | **下** xià 동 내리다

43 Bàba chá hěn hǎohē
爸爸( )茶 很 好喝。

아버지는 차가 마시기 좋다고 (여기신다).
답: D

포인트 서술어 찾기

해설 '觉得'라는 동사는 '~라고 여기다'는 뜻의 목적어로 주술구(주어와 동사를 갖는 문장의 형태)를 가질 수 있습니다. 문법적인 용어들이 생소하긴 하지만 '茶很好喝'는 주어 '茶'와 술어 '好喝'로 이루어진 주술구입니다. 그러니 '爸

爸'에 대한 서술어 역할을 하면서 목적어로 주술구를 가질 수 있는 보기D가 빈칸에 들어가야 합니다.

단어 茶 chá 명 차 | 很 hěn 부 매우 | 好喝 hǎohē 형 마시기 좋다

44

Wǒ de fángjiān tā de xiǎo 我 的 房间（ ）他 的 小。	제 방은 그의 방(보다) 작아요. 답: A

포인트 비교문 익히기

해설 비교문의 일반적인 형식은 '비교대상A+比+비교대상B+형용사'입니다. 44번 문제 속에서 '我的房间'은 비교대상A이고 '他的'는 '房间'이 생략된 비교대상B입니다. 그러므로 빈 칸에는 비교를 나타내는 개사 '比'가 와야 합니다.

단어 房间 fángjiān 명 방 | 小 xiǎo 형 작다

45

Wǒ hǎo è a dàn lǎoshī zài jiǎngkè xiànzài hái 男：我 好 饿 啊， 但 老师 在 讲课， 现在 还 chī （ ）吃。 Shì a yíhuìr xiàle kè nǐ jiù néng chī le 女：是啊， 一会儿 下了 课 你 就 能 吃 了。	남: 배가 아주 고프네요. 그러나 선생님께서 수업을 하고 계시니 지금은 먹(을 수 없네요.) 여: 네, 조금 있다가 수업이 끝나면 바로 먹을 수 있어요. 답: F

포인트 금지 표현 익히기

해설 '不能'은 '~할 수 없다'란 금지를 나타냅니다. 선생님이 수업을 계속 하고 있으니 먹을 수 없고, 수업이 끝나면 먹을 수 있다는 것이 대화의 내용이므로 빈 칸에는 보기F가 들어가야 합니다. 참고로 여자가 한 말 '能吃'를 보면 빈 칸에 무엇이 들어가면 좋을지 쉽게 유추해 낼 수 있습니다.

단어 好 hǎo 부 매우 | 饿 è 형 배 고프다 | 但 dàn 관 그러나 | 在 zài 부 ~하고 있다 | 讲课 jiǎngkè 동 수업하다 | 一会儿 yíhuìr 양 잠시, 조금 | 下课 xiàkè 동 수업이 끝나다

제3부분 (第三部分)

46

Wǒ shuō wǒ zuì hǎo huíqu xiūxi yíxià yīnwèi jīnwǎn wǒ 我 说 我 最 好 回去 休息 一下， 因为 今晚 我 jiāng yǒu ge zhòngyào de huìyì 将 有 个 重要 的 会议。 Yíhuìr nán de kěnéng huí fáng xiūxi ★ 一会儿 男 的 可能 回 房 休息。	돌아가서 쉬는 것이 제일 좋겠습니다. 왜냐하면 오늘 저녁에 중요한 회의가 있기 때문입니다. ★잠시 후 남자는 방으로 돌아가 쉴 것이다. 답: √

포인트 비슷한 뜻 익히기

해설 첫 번째 문장의 '回去休息'와 두 번째 문장의 '回房休息'는 비슷한 뜻으로 볼 수 있습니다. 남자는 저녁에 중요한 회의가 있으니 쉬어야겠다고 말했으므로, 곧 남자가 쉬러 갈 것이라는 것을 유추할 수 있습니다. 따라서 정답은 √로 체크합니다.

단어 最好 zuì hǎo 제일 좋다 | 回去 huíqu 동 되돌아 가다 | 休息 xiūxi 동 쉬다 | 因为 yīnwèi 관 왜냐하면 | 今晚 jīnwǎn 명 오늘 밤 | 将 jiāng 부 장차, 곧 | 重要 zhòngyào 형 중요하다 | 会议 huìyì 명 회의 | 一会儿 yíhuìr 양 잠시, 약간

47

Zhège xuéqī xīn lái yí ge lǎoshī tā yǒu duō nián jiàoxué
这个 学期 新 来 一 个 老师，她 有 10多 年 教学 经验。

Tā jīnnián suì le
★ 她 今年 10岁 了。

이번 학기에 선생님 한 분이 새로 오시는데, 그녀는 10여 년의 교사 경험이 있습니다.
★그녀는 올 해 10살이다.

답: ×

포인트 의미 파악하기

해설 첫 번째 지문의 '她有10多年教学经验'은 '10여 년의 교사 경험이 있다'는 뜻으로 두 번째 지문의 '她今年10岁了'과 같은 뜻이 될 수 없습니다.

단어 学期 xuéqī 명 학기 | 老师 lǎoshī 명 선생님 | 教学 jiàoxué 동 가르치다 | 经验 jīngyàn 명 경험, 경륜 | 今年 jīnnián 명 올해 | 岁 suì 명 양 나이, 세

48

Tā zài huǒchēzhàn gōngzuò měitiān dōu hěn máng dàn tā hěn shǎo shuō lèi tā juéde néng bāngzhù rénmen shì tā zuì dà de kuàilè
他 在 火车站 工作，每天 都 很 忙，但 他 很 少 说 累，他 觉得 能 帮助 人们 是 他 最 大 的 快乐。

Tā hěn xǐhuan tā de gōngzuò
★ 他 很 喜欢 他 的 工作。

그는 기차역에서 일합니다. 매일 무척 바쁘지만 그는 힘들다고 거의 하지 않습니다. 그는 사람들을 도울 수 있다는 것을 아주 큰 즐거움으로 여깁니다.
★그는 그의 일을 좋아합니다.

답: √

포인트 의미 파악하기

해설 기차역에서 일을 하는데, 다른 사람들을 돕는 것을 즐거움으로 여기며 바빠도 힘들다는 내색을 하지 않는다는 부분에서 우리는 그가 그의 일을 좋아하며 즐겁게 하고 있다는 것을 알 수 있습니다. 따라서 정답은 √입니다.

단어 火车站 huǒchēzhàn 명 기차역 | 工作 gōngzuò 동 일하다 | 忙 máng 형 바쁘다 | 很少 hěn shǎo 드물다 | 累 lèi 형 힘들다 | 觉得 juéde 동 ~라고 여기다 | 帮助 bāngzhù 동 돕다 | 快乐 kuàilè 형 즐겁다

49

Érzi ràng wǒ gàosu nǐ, tā jīntiān wǎnshang hé tóngxué zài wàimian chīfàn, wǎn diǎnr huíjiā.
儿子让我告诉你，他今天晚上和同学在外面吃饭，晚点儿回家。

Érzi jīnwǎn huíjiā chīfàn.
★ 儿子今晚回家吃饭。

아들이 당신에게 알려주라는군요. 오늘 저녁 친구와 밖에서 저녁을 먹고 늦게 들어온답니다.

★아들은 오늘 저녁 집에 와서 밥을 먹는다.

답 : ×

포인트 의미 파악하기

해설 '오늘 저녁'이란 의미의 '今天晚上'을 줄여서 '今晚'이라고 표현하기도 합니다. 밖에서 저녁을 먹고 들어온다고 했으므로 두 문장의 의미는 같지 않습니다.

단어 儿子 érzi 명 아들 | 让 ràng 동 ~에게 ~하도록 하다 | 告诉 gàosu 동 알리다 | 和 hé 개 ~와 | 同学 tóngxué 명 학우, 동창, 친구 | 晚点儿 wǎn diǎnr 조금 늦게

50

Tǔdòu yuánlái shì sān kuài qián yì jīn, kě měi dāng kělián de lǎoyéye qù mǎi tǔdòu shí, āyí dōu huì wǔ yuán liǎng jīn mài gěi tā, tā zhēn shànliáng.
土豆原来是三块钱一斤，可每当可怜的老爷爷去买土豆时，阿姨都会五元两斤卖给他，她真善良。

Zhè shuōmíng tǔdòu bǐ yǐqián piányi le.
★ 这说明土豆比以前便宜了。

감자는 원래 3위안에 1근이지만 매번 불쌍한 할아버지가 감자를 살 때면, 아줌마는 5위안에 2근씩 주었다. 그녀는 정말 착하다.

★이는 감자가 예전보다 저렴해졌다는 것을 의미한다.

답 : ×

포인트 의미 파악하기

해설 감자가 원래 3위안에 1근이었으면 2근이면 6위안이어야 합니다. 그런데 불쌍한 할아버지에게 1위안 싸게 해서 5위안에 주었고, 마지막에 아줌마가 착한 분이라며 '她真善良'이라고 했으므로 두 문장은 같은 의미라고 보기 어렵습니다.

단어 土豆 tǔdòu 명 감자 | 原来 yuánlái 부 원래 | 斤 jīn 양 근 | 可 kě 관 그러나 | 每当 měi dāng 매번~할 때마다 | 可怜 kělián 형 불쌍하다 | 老爷爷 lǎoyéye 명 할아버지 | 阿姨 āyí 명 아줌마 | 善良 shànliáng 형 착하다, 선량하다 | 说明 shuōmíng 동 설명하다, 의미하다 | 比 bǐ 개 ~보다 | 以前 yǐqián 명 이전 | 便宜 piányi 형 싸다

제4부분 (第四部分)

第 51-55 题

A Dùzi hǎo duō le ba
肚子 好 多 了 吧？ 배가 많이 괜찮아지셨죠?

B Bù yuǎn bùxíng jǐ fēnzhōng jiù dào le
不 远，步行 10几 分钟 就 到 了。 멀지 않아요, 걸어서 10여 분이면 도착합니다.

C Zhīdào le wǒ qù mǎi piào nǐmen zài zhèr děng wǒ
知道 了，我 去 买 票，你们 在 这儿 等 我。 알겠습니다. 제가 표를 사러 갈 테니 당신들은 여기서 기다리세요.

D Nǐ háizi huì shuōhuà le ma
你 孩子 会 说话 了 吗？ 당신의 아이는 말을 할 수 있게 되었나요?

E Tā zài nǎr ne Nǐ kànjiàn tā le ma
他 在 哪儿 呢？你 看见 她 了 吗？ 그는 어디 있습니까? 그를 보셨나요?

F ge ge nántóngxué ge nǚtóngxué
14个，6个 男同学，8个 女同学。 14명 있습니다. 6명은 남학생이고, 8명은 여학생입니다.

단어 肚子 dùzi 명 배 | 远 yuǎn 형 멀다 | 步行 bùxíng 동 걷다, 도보하다 | 买 mǎi 동 사다 | 票 piào 명 표, 티켓 | 等 děng 동 기다리다 | 孩子 háizi 명 아이 | 会 huì 조동 ~할 수 있다 | 说话 shuōhuà 동 말을 하다 | 同学 tóngxué 명 학생

51 Dàjiā dōu xiǎng zuò chuán qù
大家 都 想 坐 船 去。
모두들 배를 타고 가고 싶어합니다.
답: C

포인트 상황에 맞는 대화내용

해설 배를 타거나 기차를 타거나 교통수단을 이용할 때 티켓을 산 후에 이용하는 경우가 많으므로 51번 문제와 보기C는 자연스러운 대화가 될 수 있습니다.

단어 大家 dàjiā 대명 모두들 | 想 xiǎng 조동 ~하고 싶어하다 | 坐 zuò 동 타다 | 船 chuán 명 배

52 Jiàoshì li xiànzài yǒu duōshao ge xuésheng
教室 里 现在 有 多少 个 学生？
교실에 현재 몇 명의 학생이 있나요?
답: F

포인트 숫자 묻고 대답하기

해설 '有多少个'라며 숫자를 물었으므로 숫자로 대답하는 보기F가 답으로 적당합니다. '个'는 물건이나 사람에게 사용할 수 있는 양사입니다.

단어 教室 jiàoshì 명 교실 | 现在 xiànzài 명 현재 | 有 yǒu 동 있다 | 多少 duōshao 대명 얼마 | 学生 xuésheng 명 학생

53 Shì yào yǐjing chī le xiànzài méishì le
是，药已经吃了，现在没事了。

네, 약은 벌써 먹었어요. 지금은 괜찮아요.

답: A

포인트 상황에 맞는 대화 내용

해설 '~好多了'는 '좋아졌다'는 뜻입니다. 건강상태나 컨디션이 나쁘다가 좋아졌을 때도 사용할 수 있습니다. '没事了'도 '괜찮다'를 의미하며 건강상태를 표현하기도 합니다. 따라서 문제 53번과 어울리는 대화는 보기A입니다.

단어 药 yào 명 약 | 已经 yǐjing 부 이미, 벌써 | 吃 chī 동 먹다 | 没事 méishì 동 괜찮다, 무사하다

54 Zhèr lí yīyuàn yuǎn ma
这儿离医院远吗？

여기에서 병원까지 먼가요?

답: B

포인트 질문에 알맞은 대답하기

해설 54번은 여기서 병원까지의 거리가 먼가를 물어 보고 있으므로 보기B가 자연스러운 대화 내용이 될 수 있습니다. 보기A가 '아프다'는 뜻이므로 병원과 연관이 있어 보이지만 보기A보다 자연스러운 것이 보기B이며, 보기A는 53번의 답이 되므로 정답은 거리를 답하고 있는 B를 골라야 합니다.

단어 离 lí 동 ~로부터, ~까지 | 医院 yīyuàn 명 병원 | 远 yuǎn 형 멀다

55 Tā huì jiào māma le dànshì hái bú huì jiào bàba
她会叫"妈妈"了，但是还不会叫"爸爸"。

그 아이는 '엄마'는 부를 줄 아는데, 아직 '아빠'는 못합니다

답: D

포인트 비슷한 뜻 알기

해설 55번 문제에서 '会说话'와 '会叫'는 '말을 할 줄 알다'라는 뜻으로 사용되었습니다. '会叫'는 일반적으로 갓난 아이가 말을 배워서 하는 경우 많이 사용되고 '会说话'는 어린이나 성인이 외국어 등을 배워서 말을 할 줄 아는 경우에도 사용되는데, 갓난 아이에게는 둘 다 쓸 수 있습니다.

단어 叫 jiào 동 부르다 | 但是 dànshì 관 그러나 | 还 hái 부 아직, 여전히

第 56-60 题

A
Nǐ zěnme bù chī niúròu Bù hǎochī ma
你 怎么 不 吃 牛肉？不 好吃 吗？ 당신은 왜 소고기를 먹지 않나요? 맛이 없나요?

B
Hǎo duō le tā yǐjing kāishǐ chī dōngxi le
好 多 了，它 已经 开始 吃 东西 了。많이 좋아졌어요. 벌써 음식을 먹기 시작했어요.

C
Nǐ hǎo qǐng míngtiān zǎoshang jiàoxǐng wǒ hǎo ma
你 好， 请 明天 早上 叫醒 我， 好 吗？ 안녕하세요, 내일 아침에 전화해서 깨워주시겠어요?

D
Zhège yánsè bù hǎokàn wǒ xiǎng yào nàge báisè de
这个 颜色 不 好看， 我 想 要 那个 白色 的。 이 색은 보기 좋지 않아요. 저는 저 흰색으로 하고 싶어요.

E
Nǐ mèimei xiàwǔ jǐ diǎn dào
你 妹妹 下午 几 点 到？ 당신의 여동생은 오후 몇 시에 도착하나요?

단어 怎么 zěnme 대명 왜, 어째서, 어떻게 | 牛肉 niúròu 명 소고기 | 不好 bù hǎo ~하기 좋지 않다, ~하기 어렵다 | 开始 kāishǐ 동 시작하다 | 东西 dōngxi 명 음식 | 请 qǐng 동 부탁하다, ~ 해 주세요 | 叫醒 jiàoxǐng 동 모닝콜 하다, 불러서 깨우다 | 颜色 yánsè 명 색 | 要 yào 동 원하다 | 白色 báisè 명 흰색 | 妹妹 mèimei 명 여동생 | 下午 xiàwǔ 명 오후 | 到 dào 동 도착하다

56
Hǎo de nín xiǎng jǐ diǎn qǐlai
好 的，您 想 几 点 起来？
예, 몇 시에 일어나실 건가요?
답: C

포인트 비슷한 단어 알기

해설 '叫醒'은 '모닝콜하다'를 뜻하며 '起来'의 '기상하다'와 같은 맥락에서 사용될 수 있는 단어입니다. '모닝콜 해주세요'라고 부탁을 하니 '몇 시에 일어날 겁니까?'라고 물어보는 대화 내용은 자연스럽습니다.

단어 起来 qǐlai 동 일어나다, 기상하다

57
Zhège shǒujī zěnmeyàng Xǐhuan ma
这个 手机 怎么样 ？喜欢 吗？
이 휴대폰은 어때요? 좋아요?
답: D

포인트 판단 표현 익히기

해설 '怎么样？'이라는 질문에는 보통 '좋다', '안 좋다', '나쁘다', '그저 그렇다' 등으로 대답을 합니다. 따라서 보기D의 '색이 보기 좋지 않다'라는 내용이 자연스럽게 연결될 수 있습니다.

단어 手机 shǒujī 명 휴대폰 | 怎么样 zěnmeyàng 대명 어떠하다 | 喜欢 xǐhuan 동 좋아하다

58

Nǐ de māo zhè jǐ tiān zěnmeyàng le Hǎo xiē le ma
你 的 猫 这 几 天 怎么样 了？好 些 了 吗？

당신의 고양이는 요 며칠 어떤가요? 좋아졌나요?

답: **B**

포인트 컨디션 묻고 대답하기와 '它(tā)'익히기

해설 건강이나 컨디션이 좋아졌는지 물어 볼 때 '怎么样了？好些了吗？'라는 표현을 많이 사용하고, 주로 '好多了'로 대답합니다. 고양이 등 동물을 3인칭으로 가리킬 때는 '它'를 사용하므로 보기B가 자연스럽습니다.

단어 猫 māo 명 고양이 | 几天 jǐ tiān 며칠

59

Bú shì wǒ bù xǐhuan chī niúròu
不 是，我 不 喜欢 吃 牛肉。

아니요. 저는 소고기를 좋아하지 않아요.

답: **A**

포인트 관련 핵심어 찾기

해설 '牛肉'가 이 대화를 엮어 줄 수 있는 핵심어입니다. 따라서 보기A가 답이 됩니다.

단어 吃 chī 동 먹다 | 牛肉 niúròu 명 소고기

60

Liù diǎn yīnwèi xiàxuě fēijī wǎn le yí ge xiǎoshí
六 点，因为 下雪，飞机 晚 了 一 个 小时。

6시요. 왜냐하면 눈이 내리기 때문에 비행기가 1시간 연착해요.

답: **E**

포인트 질문에 맞는 대답하기

해설 시간을 물어 보면 시간을 알려 주는 대답이 좋습니다. '六点'이라는 답에 어울리는 질문은 E입니다.

단어 因为 yīnwèi 관 왜냐하면 | 下雪 xiàxuě 동 눈이 내리다 | 飞机 fēijī 명 비행기 | 晚 wǎn 형 늦다 | 小时 xiǎoshí 명 시간

HSK 모의고사 제4회 답안

一、听力

第一部分

1. × 2. √ 3. √ 4. × 5. √ 6. √ 7. × 8. √ 9. × 10. ×

第二部分

11. **C** 12. **A** 13. **B** 14. **F** 15. **E** 16. **B** 17. **C** 18. **A** 19. **D** 20. **E**

第三部分

21. **B** 22. **C** 23. **C** 24. **B** 25. **A** 26. **C** 27. **A** 28. **C** 29. **B** 30. **A**

第四部分

31. **C** 32. **B** 33. **A** 34. **A** 35. **B**

二、阅读

第一部分

36. **A** 37. **F** 38. **E** 39. **B** 40. **C**

第二部分

41. **B** 42. **F** 43. **C** 44. **A** 45. **D**

第三部分

46. √ 47. √ 48. × 49. × 50. √

第四部分

51. **D** 52. **A** 53. **B** 54. **F** 55. **C** 56. **C** 57. **D** 58. **E** 59. **A** 60. **B**

1. 듣기(听力)

제1부분 (第一部分)

1

Xiànzài shì diǎn fēn
1. 现在 是 4 点 25 分。

지금은 4시 25분입니다.

답: ×

포인트 시간 숫자 잘 듣기

해설 숫자 '4'와 '10'는 발음과 성조가 다르나 혼동하기 쉽습니다. 녹음은 4시 25분이라고 하고 사진은 10시 25분을 가리키고 있으니 정답은 ×입니다.

단어 现在 xiànzài 명 현재 | 点 diǎn 명 시

2

Nǐ bié qù ná kuàizi zài wǒ zhèr
你 别 去 拿, 筷子 在 我 这儿。

꺼내러 가지 마세요. 젓가락은 저한테 있어요.

답: √

포인트 명사 잘 듣기

해설 식사에 관련된 식기 이름들은 기본적으로 알고 있는 것이 좋습니다. 젓가락은 '筷子'입니다. 그림에서 젓가락을 손에 들고 있기 때문에 정답은 √입니다.

단어 别 bié 부 ~하지 마라 | 拿 ná 동 꺼내다, 가져오다 | 筷子 kuàizi 명 젓가락 | 在 zài 동 ~에 있다 | 我这儿 wǒ zhèr 나 있는 곳

3

Bàba hěn xǐhuan chī Zhōngguócài
爸爸 很 喜欢 吃 中国菜 。

아버지는 중국 음식을 좋아하십니다.

답: √

포인트 동사 잘 듣기

해설 '中国菜'는 중국 음식을 뜻하므로 사진과 일치한다고 볼 수 있습니다.

단어 很 hěn 부 매우 | 喜欢 xǐhuan 동 좋아하다 | 吃 chī 동 먹다 | 中国菜 Zhōngguócài 명 중국 음식, 중국 요리

4

Wǒ děi qù yīyuàn yá téng de shòubuliǎo le
我 得 去 医院, 牙 疼 得 受不了 了。

저는 병원에 가야 겠어요. 참을 수 없을 정도로 이가 아파요.

답: ×

포인트 명사 잘 듣기

해설 배는 '肚子(dùzi)'이고 치아는 '牙'입니다. 그러므로 녹음과 그림은 일치하지 않습니다.

단어 得 děi 조동 ~해야만 하다 | 医院 yīyuàn 명 병원 | 牙 yá 명 치아, 이빨 | 疼 téng 형 아프다 | 得 de 조 ~한 정도

| 受不了 shòubuliǎo 참을 수 없다

5 Jiějie zhèng mángzhe xǐwǎn ne
姐姐 正 忙着 洗碗 呢。

누나는 지금 분주하게 설거지를 하고 있습니다.

답: √

포인트 동사 잘 듣기

해설 '洗碗'은 '설거지 하다'란 뜻으로 사진과 일치합니다.

단어 正 zhèng 부 때마침, 바로 | 忙 máng 형 바쁘다 | 着 zhe 조 ~하고 있다 | 洗碗 xǐwǎn 동 설거지 하다

6 Nǐ hái huì xiě máobǐzì Zhēn liǎobuqǐ
你 还 会 写 毛笔字？ 真 了不起。

당신 붓글씨를 쓸 줄 아세요? 정말 대단하시네요.

답: √

포인트 동사 잘 듣기

해설 '写毛笔字'는 '붓글씨 쓰다'이므로 사진과 일치하는 내용이라고 볼 수 있습니다.

단어 会 huì 조동 ~할 줄 안다 | 写 xiě 동 쓰다 | 毛笔字 máobǐzì 명 붓글씨 | 真 zhēn 부 정말 | 了不起 liǎobuqǐ 대단하다

7 Wǒ qiántiān kànle yì chǎng diànyǐng
我 前天 看了 一 场 电影 。

저는 엊그제 영화를 한 차례 보았어요.

답: ×

포인트 동사 잘 듣기

해설 녹음 속의 '看了一场电影'을 줄이면 '看电影'이 됩니다. 사진은 '买东西(mǎi dōngxi)'에 해당하므로 관련이 없습니다.

단어 前天 qiántiān 명 엊그제 | 看 kàn 동 보다 | 场 chǎng 양 (문예, 오락 등)횟수, 차례 | 电影 diànyǐng 명 영화

8 Tiānqì yùbào shuō míngtiān xiàxuě wǒmen qù huáxuě ba
天气 预报 说 明天 下雪， 我们 去 滑雪 吧。

일기 예보에서 내일 눈 온다고 해요. 우리 스키 타러 가요.

답: √

포인트 동사 잘 듣기

해설 '滑雪'는 '스키 타다'란 뜻이므로 스키 타는 사람 사진과 연관이 있다고 볼 수 있습니다.

단어 天气预报 tiānqì yùbào 명 일기예보 | 明天 míngtiān 명 내일 | 下雪 xiàxuě 동 눈 내리다 | 滑雪 huáxuě 동 스키 타다

9 Lǎo Lǐ guò shēngrì érzi gěi tā mǎile yí tào xīn yīfu
老 李 过 生日， 儿子 给 他 买了 一 套 新 衣服。

라오리 생일에 아들이 새 옷을 사드렸습니다.

답: ×

포인트 명사 잘 듣기

해설 '新衣服'는 '새 옷'이란 뜻으로 사진 속의 책들과는 관계가 없습니다. 따라서 정답은 ×입니다.

단어 老 Lǎo 성씨 앞에 붙여 연장자임을 나타냄 | 李 Lǐ 명 리(성씨) | 过 guò 동 지내다 | 生日 shēngrì 명 생일 | 儿子 érzi 명 아들 | 给 gěi 개 ~에게 | 套 tào 양 세트 | 衣服 yīfu 명 옷

10

Tā fēicháng xǐhuan huà huàr
他 非常 喜欢 画 画儿。

그는 그림 그리는 것을 무척 좋아합니다.

답: ×

포인트 동사 잘 듣기

해설 녹음 속의 '画画儿'는 '그림 그리다'이고, 사진은 노래 부르고 있는데 이는 '唱歌(chànggē)'라고 표현합니다. 따라서 답은 ×입니다.

단어 非常 fēicháng 부 매우 | 喜欢 xǐhuan 동 좋아하다 | 画画儿 huà huàr 동 그림을 그리다

제2부분 (第二部分)

11

Zhè liàng zìxíngchē búcuò, duōshǎo qián
男：这 辆 自行车 不错， 多少 钱？

bǎi bú guì
女：4 百 8， 不 贵。

남: 이 자전거 괜찮은데 얼마인가요?

여: 480위안이요. 안 비쌉니다.

답: C

포인트 명사 잘 듣기

해설 '自行车'는 자전거라는 뜻이므로 보기C와 관련된 대화로 판단할 수 있습니다.

단어 辆 liàng 양 (차나 자전거에 대한 양사)대 | 自行车 zìxíngchē 명 자전거 | 不错 búcuò 형 괜찮다 | 钱 qián 명 돈 | 贵 guì 형 비싸다

12

Nǎge shì nǐ jiějie
女：哪个 是 你 姐姐？

Nàbian nàge hē chá de jiù shì wǒ jiějie
男： 那边， 那个 喝 茶 的 就 是 我 姐姐。

여: 어느 분이 당신의 누나인가요?

남: 저쪽에, 저기 차를 마시고 있는 분이 바로 제 누나에요.

답: A

포인트 동사 잘 듣기

해설 '喝茶的'는 '차를 마시는 사람'을 뜻하므로 12번 문제는 보기A와 관련 있는 대화입니다.

단어 喝茶 hē chá 동 차 마시다 | 的 de 조 ~하는 사람 | 就 jiù 부 바로

13

Tā gāngqín tán de zěnmeyàng
男：她 钢琴 弹 得 怎么样？
Fēicháng hǎo wǒ xǐhuan tīng
女：非常 好，我 喜欢 听。

남: 그녀는 피아노를 어느 정도 치나요?
여: 아주 잘 칩니다. 저는 듣기 좋아해요.

답: **B**

포인트 동사 잘 듣기

해설 '弹钢琴'은 '피아노를 치다'이므로 보기B가 문제 13번과 관련 있는 사진입니다.

단어 钢琴 gāngqín 명 피아노 | 弹 tán 동 치다 | 得 de 조 ~하는 정도가 | 听 tīng 동 듣다

14

Nǐ xiào shénme ne
女：你 笑 什么 呢？
Méi shénme zhège xiàohuà hěn yǒuyìsi
男：没 什么，这个 笑话 很 有意思。

여: 왜 웃으세요?
남: 별거 아닙니다. 이 이야기가 재미있네요.

답: **F**

포인트 동사 잘 듣기

해설 '笑'와 '这个笑话很有意思'라는 말과 보기F가 관련 있음을 알 수 있습니다.

단어 笑 xiào 동 웃다 | 没什么 méi shénme 별거 아니다 | 笑话 xiàohuà 명 재미있는 이야기, 에피소드 | 有意思 yǒuyìsi 형 재미있다

15

Zhèxiē zhuōzi hé yǐzi shì shénme shíhou mǎi de
男：这些 桌子 和 椅子 是 什么 时候 买 的？
Jīntiān shàngwǔ
女：今天 上午。

남: 이 책상과 의자는 언제 구입한 건가요?
여: 오늘 오전입니다.

답: **E**

포인트 명사 잘 듣기

해설 '桌子和椅子'에서 이 대화가 보기E와 관계 있다는 것을 알 수 있습니다.

단어 桌子 zhuōzi 명 책상 | 和 hé 관 ~와 | 椅子 yǐzi 명 의자 | 上午 shàngwǔ 명 오전

16

Xièxie nǐ bāng wǒ ná zhème zhòng de dōngxi
女：谢谢，你 帮 我 拿 这么 重 的 东西。
Bú kèqi
男：不 客气。

여: 감사합니다. 당신이 저를 도와서 이렇게 무거운 물건을 들어주셨네요.
남: 별말씀을요.

답: **B**

포인트 동사 잘 듣기

해설 '拿这么重的东西'는 줄여서 '拿东西'(물건을 들다)로 표현할 수 있습니다.

단어 帮 bāng 동 돕다 | 拿 ná 동 들다 | 重 zhòng 형 무겁다 | 东西 dōngxi 명 물건 | 不客气 bú kèqi 별말씀을요.

17

Nǐ zěnme le 男：你 怎么 了？ Jīntiān de gōngzuò wǒ méi zuòhǎo 女：今天 的 工作 我 没 做好。	남: 왜 그러세요? 여: 오늘 일을 제가 제대로 잘 하지 못했어요. 답: C

포인트 상황 파악하기

해설 '怎么了？'는 보통 상황이나 사태가 안 좋을 때 사용하는 의문사입니다. 울상이나 찌푸리고 있는 얼굴 표정으로 상태의 정도를 나타내고 있으므로 이 대화와 관계 있는 사진은 보기 C입니다.

단어 怎么了 zěnme le 왜 그러세요 | 工作 gōngzuò 명 일, 업무 | 没做好 méi zuò hǎo 제대로 잘 하지 못했다

18

Bēizi de bēi nǐ huì xiě ma 女："杯子"的"杯"，你 会 写 吗？ Duìbuqǐ wǒ yě bú huì xiě 男：对不起，我 也 不 会 写。	여: '베이즈(컵)'의 '베이' 쓸 줄 아나요? 남: 미안합니다. 저도 쓸 줄 몰라요. 답: A

포인트 상황 파악하기

해설 '不会'는 '~을 할 줄 모르다'를 뜻합니다. 사진A는 '잘 모르다'를 의미하기도 하는 몸 동작으로, 18번 대화와 연결하기 자연스럽습니다.

단어 杯子 bēizi 명 컵 | 会 huì 조동 ~할 줄 안다 | 写 xiě 동 쓰다 | 对不起 duìbuqǐ 죄송합니다, 미안합니다

19

Nǐ jiā de māo ài chī shénme 男：你 家 的 猫 爱 吃 什么？ Tā ài chī xiǎoyú 女：它 爱 吃 小鱼。	남: 댁의 고양이는 무엇을 즐겨 먹나요? 여: 생선을 즐겨 먹어요. 답: D

포인트 명사 잘 듣기

해설 대화 속에 언급된 '猫', '小鱼'가 핵심어이므로 이와 관계 있는 사진은 보기 D입니다.

단어 猫 māo 명 고양이 | 小鱼 xiǎoyú 명 생선 | 爱 ài 동 ~하기 좋아하다

20

Jīntiān lái cānjiā bìyè diǎnlǐ de rén hěn duō 女：今天 来 参加 毕业 典礼 的 人 很 多。 Shì zhēn de hěn duō 男：是，真 的 很 多。	여: 오늘 졸업식에 온 사람들이 아주 많네요. 남: 네, 정말 아주 많네요. 답: E

포인트 상황 파악하기

해설 '졸업식'이란 뜻의 '毕业典礼'와 '사람이 많다'는 뜻의 '人很多'가 들리므로 보기E가 답이 됩니다.

단어 参加 cānjiā 동 참가하다 | 毕业典礼 bìyè diǎnlǐ 명 졸업식 | 人 rén 명 사람, 인파

제3부분 (第三部分)

21

Xiǎo Hóng míngtiān nǐ huì gēn wǒmen yìqǐ qù páshān ma
男：小红，明天你会跟我们一起去爬山吗？

Wǒ hěn xiǎng qù dàn yīnwèi míngtiān yǒu hěn duō shìqing yào zuò qùbuliǎo
女：我很想去，但因为明天有很多事情要做，去不了。

Xiǎo Hóng míngtiān huì zuò shénme
问：小红明天会做什么？

páshān gōngzuò xiūxi
A 爬山 **B** 工作 **C** 休息

남: 샤오홍, 내일 우리와 같이 산에 갈건가요?

여: 저도 가고 싶지만 내일 해야 할 일들이 많아서 갈 수가 없네요.

질문: 샤오홍은 내일 무엇을 하나요?

A 산에 오른다

B 일을 한다

C 휴식을 취한다

답: **B**

포인트 동사 잘 듣기

해설 남자가 여자에게 산에 같이 갈 거냐고 물어보니 여자는 가고 싶지만 일이 많아서 갈 수가 없다고 합니다. 그러니 보기A를 제거하고 보기B를 답을 골라야 합니다. 보기C는 언급되지 않았습니다.

단어 跟 gēn 개 ~와 | 爬山 páshān 동 산에 오르다 | 但 dàn 관 그러나 | 因为 yīnwèi 관 왜냐하면 | 事情 shìqing 명 일 | 去不了 qùbuliǎo 갈 수 없다

22

Cái shí diǎn bàn dàn wǒ yǐjing è le wǒ xiǎng chīfàn
女：才十点半，但我已经饿了，我想吃饭。

Yí ge bàn xiǎoshí yǐhòu nǐ cái kěyǐ chī
男：一个半小时以后你才可以吃。

Zhège nǚ de jǐ diǎn cái néng chīfàn
问：这个女的几点才能吃饭？

shí diǎn bàn yí ge bàn xiǎoshí shí'èr diǎn
A 十点半 **B** 一个半小时 **C** 十二点

여: 겨우 10시 반이네요. 그런데 저는 벌써 배가 고파서 밥을 먹고 싶어요.

남: 1시간 반 이후에나 비로소 먹을 수 있어요.

질문: 이 여자는 몇 시에 밥을 먹을 수 있나요?

A 10시 반

B 1시간 반

C 12시

답: **C**

포인트 시간 계산하기

해설 지금은 10시 반이고 남자가 1시간 반 후에나 먹을 수 있다고 하니 여자는 12시가 되어야 먹을 수 있습니다. 대화 내용을 다 듣고 시간 계산을 잘 해야 질문에 알맞은 답을 고를 수 있습니다. 보기B는 시간의 양을 나타내는 표현으로 엉뚱한 보기입니다.

단어 才 cái 부 겨우, 그제서야 비로서 | 已经 yǐjing 부 이미, 벌써 | 饿 è 형 허기지다, 배 고프다 | 以后 yǐhòu 명 이후 | 吃饭 chīfàn 동 밥 먹다

23

Nǐ zài máng shénme
男：你 在 忙 什么？

Wǒmen míngtiān yǒu ge kǎoshì zhèng zhǔnbèi ne
女：我们 明天 有 个 考试，正 准备 呢。

Nǚ de xiànzài zhèngzài gàn shénme
问：女 的 现在 正在 干 什么？

zhǔnbèi wǎncān / xiě zuòyè / zhǔnbèi kǎoshì
A 准备 晚餐 B 写 作业 C 准备 考试

남: 뭐 하시느라 바쁘세요?
여: 내일 시험이 있어서 준비 중입니다.

질문: 여자는 지금 무엇을 하고 있나요?
A 저녁 식사 준비
B 숙제 하기
C 시험 준비

답: **C**

포인트 동사 잘 듣기

해설 보기 분석을 통해 동작을 묻는 문제라는 것을 미리 판단하고 문제를 풀어야 합니다. 보기C는 녹음 속에 직접 나오지만 나머지 보기들은 언급되지 않았습니다.

단어 在 zài 부 ~하고 있다 | 忙 máng 형 바쁘다 동 서두르다 | 考试 kǎoshì 명 시험 | 正 zhèng 부 때마침 | 准备 zhǔnbèi 동 준비하다 | 晚餐 wǎncān 명 저녁식사

24

Zhè tiáo kùzi chuān qǐlai yǒu xiē jǐn
女：这 条 裤子 穿 起来 有 些 紧。

Shāo děng wǒ gěi nín ná dà yí hào de
男：稍 等，我 给 您 拿 大 一 号 的。

Nǚ de juéde zhè tiáo kùzi zěnmeyàng
问：女 的 觉得 这 条 裤子 怎么样？

zhèng hǎo / yǒudiǎn xiǎo / yǒudiǎn dà
A 正 好 B 有点 小 C 有点 大

여: 이 바지 입으니 약간 끼네요.
남: 잠시 기다리세요. 한 치수 큰 걸로 가져다 드릴게요.

질문: 여자는 지금 무엇을 하고 있나요?
A 딱 맞다
B 약간 작다
C 약간 크다

답: **B**

포인트 비슷한 뜻 익히기

해설 '有些紧'과 보기B '有点小'는 같은 의미로 옷이 작아서 불편한 것을 뜻합니다. 남자가 한 말 '拿大一号'와 여자가 한 말 '有些紧'에서 '작다'는 것을 알 수 있습니다.

단어 条 tiáo 양 바지에 대한 양사 | 裤子 kùzi 명 바지 | 穿 chuān 동 입다 | 起来 qǐlai ~하기에 | 有些 yǒu xiē 약간, 조금 | 紧 jǐn 형 조이다 | 稍 shāo 부 약간 | 等 děng 동 기다리다 | 给 gěi 개 ~에게 | 拿 ná 동 꺼내다, 가져다 주다 | 号 hào 명 호수 | 觉得 juéde 동 여기다

모의고사 4

25

Zuótiān hé péngyou jiànmiànle ma
男：昨天 和 朋友 见面了 吗？

Méiyǒu a zuótiān tiānqì tài bù hǎo le yǔ xià de hěn dà
女：没有 啊，昨天 天气 太 不 好 了，雨 下 得 很 大。

Nǚ de zuótiān wèishénme méiyǒu jiàn péngyou
问：女 的 昨天 为什么 没有 见 朋友？

xiàyǔ le / xiàxuě le / fēng dà
A 下雨 了 **B** 下雪 了 **C** 风 大

남: 어제 친구와 만났나요?

여: 아니요. 어제 날씨가 너무 안 좋았어요. 비가 많이 내렸거든요.

질문: 여자는 어제 왜 친구를 만나지 못했나요?

A 비가 와서

B 눈이 와서

C 바람이 많이 불어서

답: **A**

포인트 날씨 표현 익히기

해설 보기를 먼저 보고 날씨에 관한 문제라는 것을 확인하세요. 대화에서 '雨下得很大' 라고 했으므로 정답은 보기A입니다.

단어 **昨天** zuótiān 명 어제 | **和** hé 개 ~와 | **朋友** péngyou 명 친구 | **见面** jiànmiàn 동 만나다 | **天气** tiānqì 명 날씨 | **雨** yǔ 명 비 | **下** xià 동 내리다 | **得** de 조 ~하는 정도가 | **为什么** wèishénme 대명 왜

26

Wǒ zuì xǐhuan hóngsè nǐ ne
女：我 最 喜欢 红色，你 呢？

Wǒ gēn nǐ yíyàng
男：我 跟 你 一样。

Nán de xǐhuan shénme yánsè
问：男 的 喜欢 什么 颜色？

báisè / lánsè / hóngsè
A 白色 **B** 蓝色 **C** 红色

여: 저는 빨간 색이 가장 좋아요. 당신은요?

남: 저도 당신과 같습니다.

질문: 남자가 좋아하는 색은 무엇인가요?

A 흰색

B 파란색

C 빨간색

답: **C**

포인트 색 표현 잘 듣고 비교문 익히기

해설 보기를 보고 색에 관한 문제일 것이라고 빨리 판단합니다. 비교를 나타내는 '跟~一样'은 '~와 같다'는 뜻입니다. 대화 속에 보기C 만 언급이 되었으니 답을 고르기 어렵지 않습니다. 이처럼 난이도가 낮은 문제는 반드시 맞추도록 해야 합니다.

단어 **最** zuì 부 제일, 최고로 | **喜欢** xǐhuan 동 좋아하다 | **红色** hóngsè 명 빨간색 | **跟** gēn 개 ~와 | **一样** yíyàng 형 같다, 동일하다

27

Mā wǒ xiànzài duō gōngjīn le
男：妈，我 现在 100多 公斤 了。

Duōshao duō gōngjīn Nà nǐ zhēn de yào duō yùndòng le
女：多少？100多 公斤？那 你 真 的 要 多 运动 了。

Māma ràng érzi zuò shénme
问：妈妈 让 儿子 做 什么？

duō yùndòng duō kànshū duō chīfàn
A 多 运动 B 多 看书 C 多 吃饭

남: 엄마, 저 지금 100키로가 넘어요.
여: 얼마? 100여 키로? 그럼 너 정말 운동 많이 해야 겠구나.

질문: 엄마는 아들보고 무엇을 하라고 하나요?

A 운동을 많이 하라고
B 책을 많이 보라고
C 밥을 많이 먹으라고

답: **A**

포인트 동사 잘 듣기

해설 대화 속에서 '多运动'이라고 했으므로 정답을 보기A로 고르기는 어렵지 않습니다.

단어 多 duō 수 가량, 여 부 많이 | 公斤 gōngjīn 양 키로그램 | 要 yào 조동 ~해야만 하다 | 运动 yùndòng 동 운동하다

28

Kànjiàn méi Nà běn shū jiù zài diànnǎo pángbiān de shūzhuō shang
女：看见 没？那 本 书 就 在 电脑 旁边 的 书桌 上。

Děng yíxià nǐ zhèr de dōngxi tài duō le
男：等 一下，你 这儿 的 东西 太 多 了。

Nán de shì shénme yìsi
问：男 的 是 什么 意思？

zhǎodào le kěyǐ děng hái méi kànjiàn
A 找到 了 B 可以 等 C 还 没 看见

여: 보이나요, 안 보이나요? 그 책은 컴퓨터 옆 책상에 있어요.
남: 잠깐 기다려봐요. 당신 여기 물건이 너무 많네요.

질문: 남자의 말은 무슨 뜻인가요?

A 찾았다
B 기다릴 수 있다
C 아직 보지 못했다

답: **C**

포인트 상황 이해하기

해설 여자가 책의 위치를 알려 주었으나, 남자가 물건이 너무 많다며 기다리라고 했으므로 남자가 물건을 아직 찾지 못했다는 것을 알 수 있습니다. 따라서 정답은 보기C가 됩니다.

단어 看见 kànjiàn 동 보았다 | 本 běn 양 (책에 대한 양사)권 | 在 zài 동 ~에 있다 | 电脑 diànnǎo 명 컴퓨터 | 旁边 pángbiān 명 옆 | 书桌上 shūzhuō shang 책상에, 책상 위 | 东西 dōngxi 명 물건 | 多 duō 형 많다

29

Wǒ huílai le gěi wǒ zuò shénme hǎochī de le
男：我 回来 了，给 我 做 什么 好吃 的 了？

Yǒu nǐ zuì ài chī de hóngshāoròu
女：有 你 最 爱 吃 的 红烧肉 。

Tāmen zuì kěnéng zài nǎr
问：他们 最 可能 在 哪儿？

zài gōngsī　zài jiā　zài shāngdiàn
A 在 公司　B 在 家　C 在 商店

남: 다녀왔습니다. 뭐 맛있는 것을 했나요?
여: 당신이 제일 좋아하는 홍샤오러우를 했지요.

질문: 이들은 어디에 있나요?

A 회사에 있다
B 집에 있다
C 상점에 있다

답: **B**

포인트 장소 관련 핵심어 듣기

해설 '回来'는 출발했던 곳으로 '되돌아 오다'는 뜻입니다. 일반적으로 집으로 돌아오는(가는) 경우에 많이 사용합니다. 그리고 맛있는 음식을 해 놓을 수 있는 곳은 보기 중에서 집일 가능성이 가장 크죠. 따라서 정답은 보기B입니다.

단어 **回来** huílai 동 되돌아 오다 | **给** gěi 개 ~에게 | **做** zuò 동 하다, 만들다 | **好吃的** hǎochī de 맛있는 것, 맛있는 음식 | **爱** ài 동 ~하기 좋아하다 | **红烧肉** hóngshāoròu 명 돼지고기 간장볶음 | **可能** kěnéng 부 아마도

30

Zhège cháguǎn shì shénme shíhou kāi de
女：这个 茶馆 是 什么 时候 开 的？

Jīnnián yuè nà shíhou nǐ hái méi lái Zhōngguó ne
男：今年 3 月，那 时候 你 还 没 来 中国 呢。

Tāmen zài shuō shénme
问：他们 在 说 什么？

cháguǎn　shuǐguǒ　zhàopiàn
A 茶馆　B 水果　C 照片

여: 이 찻집은 언제 열었죠?
남: 올해 3월이요. 그 때 당신은 아직 중국에 오지 않았을 때에요.

질문: 이들은 무엇에 대해 말하고 있나요?

A 찻집
B 과일
C 사진

답: **A**

포인트 명사 잘 듣기

해설 대화 처음에 언급되는 '茶馆'을 놓치지 않고 잘 들어야 합니다. 처음 부분을 놓치지 않았다면 쉽게 정답A를 고를 수 있습니다.

단어 **茶馆** cháguǎn 명 찻집 | **开** kāi 동 열다 | **那时候** nà shíhou 그 당시

제4부분 (第四部分)

31

Qǐngwèn Wú lǎoshī zài jiā ma
女：请问，吴老师在家吗？
Qǐng jìn nǐ shì
男：请进，你是？
Wǒ jiào Lǐ Hóng shì Wú lǎoshī de xuésheng
女：我叫李红，是吴老师的学生。
Qǐng zuò tā zài fángjiān li kànshū wǒ qù jiào tā
男：请坐，他在房间里看书，我去叫他。

Shéi zhǎo Wú lǎoshī
问：谁找吴老师？
zhàngfu línjū xuésheng
A 丈夫 **B** 邻居 **C** 学生

여: 여쭙겠습니다. 우 선생님 댁에 계신가요?
남: 들어오세요, 당신은?
여: 저는 리훙이에요. 우 선생님 학생입니다.
남: 앉으세요. 그는 방에서 책을 보고 있어요, 제가 가서 불러 드리죠.

질문: 누가 우 선생님을 찾나요?
A 남편
B 이웃
C 학생

답: **C**

포인트 인간 관계 표현 익히기

해설 대화 속에 언급된 '我叫李红，是吴老师的学生'에서 여자가 자신의 이름을 소개하면서 우 선생의 학생이라고 그와의 관계를 분명히 말했습니다.

단어 **吴** Wú 명 우(성씨) | **老师** lǎoshī 명 선생님 | **请进** qǐng jìn 들어오세요 | **叫** jiào 동 ~라고 부르다, (~를)부르다 | **李红** Lǐ Hóng 인명 리훙 | **房间里** fángjiān li 방에 | **谁** shéi 대명 누가

32

yuè qù Běijīng lǚyóu zuì hǎo shì ma
男：9月去北京旅游最好，是吗？
Duì yuè Běijīng tiānqì bù lěng bú rè
女：对，9月北京天气不冷不热。
Wǒ qù wán yí ge xīngqī yuè hào huílai
男：我去玩一个星期，10月1号回来。
Nà nǐ yào duō xiūxi bié tài lèi le
女：那你要多休息，别太累了。

Nán de nǎ tiān huílai
问：男的哪天回来？
yuè hào yuè hào yuè hào
A 9月20号 **B** 10月1号 **C** 10月8号

남: 9월에 베이징에 여행가기 제일 좋지요. 그렇죠?
여: 맞아요. 9월에 베이징 날씨는 춥지도 덥지도 않아요.
남: 가서 일주일 놀고 10월 1일 돌아와야겠어요.
여: 그럼 많이 쉬시고, 너무 고생하지 마세요.

질문: 남자는 언제 돌아오나요?
A 9월 20일
B 10월 1일
C 10월 8일

답: **B**

포인트 날짜 표현 잘 듣기

해설 9월에 베이징에 가서 1주일 놀고 10월 1일에 돌아온다고 했으므로 질문에 알맞은 답은 보기B입니다.

단어 **北京** Běijīng 명 베이징 | **旅游** lǚyóu 동 여행하다 | **对** duì 형 맞다, 옳다 | **天气** tiānqì 명 날씨 | **不冷不热** bù lěng bú rè 성어 춥지도 덥지도 않다 | 玩 wán 동 놀다 | 星期 xīngqī 명 주 | 休息 xiūxi 동 휴식하다 | 别 bié 부 ~하지 마라 | 累 lèi 형 힘들다, 피곤하다

33

Shēngrì kuàilè Zhè shì sòng gěi nǐ de
女：生日 快乐！这 是 送 给 你 的。

Xièxie Nǐ tài kèqi le
男：谢谢！你 太 客气 了。

Nǐ dǎkāi kànkan xīwàng nǐ huì xǐhuan
女：你 打开 看看，希望 你 会 喜欢。

Shì yì zhī gāngbǐ ya tài hǎo le
男：是 一 支 钢笔 呀，太 好 了！

Nǚ de sòng de shì shénme
问：女 的 送 的 是 什么？

gāngbǐ / shēngrì dàngāo / yì běn shū
A 钢笔 **B** 生日 蛋糕 **C** 一 本 书

여: 생일 축하합니다! 이건 선물이에요.
남: 감사합니다. 너무 예의를 차리시네요.
여: 뜯어서 보세요. 좋아하셨으면 좋겠네요.
남: 만년필이네요, 정말 좋습니다!

질문: 여자가 선물한 것은 무엇인가요?
A 만년필
B 생일 케이크
C 책 한 권

답: **A**

포인트 사물 잘 듣기

해설 대화 마지막 부분에 여자가 선물한 것을 남자가 뜯어보고 '是一支钢笔呀'라며 기뻐합니다. 여기서 답이 보기A라는 것을 알 수 있습니다.

단어 **生日快乐** shēngrì kuàilè 생일 축하하다 | **送** sòng 동 선물하다 | **客气** kèqi 동 예의를 차리다 | **打开** dǎkāi 동 열다, 뜯다, 개봉하다 | **希望** xīwàng 동 희망하다 | **支** zhī 양 (필기류에 대한 양사)자루 | **钢笔** gāngbǐ 명 만년필

34

Nǐ de yǎnjing zěnme zhème hóng ne
男：你 的 眼睛 怎么 这么 红 呢？

Shì ma Zhè jǐ tiān méi xiūxi hǎo
女：是 吗？这 几 天 没 休息 好。

Bié tài lèi le wǎnshang zǎo diǎnr xiūxi ba
男：别 太 累 了，晚上 早 点儿 休息 吧。

Hǎo ba
女：好 吧。

Nán de shì shénme yìsi
问：男 的 是 什么 意思？

zǎo diǎnr xiūxi / bié shuōhuà / búyòng xiūxi
A 早 点儿 休息 **B** 别 说话 **C** 不用 休息

남: 당신 눈이 왜 이렇게 빨간가요?
여: 그래요? 요 며칠 잘 쉬지 못했어요.
남: 너무 피곤하게 일하지 마세요. 저녁에 일찍 쉬세요.
여: 네.

질문: 남자가 한 말은 무슨 뜻인가요?
A 일찍 쉬세요
B 말을 하지 마세요
C 쉴 필요 없어요

답: **A**

포인트 의미 파악하기

해설 남자가 한 말 '别太累了，晚上早点儿休息吧。'에서 답이 보기A임을 알 수 있습니다. 보기C는 보기A와 상반되는 뜻이니 제거합니다.

단어 眼睛 yǎnjing 명 눈 | 红 hóng 형 붉다, 빨갛다 | 休息 xiūxi 동 쉬다 | 别 bié 부 ~하지 마라 | 累 lèi 형 피곤하다 | 晚上 wǎnshang 명 저녁 | 不用 búyòng 부 ~할 필요 없다

35

Duìbuqǐ wǒ chídào le yīnwèi dǎ bu dào chūzūchē
男：对不起，我 迟到 了，因为 打 不 到 出租车。

Méi guānxi wǒ yě gāng dào
女：没 关系，我 也 刚 到。

Nǐ hē diǎnr shénme
男：你 喝 点儿 什么？

Wǒ hē kāfēi ba
女：我 喝 咖啡 吧。

Nán de wèishénme chídào le
问：男 的 为什么 迟到 了？

shuì lǎn jiào le / dǎ bú dào chūzūchē / gōngzuò máng
A 睡 懒 觉 了 **B** 打 不 到 出租车 **C** 工作 忙

남: 죄송합니다. 제가 늦었네요. 택시를 탈 수가 없었어요.

여: 괜찮습니다. 저도 방금 도착했습니다.

남: 무엇을 마시겠습니까?

여: 커피 마시겠습니다.

질문: 남자는 왜 지각을 했나요?

A 늦잠을 잤다

B 택시를 탈 수가 없었다

C 업무가 바빴다

답: **B**

포인트 이유 잘 듣기

해설 대화 처음에 남자는 '因为打不到出租车.'라고 지각한 이유를 말합니다. 원인을 뜻하는 관련사 '因为'를 잘 듣는다면 질문 '为什么'에 알맞은 답이 무엇인지 더 분명해집니다.

단어 对不起 duìbuqǐ 죄송하다, 미안하다 | 迟到 chídào 동 지각하다 | 因为 yīnwèi 관 왜냐하면~, ~때문에 | 打不到 dǎ bu dào (택시를)탈 수 없다. 잡히지 않다 | 出租车 chūzūchē 명 택시 | 没关系 méi guānxi 괜찮다 | 刚 gāng 부 방금, 막 | 喝 hē 동 마시다 | 咖啡 kāfēi 명 커피 | 睡懒觉 shuì lǎn jiào 늦잠을 자다

2. 독해(阅读)

제1부분 (第一部分)

36

Shéi néng huídá zhè dào tí
谁 能 回答 这 道 题?

누가 이 문제에 대답을 할 수 있나요?

답: **A**

포인트 상황 이해하기

해설 일반적으로 선생님이 문제에 대답을 할 수 있냐고 질문을 하면 학생은 대답할 수 있다고 손을 듭니다. 따라서 36번 문제는 보기A와 관련 있는 내용이라고 판단할 수 있습니다. 보기B도 문제 36번과 같은 질문에 생길 수도 있는 상황이지만 39번 문제의 정답이 B로 확실하기 때문에 이 문제의 정답은 A입니다.

단어 回答 huídá 동 대답하다 | 道 dào 양 (문제에 대한 양사) | 题 tí 명 문제

37

Lǐmian de méiyǒu wàimian de dà
里面 的 没有 外面 的 大。

안의 것이 밖의 것보다 크지 않다.

답: **F**

포인트 비교문 이해하기

해설 비교 대상 A+没有+비교대상 B+형용사'는 'A는 B보다 형용사 하지 않다'를 뜻합니다. 두 개의 크기를 비교하고 있기 때문에 보기F가 정답으로 적당합니다.

단어 里面 lǐmian 명 안쪽 | 的 de 조 것 | 没有 méiyǒu 동 ~보다 ~하지 않다 | 外面 wàimian 명 바깥 | 大 dà 형 크다

38

Wǒ lái jièshào yíxià tā jiù shì wǒ de Hànyǔ lǎoshī
我 来 介绍 一下, 他 就 是 我 的 汉语 老师。

제가 소개하겠습니다. 그가 바로 저의 중국어 선생님입니다.

답: **E**

포인트 상황 이해하기

해설 사람을 소개할 때 '介绍'라는 표현을 많이 사용합니다. 사람을 소개하고 있는 사진 보기E가 문제38번의 정답이 됩니다.

단어 介绍 jièshào 동 소개하다 | 一下 yíxià 양 좀 | 汉语 Hànyǔ 명 중국어

39

Duìbuqǐ wǒ méi tīngdǒng qǐng zài shuō yí biàn
对不起, 我 没 听懂 , 请 再 说 一 遍 。

죄송합니다. 못 알아들었어요. 다시 한 번 더 말씀해 주세요.

답: **B**

포인트 상황과 표정 연결하기

해설 못 알아들어 다시 말해달라고 부탁하면서 미안해 하고 있습니다. 찡그린 얼굴이거나 난감해 하는 표정이 이 상황

과 어울리므로 정답은 보기B입니다.

단어 对不起 duìbuqǐ 죄송합니다, 미안하다 | 没听懂 méi tīngdǒng 못 알아듣다 | 请 qǐng 동 ~해 주세요 | 再 zài 부 다시 | 遍 biàn 양 (동작에 대한 양사) 차례, 번

40 Tāmen měi ge zhōumò dōu qù páshān
他们 每 个 周末 都 去 爬山。

그들은 주말마다 산에 오릅니다.

답: C

포인트 동작 이해하기

해설 '爬山'에서 보기C를 답으로 고릅니다. 이 문제는 난이도가 낮으므로 반드시 맞추도록 해야 합니다.

단어 每 měi 대명 매, ~마다 | 周末 zhōumò 명 주말 | 都 dōu 부 모두,마다 | 爬山 páshān 동 등산하다

제2부분 (第二部分)

第 41-45 题

bǎi	wánr	hái méi	kuài	guì	qíng
A 百 백	B 玩儿 놀다	C 还 没 아직~하지 않다	D 快 빨리	E 贵 비싸다	F 晴 맑다

41 Wàimian de xuě zhēn dà wǒmen chūqu ba
外面 的 雪 真 大, 我们 出去 ( )吧。

밖에 눈이 많이 오네요. 우리 나가서 (놀아)요

답: B

포인트 상황 맞는 동작하기

해설 밖에 눈이 많이 오니 나가서 무엇을 할까요? 빈칸에는 어떤 동작에 관련된 단어가 들어가야 합니다. 보기B만이 동작을 나타내는 동사입니다.

단어 外面 wàimian 명 밖 | 雪 xuě 명 눈 | 大 dà 형 (눈, 비)많이 내리다 | 出去 chūqu 동 나가다 | 吧 ba 조 ~하자

42 Tiān le kěyǐ xǐ yīfu le
天( )了, 可以 洗 衣服 了。

날씨가 개었습니다. 세탁할 수 있게 되었네요.

답: F

포인트 날씨 표현 익히기

해설 괄호 앞에 있는 '天'은 날씨를 뜻하고, 세탁을 할 수 있는 맑은 날씨는 보기F입니다.

단어 天 tiān 명 날씨 | 可以 kěyǐ 조동 ~할 수 있다 | 洗衣服 xǐ yīfu 옷을 세탁하다

43

Bùhǎoyìsi wǒ xuéhuì kāichē
不好意思，我(　)学会 开车。

미안합니다. 저는 (아직) 운전할 줄 모릅니다.

답: C

포인트 부정 표현 익히기

해설 '还没'는 일반적으로 동사 앞에 위치해서 '아직 ~하지 않았다'를 뜻합니다. 따라서 괄호 뒤에 있는 '배워서 할 줄 안다'라는 동사 '学会'앞에 보기C가 들어가야 합니다.

단어 **不好意思** bùhǎoyìsi 미안하다, 죄송하다 | **学会** xuéhuì 배워서 할 줄 안다 | **开车** kāichē 동 운전하다

44

Nǐ hǎo zhège zúqiú mài
你 好，这个 足球 卖2(　)。

안녕하세요, 이 축구 공은 2(백 위안)에 팝니다.

답: A

포인트 가격 표현 익히기

해설 괄호 앞에 숫자 2가 있으니 이는 축구 공의 가격이라고 짐작할 수 있습니다. 따라서 빈칸에는 가격을 뜻하는 보기 A가 들어가야 합니다. 가격을 말할 때 '钱' 없이 숫자 뒤에 자리 수만 말해 가격을 표현할 수도 있습니다.

단어 **足球** zúqiú 명 축구공, 축구 | **卖** mài 동 팔다

45

Bù hǎo le wǒ de qiánbāo bú jiàn le
男：不 好 了，我 的 钱包 不 见 了。

gàosu jǐngchá ba
女：(　)告诉 警察 吧。

남: 큰일났어요. 제 지갑이 보이지를 않네요.
여: (빨리)경찰에 신고하세요.

답: D

포인트 상황 파악하기

해설 지갑이 보이지 않으니 경찰에 빨리 신고하라는 의미로 빈 칸에는 보기D '快'가 어울립니다.

단어 **钱包** qiánbāo 명 지갑 | **不见** bú jiàn 보이지 않다 | **告诉** gàosu 동 알려주다 | **警察** jǐngchá 명 경찰

제3부분 (第三部分)

46

Shì de yǐjing tuì le wǒ nián qián jiù líkāi xuéxiào le
是 的，已经 退 了，我 5 年 前 就 离开 学校 了。

Tā céngjīng shì ge lǎoshī
★ 他 曾经 是 个 老师。

그렇습니다. 이미 퇴직했어요. 저는 5년 전에 학교를 떠났지요.
★그는 예전에 선생님이었었다.

답: √

포인트 부사 '曾经' 의미 알기

해설 부사 '曾经'은 예전에 그러했으나 지금은 아니라는 뜻입니다. 5년 전에 학교를 떠났으니 지금은 선생님이 아니고

예전에는 선생님이었다는 뜻이겠지요. 따라서 두 문장은 같은 의미라고 볼 수 있습니다.

단어 已经 yǐjing 부 이미, 벌써 | 退 tuì 동 퇴직하다 | 前 qián 명 ~전에 | 离开 líkāi 동 떠나다 | 学校 xuéxiào 명 학교 | 曾经 céngjīng 부 예전에, 일찍이

47

Qǐngwèn xiànzài lúndào wǒ le ma Wǒ yǐjing děngle hěn cháng shíjiān le
请问，现在轮到我了吗？我已经等了很长时间了。

Wǒ děngle hěn cháng shíjiān
★我等了很长时间。

여쭙니다. 지금은 제 순서겠지요? 저는 이미 오랜 시간 기다렸습니다.

★나는 오랜 시간 기다렸다.

답: √

포인트 의미 파악하기

해설 첫 번째 지문에 '等了很长时间'이 그대로 언급이 되어 있으니 두 문장은 같은 뜻입니다.

단어 轮 lún 동 (순서에 따라) 교대로 하다, 차례가 되다 | 等 děng 동 기다리다 | 长 cháng 형 오래되다 | 时间 shíjiān 명 시간

48

Māma měitiān shuì qián dōu yào hē yì bēi niúnǎi tā shuō zhèyàng kěyǐ shuì de hǎo
妈妈每天睡前都要喝一杯牛奶，她说这样可以睡得好。

Māma qǐchuáng hòu yào hē niúnǎi
★妈妈起床后要喝牛奶。

엄마는 매일 주무시기 전에 우유를 한 잔 드신다. 엄마는 이렇게 하면 잠을 잘 잔다고 말씀하신다.

★엄마는 일어난 후에 우유를 드신다.

답: ×

포인트 사건의 전 후 상황 알기

해설 '前'과 '后'는 서로 상반적인 뜻으로 첫 번째 문장은 엄마는 주무시기 전에 우유를 드신다고 했는데, 두 번째 문장은 기상 후에 우유를 마신다고 했으므로 두 문장은 다른 뜻입니다.

단어 每天 měitiān 명 매일 | 睡 shuì 동 자다 | 前 qián 명 ~하기 전에 | 喝 hē 동 마시다 | 杯 bēi 양 (음료수에 대한 양사)잔 | 牛奶 niúnǎi 명 우유 | 得 de 조 ~한 정도가 | 起床 qǐchuáng 동 일어나다 | 后 hòu 명 이후

49

Nǐ qùguo yì yuán diàn ma Zài nàr yí kuài qián jiù kěyǐ mǎi yí jiàn dōngxi
你去过"一元店"吗？在那儿一块钱就可以买一件东西。

Yì yuán diàn de dōngxi hěn guì
★"一元店"的东西很贵。

'1위안 가게'에 가 보셨나요? 그곳에서는 1위안으로 물건을 한 가지 살 수가 있어요.

★'1위안 가게'의 물건은 비싸다.

답: ×

모의고사 4

포인트 부사 '就' 이해하기

해설 부사 '就'는 '바로', '곧'을 뜻하며 동작이 쉽고 순조롭게 이루어졌음을 나타냅니다. 반면 부사 '才'는 '겨우', '비로소'의 뜻으로 동작이 힘들게 이루어졌음을 뜻합니다. 첫 번째 문장에 직접적으로 물건 값을 언급하지는 않았지만 부사 '就'에서 '가격이 싸다'를 암시한다는 것을 유추할 수 있습니다.

단어 元 yuán 양 위안 (화폐단위, 块kuài와 같음) | 店 diàn 명 가게 | 块 kuài 양 위안 (화폐단위, 元yuán과 같음) | 件 jiàn 양 물건에 대한 양사, 개 | 东西 dōngxi 명 물건

50

Zhōngguórén xǐhuan shuō "hǎohǎo xuéxí, tiāntiān xiàng shàng", yìsi shì xīwàng háizimen cóng xiǎo ài xuéxí, duō xuéxí.
中国人喜欢说"好好学习，天天向上"，意思是希望孩子们从小爱学习，多学习。

Zhōngguórén xīwàng háizi duō xuéxí.
★ 中国人希望孩子多学习。

중국 사람은 '공부 열심히 해서 매일 향상되다'란 말을 자주 합니다. 아이들이 어려서부터 공부를 좋아하고 많이 공부하기를 바란다는 뜻입니다.

★중국 사람은 아이가 많이 공부하기를 희망한다.

답: √

포인트 의미 파악하기

해설 첫 번째 문장에서 뒤에 나오는 동사 '希望'의 주어는 앞 절에 있는 '中国人'입니다. 그러므로 첫 번째 문장과 두 번째 문장은 같은 뜻입니다.

단어 天天 tiāntiān 명 매일 | 向 xiàng 동 향하다 | 上 shàng 명 위 | 意思 yìsi 동 의미하다 | 从 cóng 개 ~로부터 | 小 xiǎo 형 어리다

제4부분 (第四部分)

第 51-55 题

A Jīntiān Lǐ Hóng cóng Měiguó huílai le tā yǐjing zài Měiguó liúxué liǎng nián le
今天 李 红 从 美国 回来 了，她 已经 在 美国 留学 两 年 了。
오늘 리훙이 미국에서 돌아왔는데, 그녀는 이미 미국에서 2년간 유학을 했습니다.

B Wǒ liù diǎn qǐchuáng bā diǎn cóng jiā chūfā xiàwǔ sān diǎn cái dào zhèr de
我 六 点 起床 ，八 点 从 家 出发，下午 三 点 才 到 这儿 的。
저는 6시에 일어나서, 8시에 집에서 출발했고, 오후 3시에 겨우 이곳에 도착했습니다.

C Dāngrán shì Chūnjié le yīnwèi jiàqī hěn cháng
当然 是 春节 了，因为 假期 很 长 。
물론 설이지요, 왜냐하면 휴가가 길기 때문입니다.

D Nǐ huì xiūlǐ zhège diànnǎo ma
你 会 修理 这个 电脑 吗？
당신은 이 컴퓨터를 수리할 수 있나요?

E Tā zài nǎr ne Nǐ kànjiàn tā le ma
他 在 哪儿 呢？你 看见 她 了 吗？
그는 어디 있습니까? 그를 보셨나요?

F Zhè fèn gōngzuò gōngzī suīrán bù dī dàn yālì tài dà le
这 份 工作 工资 虽然 不 低，但 压力 太 大 了。
이 일은 보수는 비록 낮지 않으나, 스트레스는 상당하다.

단어 从 cóng 개 ~로부터 | 美国 Měiguó 명 미국 | 留学 liúxué 동 유학하다 | 起床 qǐchuáng 동 기상하다 | 才 cái 부 겨우, 비로서 | 到 dào 동 도착하다 | 当然 dāngrán 부 물론 | 春节 Chūnjié 명 설 | 因为 yīnwèi 관 왜냐하면 | 假期 jiàqī 명 휴가, 방학 | 修理 xiūlǐ 동 수리하다 | 电脑 diànnǎo 명 컴퓨터 | 份 fèn 양 일에 대한 양사, 분량, 몫 | 工资 gōngzī 명 보수, 월급 | 虽然 suīrán 관 비록~이지만 | 低 dī 형 낮다 | 但 dàn 관 그러나 | 压力 yālì 명 스트레스

51 Tā chūle shénme máobìng
它 出了 什么 毛病 ？
이것에 무슨 문제가 생긴겁니까?
답: D

포인트 상황 파악하기

해설 '毛病'은 기계의 결함을 뜻합니다. 보기D에 있는 동사 '修理'는 결함이 생겼을 때 '수리를 하다'를 뜻하므로 51번과 보기D가 자연스러운 대화가 될 수 있습니다.

단어 出 chū 동 생기다 | 毛病 máobìng 명 문제, 결함

52 Wǒ yǒu ge hǎo xiāoxi yào gàosu nǐ
我有个好消息要告诉你。

제게 당신에게 알릴 좋은 소식이 있어요.

답: A

포인트 상황 파악하기

해설 문제에 언급된 '好消息'가 뜻할 수 있는 것을 보기 중에서 골라야 합니다. 보기F는 좋은 소식이라고 하기 이색하고, 보기C의 '当然'과 52번은 대화를 이루기에 어색합니다. 그리고 보기B에 부사 '才'를 보면 이 역시 좋은 소식과는 약간 거리가 있다는 것을 유추해 내야 합니다. 이렇게 보기B, C ,F를 제거하면 보기A가 남습니다. 보기A는 미국에서 2년간 유학하던 리홍이 돌아온다는 것으로 좋은 소식이 됩니다.

단어 消息 xiāoxi 명 소식 | 告诉 gàosu 동 알리다

53 Nǐ jīntiān jǐ diǎn dào zhèli de
你今天几点到这里的？

당신 오늘 몇 시에 여기에 도착하셨나요?

답: B

포인트 시간 묻고 답하기

해설 질문 '几点'에 대답으로 시간을 언급해야 하므로 보기B가 53번과 자연스러운 대화가 됩니다.

단어 到 dào 동 도착하다 | 这里 zhèli 대명 여기

54 Nǐ yào xiǎng qīngchu a, xiànzài zhǎo yí fèn gōngzuò duō kùnnan a
你要想清楚啊，现在找一份工作多困难啊。

당신 생각을 분명히 잘 하셔야 합니다. 지금 직장 구하기가 얼마나 어려운데요.

답: F

포인트 관련 핵심어 찾기

해설 54번은 '工作'에 대해서 말하고 있고, 보기F도 '工作'를 언급하고 있으니 자연스러운 대화가 될 수 있습니다.

단어 想 xiǎng 동 생각하다 | 清楚 qīngchu 형 분명하다 | 找 zhǎo 동 찾다 | 份 fèn 양 일에 대한 양사, 몫, 분량 | 困难 kùnnan 형 어렵다

55 Nǐ zuì xǐhuan shénme jiérì
你最喜欢什么节日？

당신은 어떤 기념일을 제일 좋아하시죠?

답: C

포인트 관련 핵심어 찾기

해설 보기C의 '春节'는 '설'로 '节日'에 해당합니다. 따라서 비슷한 뜻으로 서로 자연스러운 대화가 될 수 있습니다.

단어 喜欢 xǐhuan 동 좋아하다 | 节日 jiérì 명 기념일, 명절

第 56-60 题

A	Wǒ gěi nǐmen zhǔnbèile chá hé kāfēi nǐ xiǎng hē shénme 我 给 你们 准备了 茶 和 咖啡，你 想 喝 什么？	여러분들을 위해서 차와 커피를 준비했습니다. 당신은 어떤 것을 드실 겁니까?
B	Wǒmen bú shì yìqǐ tīguo zúqiú ma 我们 不 是 一起 踢过 足球 吗？	우리는 같이 축구를 한 적이 있지 않던가요?
C	Shì a tīngshuō guò jǐ tiān hái yào shēngwēn 是 啊，听说 过 几 天 还 要 升温 。	네, 며칠 지나서 또 기온이 오른다고 들었습니다.
D	Wǒ qián jǐ tiān tóu tòng hái xiǎng tù ne 我 前 几 天 头 痛，还 想 吐 呢。	저는 며칠 전에 머리가 아팠고, 또 토도 하고 싶었습니다.
E	Lǐ xiānsheng sòng wǒ liǎng zhāng diànyǐngpiào 李 先生 送 我 两 张 电影票 。	Mr.리가 제게 영화표 두 장을 선물했습니다.

단어 给 gěi 개 ~에게 | 准备 zhǔnbèi 동 준비하다 | 茶 chá 명 차 | 和 hé 관 ~와 | 咖啡 kāfēi 명 커피 | 喝 hē 동 마시다 | 一起 yìqǐ 부 한데, 같이 | 踢 tī 동 (발로) | 过 guo 조 ~한 적이 있다 | 足球 zúqiú 명 축구 | 听说 tīngshuō 동 듣자 니 | 过 guò 동 (시간, 나날을) 지내다 | 升温 shēngwēn 동 온도가 오르다 | 头 tóu 명 머리 | 痛 tòng 형 아프다 | 吐 tù 동 토하다 | 先生 xiānsheng 명 Mr. 성인 남성에 대한 존칭 | 送 sòng 동 선물하다 | 电影票 diànyǐngpiào 명 영화티켓

56

Zuìjìn tiānqì zhēn guài qián liǎng tiān hái hěn rè jīntiān jiù tūrán jiàngwēn le
最近 天气 真 怪，前 两 天 还 很 热，今天 就 突然 降温 了。

최근 날씨가 정말 이상해요. 이틀 전에는 아주 덥더니 오늘은 갑자기 온도가 떨어지네요.

답: C

포인트 날씨 관련 표현 익히기 및 관련 핵심어 찾기

해설 문제 속의 '天气'는 날씨를 뜻하고 보기C는 날씨에 관련된 내용이므로 이 두 문장은 자연스러운 대화가 될 수 있습니다.

단어 最近 zuìjìn 명 최근 | 天气 tiānqì 명 날씨 | 怪 guài 형 이상하다, 괴팍하다 | 热 rè 형 덥다 | 突然 tūrán 부 갑자기 | 降温 jiàngwēn 동 온도가 떨어지다

57

Xiànzài zěnmeyàng le Hǎo diǎn le ma
现在 怎么样 了？好 点 了 吗？

지금은 어떻습니까? 좋아졌나요?

답: D

포인트 상황 파악하기

해설 이 표현은 건강이나 상황에 관해서 물을 때 많이 씁니다. 이에 대한 대답으로 보기D가 자연스러운 대답이 될 수 있습니다.

단어 怎么样 zěnmeyàng 대명 어떻습니까? | 好点了 hǎo diǎn le 좋아지다

58 Xīngqīsān nǐ yǒu shíjiān qù kàn ma
星期三，你 有 时间 去 看 吗？

수요일, 당신은 보러 갈 시간이 있습니까?

답: **E**

포인트 의미 파악하기

해설 (영화 보러 갈) 시간이 있냐고 묻고 있으므로, 영화표를 언급한 보기E가 가장 자연스럽습니다..

단어 **星期三** xīngqīsān 명 수요일 | **时间** shíjiān 명 시간

59 Qǐng jìn huānyíng nǐmen lái wǒ jiā wánr
请 进， 欢迎 你们 来 我 家 玩儿。

들어오세요. 저희 집에 오신 것을 환영합니다.

답: **A**

포인트 상황 파악하기

해설 집에 놀러 온 손님들에게 환영한다고 인사를 하고 준비한 음식을 내놓는 것은 일상적인 생활 속에서 흔히 있는 상황입니다. 문제 59번과 보기A는 한 사람이 이어서 하는 말이라고 생각하면 쉽게 이해가 됩니다.

단어 **欢迎** huānyíng 동 환영하다, 반기다 | **玩儿** wánr 동 놀다

60 Tā shì wǒ de tóngxué nǐ bú rènshi tā
他 是 我 的 同学，你 不 认识 他？

그는 제 동창인데, 당신은 모르시나요?

답: **B**

포인트 상황 파악하기

해설 같이 축구를 찬 적이 있으니 서로 알고 있는 사이라고 생각할 수 있습니다. 따라서 보기B와 60번 문제는 한 사람이 이어서 하는 말로 볼 수 있습니다. 보기 B는 '不是~吗？'란 반어법을 사용해서 같이 축구를 찬 적이 있음을 나타냅니다.

단어 **同学** tóngxué 명 동창, 학우 | **认识** rènshi 동 알다, 친분이 있다

一、听力

第一部分

1. √　2. ×　3. √　4. √　5. √　6. ×　7. √　8. ×　9. √　10. √

第二部分

11. **C**　12. **F**　13. **A**　14. **B**　15. **E**　16. **D**　17. **A**　18. **C**　19. **B**　20. **E**

第三部分

21. **A**　22. **B**　23. **C**　24. **A**　25. **B**　26. **A**　27. **B**　28. **A**　29. **B**　30. **C**

第四部分

31. **C**　32. **B**　33. **A**　34. **A**　35. **B**

二、阅读

第一部分

36. **C**　37. **F**　38. **B**　39. **E**　40. **A**

第二部分

41. **B**　42. **C**　43. **A**　44. **F**　45. **D**

第三部分

46. √　47. √　48. ×　49. ×　50. ×

第四部分

51. **D**　52. **A**　53. **B**　54. **F**　55. **C**　56. **C**　57. **E**　58. **A**　59. **B**　60. **D**

1. 듣기(听力)

제1부분 (第一部分)

1

Nǐ wǎng xià kàn zài nàr 你 往 下 看，在 那儿。	아래를 보세요. 그쪽에 있어요. 답: √

포인트 방위사 잘 듣기

해설 '往下'는 '아래를 향해서'를 뜻하므로 아래 쪽으로 향한 화살표 그림과 관련이 있다고 판단할 수 있습니다.

단어 往 wǎng 개 ~향하여 | 下 xià 명 아래 | 在 zài 동 ~에 있다

2

Tā juéde xīguā hěn hǎochī 他 觉得 西瓜 很 好吃。	그는 수박이 맛있다고 여긴다. 답: ×

포인트 과일 이름 잘 듣기

해설 '西瓜'는 '수박'을 뜻하고 사진 속의 사과는 '苹果(píngguǒ)'입니다.따라서 녹음과 사진은 관계가 없습니다.

단어 觉得 juéde 동 ~라고 여기다 | 西瓜 xīguā 명 수박 | 好吃 hǎochī 형 맛있다

3

Tā kuàiyào zuò māma le 她 快要 做 妈妈 了。	그녀는 곧 엄마가 됩니다. 답: √

포인트 명사 잘 듣기

해설 '做妈妈'는 '엄마가 되다', '快要~了'는 '곧~이다'라는 뜻입니다. 사진 속의 임산부는 곧 엄마가 될 사람이니 녹음과 사진은 관련이 있습니다.

단어 做 zuò 동 되다, 하다 | 妈妈 māma 명 엄마

4

Nǐ de yǎnjing zěnme le 你 的 眼睛 怎么 了？	당신 눈이 왜 그렇죠? 답: √

포인트 상황 파악하기

해설 '怎么了？'는 상태나 상황이 안 좋을 때 자주 사용합니다. 따라서 '怎么了？'라고 물어보면 상황이 좋지 않은 경우가 많습니다. 녹음에서는 눈을 언급하며 '怎么了？'를 같이 사용했는데, 우리는 여기서 눈이 아프거나 무슨 문제가 있다는 것을 유추할 수 있습니다. 따라서 녹음과 사진은 관련이 있습니다.

단어 眼睛 yǎnjing 명 눈

5
Zhàngfu mǎi huílai hěn duō dōngxi
丈夫 买 回来 很 多 东西。

남편은 아주 많은 물건을 사 왔습니다.
답: √

포인트 수량사와 명사 잘 듣기

해설 '很多东西'는 '많은 물건들'을 뜻합니다. 남편이 많은 물건을 사왔다는 내용과 많은 물건이 있는 사진은 관련이 있으므로 정답은 √가 됩니다.

단어 丈夫 zhàngfu 명 남편 | 回来 huílai 동 되돌아 오다 | 东西 dōngxi 명 물건

6
Tā dǎ lánqiú qù le
他 打 篮球 去 了。

그는 농구하러 갔습니다.
답: ×

포인트 동작 잘 듣기

해설 '打篮球'는 '농구하다'이고, 사진 속의 동작은 '爬山(páshān)' 등산입니다. 따라서 답은 ×입니다.

단어 打 dǎ 동 치다, 하다 | 篮球 lánqiú 명 농구

7
Wǒ àirén měitiān zuò dìtiě shàngbān
我 爱人 每天 坐 地铁 上班。

저의 아내는 매일 지하철을 타고 출근합니다.
답: √

포인트 동사 잘 듣기

해설 '坐地铁'는 '지하철을 타다'이고, 사진은 지하철이므로 관련이 있습니다.

단어 爱人 àirén 명 배우자, 남편, 부인 | 每天 měitiān 명 매일 | 坐 zuò 동 (교통수단을)타다 | 地铁 dìtiě 명 지하철 | 上班 shàngbān 동 출근하다

모의고사 5

8
Gěi nǐ zhè shì jīntiān de bàozhǐ
给 你, 这 是 今天 的 报纸。

자, 여기 오늘 신문을 드립니다.
답: ×

포인트 명사 잘 듣기

해설 녹음에서 건내 주는 물건은 '报纸' 신문이지만, 사진 속에는 '书包(shūbāo)' 책가방이므로 정답은 ×입니다.

단어 给 gěi 동 ~에게 주다 | 今天 jīntiān 명 오늘 | 报纸 bàozhǐ 명 신문

9
Shàngmian xiězhe ne èrshíwǔ yuán yì jīn
上面 写着 呢, 二十五 元 一 斤。

위에 쓰여 있어요. 25위안에 한 근입니다.
답: √

포인트 가격 표현 잘 듣기

해설 중국어는 가격을 말할 때 얼마에 몇 근이라는 순서로 표현합니다. 25위안에 1근(500그람)이라는 표현과 사진은 일치하는 내용입니다.

단어 上面 shàngmian 명 위 | 着 zhe 조 ~인 상태이다 | 斤 jīn 양 근, 500그람

10

Xué tiàowǔ yào mànmàn lái
学 跳舞 要 慢慢 来。

춤을 배우는 것은 천천히 해야 합니다.

답: √

포인트 동사 잘 듣기

해설 녹음 속의 '跳舞'와 춤를 추고 있는 사진은 일치하는 내용이라고 판단하여 답을 √라고 표시합니다.

단어 学 xué 동 배우다 | 跳舞 tiàowǔ 동 춤 추다 | 慢 màn 형 느리다

제2부분 (第二部分)

11

Wǒ chuān zhè jiàn zěnmeyàng
男：我 穿 这 件 怎么样 ？

Wǒ juéde nà jiàn hóng de bǐ zhè jiàn hǎo
女：我 觉得 那 件 红 的 比 这 件 好。

남: 제가 입은 이 옷은 어떻습니까?

여: 제가 생각하기에 저 빨간 색 옷이 이 옷보다 좋습니다.

답: C

포인트 옷에 대한 양사 '件' 잘 듣기

해설 동사 '穿'과 양사 '件'이 함께 사용되어 이들이 지금 옷에 대해서 이야기 하고 있다는 것을 듣고 이해해야 합니다. 그러므로 보기C가 이 대화와 어울립니다.

단어 穿 chuān 동 입다 | 件 jiàn 양 벌 | 怎么样 zěnmeyàng 대명 어떻습니까? | 觉得 juéde 동 여기다, ~라고 생각하다 | 红 hóng 형 빨갛다 | 的 de 조 사물을 뜻함 | 比 bǐ 개 ~보다

12

Nǐ jiā yǒu jǐ kǒu rén
女：你 家 有 几 口 人？

Wǒ jiā yǒu sì kǒu rén bàba māma gēge hé wǒ
男：我 家 有 四 口 人，爸爸、妈妈、哥哥 和 我。

여: 가족이 몇 명입니까?

남: 4명 입니다. 아버지, 어머니, 형 그리고 접니다.

답: F

포인트 상황 파악하기

해설 가족 인원 수를 물어보는 대화 내용과 가족 사진이 있는 보기F가 서로 연관이 있다고 판단할 수 있습니다.

단어 家 jiā 명 가정, 집 | 口 kǒu 양 (사람에 대한 양사)명 | 和 hé 관 ~와

13

Nǎ wèi shì nǐ yéye
男：哪 位 是 你 爷爷？
Yòubian de nà wèi kànjiànle ma
女： 右边 的 那 位，看见了 吗？

남: 어느 분이 당신의 할아버지십니까?
여: 오른 쪽에 계신 저 분이십니다. 보이십니까?

답: A

포인트 방향과 명사 잘 듣기

해설 오른쪽이란 '右边'과 할아버지란 '爷爷'를 잘 들었다면 보기A를 쉽게 고를 수 있습니다.

단어 爷爷 yéye 명 할아버지 | 右边 yòubian 명 오른쪽 | 看见 kànjiàn 동 보았다

14

Duìbuqǐ wǒ wàngle gěi nǐ dǎ diànhuà bié shēngqì
女：对不起，我 忘了 给 你 打 电话，别 生气！
Wǒ yìzhí děng nǐ de diànhuà nǐ zhīdào ma
男：我 一直 等 你 的 电话，你 知道 吗？

여: 죄송합니다. 당신에게 전화한다는 것을 깜박 잊었습니다. 화 내지 마세요.
남: 저는 계속 당신 전화를 기다렸습니다. 아십니까?

답: B

포인트 상황과 표정 연결하기

해설 여자가 전화하는 것을 깜박 잊어서 남자에게 화내지 말라고 말하는 내용이므로 이 대화와 관련 있는 사진으로 보기B를 선택할 수 있습니다.

단어 对不起 duìbuqǐ 죄송합니다 | 忘 wàng 동 잊다 | 打 dǎ 동 (전화를)걸다 | 电话 diànhuà 명 전화 | 别 bié 부 ~하지 마라 | 生气 shēngqì 동 화 내다 | 一直 yìzhí 부 줄 곧, 계속 | 等 děng 동 기다리다

15

Zhèr zhēn piàoliang wǒ gěi nǐ zhào zhāng xiàng ba
男：这儿 真 漂亮，我 给 你 照 张 相 吧。
Děng yíhuìr dàjiā yìqǐ zhào ba
女： 等 一会儿，大家 一起 照 吧。

남: 여기 정말 아름답군요. 제가 사진 한 장 찍어드리겠습니다.
여: 잠시만 기다리세요. 우리 모두 같이 찍읍시다.

답: E

포인트 동사 잘 듣기

해설 녹음 속의 '照张相'은 '사진을 찍다'라는 뜻이므로 15번 문제와 관련 있는 사진은 보기E입니다.

단어 这儿 zhèr 대 여기 | 漂亮 piàoliang 형 아름답다, 예쁘다 | 照 zhào 동 (사진)찍다 | 张 zhāng 양 장 | 相 xiàng 명 사진 | 一会儿 yíhuìr 명 잠시 | 大家 dàjiā 명 모두, 여러분 | 一起 yìqǐ 부 같이

16

Nǐ jīntiān zěnme bù chī dōngxi
女：你 今天 怎么 不 吃 东西？
Wǒ shēngbìng le hěn nánshòu
男：我 生病 了，很 难受。

여: 당신 오늘 왜 음식을 안 드시죠?
남: 제가 아파서 너무 괴롭습니다.

답: D

포인트 동사 잘 듣기

해설 '병 걸리다'라는 뜻의 '生病'과 '괴롭다'라는 뜻의 '难受'에서 정답을 보기D로 골라줍니다.

단어 怎么 zěnme 대명 왜, 어떻게 | 东西 dōngxi 명 음식,물건 | 生病 shēngbìng 동 병 걸리다 | 难受 nánshòu 형 괴롭다

17

Zhège shǒujī duōshao qián
男：这个 手机 多少 钱？

Liǎng qiān líng bāshí xiànzài mǎi hái sòng nín yí gè chábēi
女：两 千 零 八十，现在 买 还 送 您 一 个 茶杯。

남: 이 휴대폰은 얼마입니까?
여: 2080위안입니다. 지금 구매하시면 컵을 선물로 드립니다.

답: A

포인트 명사 잘 듣기

해설 대화 속의 '手机', '茶杯'에 근거해 정답을 보기A로 고릅니다.

단어 手机 shǒujī 명 휴대폰 | 零 líng 수 0 | 还 hái 부 또 | 送 sòng 동 선물로 주다 | 茶杯 chábēi 명 컵

18

Nǐ xiǎng hē shénme
女：你 想 喝 什么？

Wǒ xiǎng hē yì bēi niúnǎi
男：我 想 喝 一 杯 牛奶。

여: 당신 무엇을 마시고 싶습니까?
남: 우유 한 잔을 마시고 싶습니다.

답: C

포인트 명사 잘 듣기

해설 '牛奶'를 말하고 있으므로 정답을 보기C로 고릅니다.

단어 想 xiǎng 조동 ~하고 싶다 | 喝 hē 동 마시다 | 杯 bēi 양 음료에 대한 양사, 잔 | 牛奶 niúnǎi 명 우유

19

Xièxie nǐ jīntiān lái bāng wǒ
男：谢谢 你 今天 来 帮 我。

Bú kèqi jīntiān wǒ xiūxi
女：不 客气，今天 我 休息。

남: 오늘 오셔서 저를 도와주셔서 감사 드립니다.
여: 별말씀을요. 오늘 쉬는 날이었습니다.

답: B

포인트 상황 파악하기

해설 남자가 여자에게 감사하다고 말을 하고 있습니다. 우리의 일상 생활 속에서 감사를 전할 때 허리를 숙여 인사를 하기도 하지요. 따라서 정답은 보기B입니다.

단어 谢谢 xièxie 동 감사하다 | 帮 bāng 동 돕다 | 不客气 bú kèqi 천만에요, 별말씀을요 | 休息 xiūxi 동 쉬다

20

Lǎoshī shēngrì kuàilè
女：老师，生日快乐！

Xièxie nǐ Zhè shì nǐ xiě de ma Xiě de zhēn hǎo
男：谢谢你！这是你写的吗？写得真好。

여: 선생님, 생일 축하 드려요!

남: 고맙구나! 이것은 네가 쓴 것이니? 정말 잘 썼구나.

답: **E**

포인트 동사 잘 듣기

해설 '生日快乐'는 생일을 맞이한 사람에게 하는 말이고, 이에 근거해 답을 보기E로 골라 줍니다. 이같이 난이도가 높지 않은 문제는 꼭 맞추도록 해야 합니다.

단어 **老师** lǎoshī 명 선생님 | **生日快乐** shēngrì kuàilè 생일 축하 합니다 | **写** xiě 동 쓰다 | **得** de 조 ~하는 정도가

제3부분 (第三部分)

21

Nǐ jiànguo xióngmāo ma
女：你见过熊猫吗？

Wǒ zài Běijīng dòngwùyuán kàndàoguo xióngmāo
男：我在北京动物园看到过熊猫。

Nán de zài nǎr jiànguo xióngmāo
问：男的在哪儿见过熊猫？

Běijīng Shànghǎi Shǒu'ěr
A 北京 **B** 上海 **C** 首尔

여: 당신은 판다를 본 적이 있습니까?

남: 저는 베이징 동물원에서 판다를 본 적이 있습니다.

질문: 남자는 어디에서 판다를 본 적이 있나요?

A 베이징

B 상하이

C 서울

답: **A**

포인트 도시 이름 잘 듣기

해설 보기 분석을 먼저 해서 도시 이름을 물어보는 문제라는 것을 파악하고 잘 듣습니다. 대화 속에 '北京'이 언급되므로 정답은 보기A입니다.

단어 **过** guo 조 ~한 적이 있다 | **熊猫** xióngmāo 명 판다 | **北京** Běijīng 명 베이징 | **动物园** dòngwùyuán 명 동물원 | **上海** Shànghǎi 명 상하이 | **首尔** Shǒu'ěr 명 서울

22

Zuò huǒchē qù Nánjīng duō màn na
男：坐火车去南京，多慢哪！

ge xiǎoshí jiù dào le yìdiǎnr yě bú màn
女：4个小时就到了，一点儿也不慢。

Zuò huǒchē jǐ ge xiǎoshí néng dào Nánjīng
问：坐火车几个小时能到南京？

ge xiǎoshí ge xiǎoshí ge xiǎoshí
A 2个小时 **B** 4个小时 **C** 10个小时

남: 기차를 타고 난징에 가는 것은 많이 느립니다!

여: 네 시간이면 바로 도착합니다. 전혀 느리지 않습니다.

질문: 기차를 타면 몇 시간이면 난징에 도착하나요?

A 2시간

B 4시간

C 10시간

답: **B**

포인트 시간 잘 듣기

해설 숫자 '4', '10'을 구별해서 잘 들어야 합니다. 대화 속에서 '4个小时就到了'라고 했으므로 정답은 보기B입니다.

단어 坐 zuò 동 (교통수단)타다 | 火车 huǒchē 명 기차 | 南京 Nánjīng 명 난징 | 慢 màn 형 느리다 | 小时 xiǎoshí 명 시간 | 就 jiù 부 바로, 곧 | 到 dào 동 도착하다

23

男：听说 (Tīngshuō)，你们 (nǐmen) 明天 (míngtiān) 去 (qù) 香港 (Xiānggǎng) 旅游 (lǚyóu)？

女：不是 (Bú shì)，是 (shì) 后天 (hòutiān)，今天 (jīntiān) 才 (cái) 星期五 (xīngqīwǔ)。

问：女的 (Nǚ de) 星期几 (xīngqī jǐ) 去 (qù) 旅游 (lǚyóu)?

A 星期五 (xīngqīwǔ) B 星期六 (xīngqīliù) C 星期天 (xīngqītiān)

남: 듣자하니, 내일 홍콩 여행 가신다고요?

여: 아닙니다. 모레입니다. 오늘은 금요일에요.

질문: 여자는 언제 여행을 가나요?

A 금요일

B 토요일

C 일요일

답: **C**

포인트 요일 잘 듣고 계산하기

해설 내일 홍콩에 가냐는 질문에 여자는 모레라고 답을 해 주고, 오늘은 금요일이라고 말합니다. 여자는 일요일에 홍콩 여행을 가므로 정답은 보기C입니다.

단어 听说 tīngshuō 동 듣자하니 | 明天 míngtiān 명 내일 | 香港 Xiānggǎng 명 홍콩 | 旅游 lǚyóu 동 여행하다 | 后天 hòutiān 명 모레 | 才 cái 부 겨우, 비로서 | 星期五 xīngqīwǔ 명 금요일

24

女：赵 (Zhào) 老师 (lǎoshī) 在 (zài) 办公室 (bàngōngshì) 吗 (ma)？

男：他 (Tā) 去 (qù) 上课 (shàngkè) 了 (le)。

问：赵 (Zhào) 老师 (lǎoshī) 可能 (kěnéng) 在 (zài) 哪儿 (nǎr)？

A 教室 (jiàoshì) B 办公室 (bàngōngshì) C 银行 (yínháng)

여: 자오 선생님 교무실에 계십니까?

남: 수업하러 가셨습니다.

질문: 자오 선생님은 어디에 계시나요?

A 교실

B 교무실

C 은행

답: **A**

포인트 상황 파악하기

해설 교무실에 계시냐고 질문을 했는데, 수업을 하러 가셨다고 하니 자오 선생님은 수업을 하는 교실에 계시다는 것을 알 수 있습니다.

단어 赵 Zhào 명 자오(성씨) | 老师 lǎoshī 명 선생님 | 在 zài 동 ~에 있다 | 办公室 bàngōngshì 명 사무실 | 上课 shàngkè 동 수업하다 | 教室 jiàoshì 명 교실 | 银行 yínháng 명 은행

25

Xiǎo Fāng zhè jiàn shì nǐ shì zěnme zhīdào de
男：小芳，这件事你是怎么知道的？
Zuótiān wǒ tīng nǐ māma shuō de
女：昨天我听你妈妈说的。

Shéi gàosu Xiǎo Fāng de
问：谁告诉小芳的？
nán de / nánrén de māma / nǚrén de māma
A 男的 B 男人的妈妈 C 女人的妈妈

남: 샤오팡, 이 일은 당신이 어떻게 알게 된 겁니까?
여: 어제 당신의 어머니가 말씀하시는 것을 들었습니다.

질문: 누가 샤오팡에게 알려 준 것인가요?
A 남자
B 남자의 어머니
C 여자의 어머니

답: **B**

포인트 사람 대상 잘 듣기

해설 남자가 여자에게 어떻게 알게 되었냐고 질문하자 샤오팡은 남자의 어머니가 알려 주었다고 대답합니다. 그러므로 정답은 보기B가 됩니다. 이 문제는 남자와 여자를 구별해서 잘 들어야 합니다.

단어 小芳 Xiǎo Fāng 인명 샤오팡 | 件 jiàn 양 일에 대한 양사, 건 | 事 shì 명 일 | 怎么 zěnme 대명 어떻게 | 知道 zhīdào 동 알다 | 听 tīng 동 듣다 | 说 shuō 동 말하다

26

Xué Hànyǔ nán bu nán
女：学汉语难不难？
Yǒudiǎnr nán dàn hěn yǒuyìsi
男：有点儿难，但很有意思。

Nán de juéde xué Hànyǔ zěnmeyàng
问：男的觉得学汉语怎么样？
yǒudiǎnr nán / méi yǒuyìsi / tài róngyì
A 有点儿难 B 没有意思 C 太容易

여: 중국어 배우기 어렵나요? 어렵지 않나요?
남: 약간 어려워요. 그러나 재미 있습니다.

질문: 남자는 중국어 배우는 것이 어떻다고 여기나요?
A 약간 어렵다
B 재미 없다
C 너무 쉽다

답: **A**

포인트 의사 표현 잘 듣기

해설 남자가 한 말 '有点儿难，但很有意思'에서 보기B는 제거하고 보기A를 정답으로 고릅니다. 보기C는 언급되지 않았습니다.

단어 学 xué 동 배우다 | 汉语 Hànyǔ 명 중국어 | 难 nán 형 어렵다 | 有点儿 yǒudiǎnr 부 약간 | 但 dàn 관 그러나 | 有意思 yǒuyìsi 형 재미있다 | 容易 róngyì 형 쉽다

27

Bié kàn diànnǎo le hē bēi chá ba
男：别 看 电脑 了，喝 杯 茶 吧。

Xièxie nǐ zhēn hǎo
女：谢谢，你 真 好。

Nán de ràng nǚ de zuò shénme
问：男 的 让 女 的 做 什么？

kàn diànnǎo xiūxi shuìjiào
A 看 电脑 **B** 休息 **C** 睡觉

남: 컴퓨터는 그만 보세요. 차 한잔 드세요.
여: 감사합니다. 정말 친절하시군요.

질문: 남자는 여자에게 무엇을 하라고 하나요?

A 컴퓨터를 보라고
B 휴식을 하라고
C 잠을 자라고

답: **B**

포인트 동작 잘 듣고 상황 파악하기

해설 남자가 여자에게 컴퓨터를 그만하라고 하므로 보기A는 우선 제거합니다. 남자는 곧 이어서 여자에게 차를 한 잔 마시라고 하는데 이것은 휴식을 취하라는 것이지 잠을 자라는 것이라고 보기 어렵습니다. 따라서 정답은 보기B입니다.

단어 别 bié 부 ~하지 마라 | 电脑 diànnǎo 명 컴퓨터 | 喝 hē 동 마시다 | 杯 bēi 양 음료에 대한 양사, 잔 | 茶 chá 명 차 | 让 ràng 동 ~에게 ~하라고 하다 | 做 zuò 동 ~하다 | 休息 xiūxi 동 쉬다 | 睡觉 shuìjiào 동 자다

28

Zhuōzi shang de nà běn shū shì nǐ de
女：桌子 上 的 那 本 书 是 你 的？

Bú shì nà shì wǒ gēge de
男：不 是，那 是 我 哥哥 的。

Nà běn shū shì shéi de
问：那 本 书 是 谁 的?

gēge de jiějie de dìdi de
A 哥哥 的 **B** 姐姐 的 **C** 弟弟 的

여: 책상 위에 그 책은 당신 것입니까?
남: 아닙니다. 그 책은 저의 형 것입니다.

질문: 그 책은 누구의 것인가요?

A 형 책
B 누나 책
C 남동생 책

답: **A**

포인트 사람 대상 잘 듣기

해설 남자 본인의 책이냐는 여자 질문에 남자는 자기 형 책이라고 대답합니다. 따라서 정답은 보기A이며, 나머지 보기는 언급되지 않았습니다.

단어 桌子上 zhuōzi shang 책상 위 | 本 běn 양 책에 대한 양사, 권 | 书 shū 명 책 | 哥哥 gēge 명 형, 오빠

29

Zhāng lǎoshī nín nǚ'ér yǐjing zhème dà le
男：张 老师，您 女儿 已经 这么 大 了？
Zhè shì wǒ de xuésheng wǒ nǚ'ér zài nàbian
女：这 是 我 的 学生 ，我 女儿 在 那边。

Nǚ de shì shénme yìsi
问：女 的 是 什么 意思？
nǚ'ér méi lái nǚ'ér zài nàr xuésheng méi lái
A 女儿 没 来 B 女儿 在 那儿 C 学生 没 来

남: 장 선생님, 따님이 벌써 이렇게 컸습니까?
여: 이쪽은 제 학생이에요. 제 딸은 저쪽에 있습니다.

질문: 여자가 한 말은 무슨 뜻인가요?
A 딸이 오지 않았다
B 딸은 저쪽에 있다
C 학생은 오지 않았다

답: **B**

포인트 의미 파악하기

해설 여자는 남자에게 남자가 말한 사람은 여자의 학생이고 여자의 딸은 저쪽에 있다고 말합니다. 따라서 정답은 보기 B입니다.

단어 张 Zhāng 명 장(성씨) | 女儿 nǚ'ér 명 딸 | 已经 yǐjing 부 벌써, 이미 | (长)大 (zhǎng)dà 동 자라다 | 在 zài 동 ~에 있다 | 那边 nàbian 명 저쪽

30

Érzi nǐ huíjiā zhēn hǎo duō chī cài
女：儿子，你 回家 真 好，多 吃 菜。
Hǎo mā zuò de cài bǐ shítáng de gèng hǎochī
男：好，妈 做 的 菜 比 食堂 的 更 好吃。

Tāmen zuì kěnéng zài nǎr
问：他们 最 可能 在 哪儿？
zài shāngdiàn zài shítáng zài jiā
A 在 商店 B 在 食堂 C 在 家

여: 아들, 네가 돌아오니 정말 좋구나, 많이 먹으렴.
남: 네, 엄마가 해주신 음식은 식당 음식보다 맛있어요.

질문: 이들은 어디에 있을까요?
A 상점에 있다
B 식당에 있다
C 집에 있다

답: **C**

포인트 장소 핵심어 잘 듣기

해설 엄마가 아들에게 '你回家真好'라고 하면서 집에 돌아왔다는 사실을 언급하고 있으며, 아들은 엄마가 만든 음식을 먹고 있으니 이들이 있는 곳은 집이라고 볼 수 있습니다. 대화 속에 언급된 식당은 식당 음식이 집 밥만 못하다는 비교 대상이니 혼동하지 않도록 주의하세요.

단어 回家 huíjiā 동 집에 돌아오다 | 菜 cài 명 음식 | 比 bǐ 개 ~보다 | 食堂 shítáng 명 식당 | 商店 shāngdiàn 명 상점

제4부분 (第四部分)

31

Yǒu jīnwǎn de diànyǐngpiào ma Duōshao qián yì zhāng
男：有 今晚 的 电影票 吗？ 多少 钱 一 张 ？

kuài yì zhāng yào jǐ zhāng
女：30 块 一 张 ， 要 几 张 ？

Wǒmen ge rén gěi zhāng piào
男：我们 4个 人，给 4 张 票。

Hǎo yígòng yuán
女：好， 一共 120 元 。

Nán de yígòng děi jiāo duōshao qián
问：男 的 一共 得 交 多少 钱？

yuán yuán yuán
A 30 元 **B** 44 元 **C** 120 元

남: 오늘 저녁 영화표 있습니까? 한 장에 얼마입니까?

여: 30위안에 한 장입니다. 몇 장 드릴까요?

남: 저희는 네 명입니다. 네 장 주세요.

여: 네, 모두 120위안입니다.

질문: 남자는 모두 얼마를 지불해야 하나요?

A 30위안

B 44위안

C 120위안

답: **C**

포인트 가격 듣고 계산하기

해설 남자는 한 장에 30위안인 영화표를 4장 달라고 했으므로 정답은 보기C입니다.

단어 今晚 jīnwǎn 명 오늘 밤 | 电影 diànyǐng 명 영화 | 票 piào 명 표 | 多少 duōshao 대명 얼마 | 钱 qián 명 돈 | 张 zhāng 양 종이에 대한 양사, 장 | 块 kuài 양 돈에 대한 양사, 위안 | 要 yào 동 원하다 | 给 gěi 동 주다 | 一共 yígòng 부 모두 | 得 děi 조동 ~해야만 하다 | 交 jiāo 동 지불하다

32

Qǐngwèn yóujú zěnme zǒu
女： 请问 ， 邮局 怎么 走 ？

Nín wǎng qián zǒu jiù zài lù de yòubian
男：您 往 前 走，就 在 路 的 右边 。

Xièxie nǐ
女：谢谢 你！

Bú kèqi
男：不 客气。

Nǚ de yào qù nǎr
问：女 的 要 去 哪儿?

qiánmian yóujú fàndiàn
A 前面 **B** 邮局 **C** 饭店

여: 말씀 좀 여쭙겠습니다. 우체국 어떻게 갑니까?

남: 앞으로 가세요. 바로 길가 오른쪽에 있습니다.

여: 감사합니다.

남: 천만에요.

질문: 여자는 어디에 가려고 하나요?

A 앞쪽

B 우체국

C 음식점

답: **B**

포인트 장소 핵심어 잘 듣기

해설 보기 분석을 먼저 하고 녹음을 들으면 비교적 쉽게 풀어낼 수 있습니다. 대화 처음에 여자가 우체국에 어떻게 가냐고 묻자 남자는 앞으로 가면 오른쪽에 있다고 알려 줍니다. 따라서 보기A는 제거하고 보기B를 정답으로 골라

야 합니다.

단어 请问 qǐngwèn 동 말씀 좀 여쭙겠습니다 | 邮局 yóujú 명 우체국 | 怎么 zěnme 대명 어떻게 | 走 zǒu 동 가다 | 往 wǎng 개 ~향해서 | 前 qián 명 앞 | 路 lù 명 길 | 右边 yòubian 명 오른쪽 | 饭店 fàndiàn 명 음식점

33

Zuótiān wǒ kànjiàn nǐ le
女：昨天 我 看见 你 了。

Shì ma Zài nǎli
男：是 吗？在 哪里？

Zài chāoshì li nǐ zài mǎi píngguǒ
女：在 超市 里，你 在 买 苹果 。

Wǒ zuótiān méi qù chāoshì Nà shì wǒ dìdi wǒmen liǎ zhǎng de hěn xiàng
男：我 昨天 没 去 超市 。那 是 我 弟弟， 我们 俩 长 得 很 像 。

Nǚ de kànjiànle shéi
问：女 的 看见了 谁？

nánrén de dìdi zhàngfu bàba
A 男人 的 弟弟 **B** 丈夫 **C** 爸爸

여: 어제 당신을 보았어요.

남: 그래요? 어디에서요?

여: 슈퍼에서요. 당신은 사과를 사고 있었지요.

남: 저는 어제 슈퍼에 가지 않았어요. 그 사람은 제 동생이고, 저희 둘은 많이 닮았습니다.

질문: 여자는 누구를 보았나요?

A 남자의 남동생

B 남편

C 아빠

답: **A**

포인트 사람 대상과 부정 잘 듣기

해설 여자가 남자에게 어제 슈퍼에서 보았다고 말을 하자 남자는 슈퍼에 있던 사람은 자기 동생이라고 합니다. 따라서 정답은 보기A이고 나머지 보기들은 언급되지 않았습니다.

단어 看见 kànjiàn 동 보았다 | 在 zài 개 ~에서 부 ~하고 있다 | 超市 chāoshì 명 슈퍼 | 苹果 píngguǒ 명 사과 | 俩 liǎ 수 둘 | 长 zhǎng 동 생기다 | 得 de 조 ~한 정도가 | 像 xiàng 형 닮다, 비슷하다

34

Wǒmen xīwàng nǐ xià ge xīngqī jiù néng lái gōngsī shàngbān
男：我们 希望 你 下 个 星期 就 能 来 公司 上班 。

Hǎo de méi wèntí
女：好 的，没 问题。

Shàngbān shíjiān shì shàngwǔ diǎn dào xiàwǔ diǎn
男： 上班 时间 是 上午 9 点 到 下午 5 点。

Xièxie nà xīngqīyī jiàn
女：谢谢，那 星期一 见。

Tāmen zài shuō shénme
问：他们 在 说 什么？

gōngzuò xuéxí yùndòng
A 工作 **B** 学习 **C** 运动

남: 저희는 당신이 다음 주부터 바로 회사로 출근하기를 희망합니다.

여: 네, 별 문제 없습니다.

남: 업무 시간은 오전 9시부터 오후 5시까지 입니다.

여: 감사합니다. 그럼 다음주 월요일에 뵙겠습니다.

질문: 이들은 무엇을 이야기 하고 있나요?

A 일

B 공부

C 운동

답: **A**

포인트 비슷한 뜻 파악하기

해설 대화 속에 언급되는 '上班'에 근거해 정답은 보기A입니다.

단어 **希望** xīwàng 동 희망하다 | **星期** xīngqī 명 주 | **公司** gōngsī 명 회사 | **上班** shàngbān 동 출근하다 | **没问题** méi wèntí 문제 없다, 상관없다, 괜찮다 | **上午** shàngwǔ 명 오전 | **下午** xiàwǔ 명 오후

35

Tíngting nǐ bāng wǒ kànkan wǒ de cídiǎn zhǎo bu dào le
男：婷婷，你 帮 我 看看，我 的 辞典 找 不 到 了。

Nǐ fàng zài nǎr le
女：你 放 在 哪儿 了？

Kěnéng zài shūzhuō shang
男：可能 在 书桌 上 。

Wǒ bāng nǐ zhǎo
女：我 帮 你 找 。

Tāmen zhèngzài zhǎo shénme
问：他们 正在 找 什么？

qiánbāo cídiǎn Hànyǔ shū
A 钱包 **B** 辞典 **C** 汉语 书

남: 팅팅, 저 좀 도와서 봐주세요. 제 사전을 찾을 수가 없네요.

여: 어디에 놓으셨나요?

남: 아마도 책상에 있는 것 같아요.

여: 찾아 보겠습니다.

질문: 이들이 찾는 것은 무엇인가요?

A 지갑

B 사전

C 중국어책

답: **B**

포인트 사물 대상 잘 듣기

해설 보기 분석을 먼저 하고 녹음을 듣습니다. 대화 도입부 초반에 나온 '我的辞典找不到了。'를 잘 들으면 정답을 보기B로 고르기 어렵지 않습니다. 보기A와 C는 언급되지 않았습니다.

단어 **婷婷** Tíngting 인명 팅팅 | **帮** bāng 동 돕다 | **辞典** cídiǎn 명 사전 | **找** zhǎo 동 찾다 | **放** fàng 동 놓다 | **可能** kěnéng 부 아마도 | **书桌上** shūzhuō shang 책상 위

2. 독해(阅读)

제1부분 (第一部分)

36 Tīngshuō zhège diànyǐng hěn hǎo wǒmen yě qù kànkan
听说 这个 电影 很 好，我们 也 去 看看。

이 영화 좋다고 들었는데, 우리도 가서 봅시다.

답: C

포인트 '看电影'이해하기

해설 문제에 언급된 영화와 관련 깊은 그림은 보기C입니다.

단어 听说 tīngshuō 동 남의 말을 듣다, 소식을 전해 듣다 | 电影 diànyǐng 명 영화 | 也 yě 부 ~도, 역시

37 Nǐ kànjiàn Sūn lǎoshī bǎ zhè fēng xìn gěi tā
你 看见 孙 老师，把 这 封 信 给 他。

손 선생님을 보면 이 편지를 전해 주세요.

답: F

포인트 '这封信' 이해하기

해설 '这封信'은 '이 편지'라는 뜻으로 관련 있는 그림은 보기F입니다.

단어 孙 Sūn 명 손(성씨) | 老师 lǎoshī 명 선생님 | 把 bǎ 개 ~을 | 封 fēng 양 편지에 대한 양사, 통 | 信 xìn 명 편지 | 给 gěi 동 주다

38 Shàngbān shíjiān bié wán diànnǎo
上班 时间，别 玩 电脑。

업무 시간에 컴퓨터 게임은 하지 마세요.

답: B

포인트 명사 '电脑'이해하기

해설 명사 '电脑'는 '컴퓨터' 라는 뜻으로 보기B가 답이 됩니다.

단어 上班 shàngbān 동 출근하다, 업무를 보다 | 时间 shíjiān 명 시간 | 别 bié 부 ~하지 마라 | 玩 wán 동 놀다 | 电脑 diànnǎo 명 컴퓨터

39 Xiǎojiě zhèli bù néng dǎ diànhuà
小姐，这里 不 能 打 电话。

아가씨, 여기서는 전화를 거실 수 없습니다.

답: E

포인트 동작 '打电话'와 금지 표현 이해하기

해설 '打电话'는 '전화 걸다'이고 '不能'은 '~하면 안되다'라는 뜻으로 금지를 나타냅니다. 그러므로 '不能打电话'는 '전화를 걸면 안되다'이므로 보기E가 정답입니다.

단어 小姐 xiǎojiě 명 아가씨 | 不能 bù néng ~을 하면 안 되다, ~을 할 수 없다 | 打 dǎ 동 (전화)걸다 | 电话 diànhuà 명 전화

40

Nǐ de zuòyè xiěwánle ma 你 的 作业 写完了 吗？	숙제 다 했니? 답 : **A**

포인트 동작 표현 '写作业'이해하기

해설 '作业写'는 '숙제하다'를 이므로 숙제를 하고 있는 사진 보기A가 정답입니다.

단어 作业 zuòyè 명 숙제 | 写 xiě 동 쓰다 | 完 wán 동 다 하다

제2부분 (第二部分)

第 41-45 题

shǒujī **A** 手机 휴대폰	yǐjing **B** 已经 이미	piányi **C** 便宜 저렴하다	téng **D** 疼 아프다	guì **E** 贵 비싸다	yào **F** 药 약

41

Nǐ hái yào mǎi yīfu nǐ de yīfu hěn duō le 你 还 要 买 衣服，你 的 衣服（ ）很 多 了。	당신 또 옷을 사려고 하는데, 당신 옷은 (이미) 많아요. 답 : **B**

포인트 위치에 알맞은 부사 넣기

해설 괄호 앞에 주어 '你的衣服'가 있고, 뒤에 서술어 '多'가 있습니다. 괄호 안에는 부사나 형용사가 들어가서 '多'를 수식할 수 있어야 합니다. 보기B는 부사이고 C가 형용사이므로 괄호에 들어갈 수는 있지만 내용상 보기B가 알맞습니다. 앞절의 '还要'와 호응을 할 수 있는 것은 보기B로 옷을 또 사려는 사람에게 옷이 많으니 사지 말라고 말하고 있습니다.

단어 还 hái 부 또 | 要 yào 조동 ~하려 하다 | 衣服 yīfu 명 옷

42

Guì de kuài qián yì jīn de kuài qián yì jīn 贵 的 30 块 钱 一 斤，（ ）的 10 块 钱 一 斤。	비싼 것은 30위안에 한 근이고, (저렴한) 것은 10위안에 한 근입니다. 답 : **C**

포인트 반대말 익히기

해설 가격이 30위안, 10위안 두 가지가 제시되는데, 30위안이 비싼 것이면 10위안은 저렴한 것이 되어야 하므로 정답은 보기C입니다.

단어 贵 guì 형 비싸다 | 的 de 조 ~한 것 | 块 kuài 양 위안 | 钱 qián 명 돈 | 斤 jīn 양 근(500그람)

43 Lǎo Zhāng nín de shì zài nǎr mǎi de
老张，您的(　)是在哪儿买的？

라오장, 당신의 (휴대폰)은 어디에서 산 것입니까?

답: A

포인트 '사람+的+물건' 구조 익히기

해설 '사람+的+물건'은 '누구의 물건'을 뜻합니다. 그러니 빈칸에는 명사 휴대폰이 들어가야 내용에 적합합니다.

단어 老张 Lǎo Zhāng 인명 라오장 | 您 nín 대명 2인칭의 존칭

44 Zhège yì tiān chī cì cì piàn
这个(　)一天吃3次，1次4片。

이 (약)은 하루 3번, 한 번에 4알씩 먹습니다.

답: F

포인트 '지시대명사+양사+명사'구조 익히기

해설 양사 뒤에는 명사가 위치합니다. 문장에 동사 '吃'가 나오니 먹을 수 있는 명사를 보기 중에서 골라야 합니다. 따라서 정답은 보기F입니다.

단어 吃 chī 동 먹다 | 次 cì 양 차례 | 片 piàn 양 알, 편

45 Wǒ zuìjìn yǎnjing yǒudiǎnr
我最近眼睛有点儿(　)。

저는 요즘 눈이 약간 (아팠습니다).

답: D

포인트 '有点儿+형용사'구조 익히기

해설 눈이 약간 '어떠하다'라는 구조로 '有点儿'뒤에 눈과 같이 사용할 수 있는 형용사는 보기D '아프다'가 적합합니다.

단어 最近 zuìjìn 명 최근 | 眼睛 yǎnjing 명 눈 | 有点儿 yǒudiǎnr 부 약간

제3부분 (第三部分)

46 Hā'ěrbīn de dōngtiān hěn lěng nǐ lái de shíhou duō chuān yīfu
哈尔滨的冬天很冷，你来的时候多穿衣服。

Nǐ lái Hā'ěrbīn yào duō chuān yīfu
★你来哈尔滨要多穿衣服。

하얼빈의 겨울은 아주 춥습니다. 당신 오실 때는 옷을 많이 입으세요.

★당신 하얼빈 오시려면 옷을 많이 입어야 합니다.

답: √

포인트 의미 파악하기

해설 첫 번째 문장의 '你来的时候'는 앞 절에 언급된 하얼빈과 연결지어 '하얼빈에 올 때'를 뜻하게 됩니다. 두 문장의 의미는 같다고 볼 수 있으므로 답은 √입니다.

단어 哈尔滨 Hā'ěrbīn 명 하얼빈 | 冬天 dōngtiān 명 겨울 | 冷 lěng 형 춥다 | 穿 chuān 동 입다 | 衣服 yīfu 명 옷

47

Dàjiā shuō Dōngdong de Hànyǔ hěn hǎo, kěshì tā shuō de bú shì nàme hǎo.
大家说冬冬的汉语很好，可是他说得不是那么好。

Dōngdong Hànyǔ shuō de bú shì hěn hǎo.
★ 冬冬汉语说得不是很好。

모두들 동동이 중국어를 잘 한다고 말합니다. 그러나 그가 그렇게 잘 하는 것은 아닙니다.

★동동은 중국어를 그다지 잘 하지 못합니다.

답: √

포인트 전환의 의미 '可是'익히기

해설 화자의 의도는 전환을 나타내는 관련사 '可是' 뒤에 위치합니다. 첫 번째 문장은 사람들은 동동의 중국어가 훌륭하다고 말하지만 실은 별로라는 뜻이고, 두 번째 문장도 동동의 중국어 실력이 그다지 좋지 않다를 의미하니 두 문장은 같은 의미입니다.

단어 大家 dàjiā 대명 모두들 | 说 shuō 동 말하다 | 冬冬 Dōngdong 인명 동동 | 汉语 Hànyǔ 명 중국어 | 得 de 조 ~한 정도가 | 那么 nàme 대명 그렇게

48

Wǒ juéde zài jiā dāizhe yě shì yì zhǒng kuàilè. Wǒ kěyǐ tīng yīnyuè, yě kěyǐ zài jiā dú hěn duō shū.
我觉得在家呆着也是一种快乐。我可以听音乐，也可以在家读很多书。

Wǒ xǐhuan zài jiā kàn diànshì.
★ 我喜欢在家看电视。

저는 집에 있는 것도 일종의 즐거움이라고 여깁니다. 음악을 들을 수도 있고, 또 집에서 많은 책을 읽을 수도 있습니다.

★저는 집에서 TV보는 것을 좋아합니다.

답: ×

포인트 의미 파악하기

해설 첫 번째 문장에서는 음악을 듣고 책을 볼 수 있어 집에 있는 것도 일종의 즐거움이라고 했지만, 두 번째 문장에서는 TV를 좋아한다고 했으니 두 문장의 뜻은 일치하지 않습니다. 정답은 ×입니다.

단어 觉得 juéde 동 ~라고 여기다 | 呆 dāi 동 머물다 | 种 zhǒng 양 종 | 快乐 kuàilè 명 즐거움 | 可以 kěyǐ 조동 ~할 수 있다 | 听 tīng 동 듣다 | 音乐 yīnyuè 명 음악 | 读 dú 동 읽다 | 书 shū 명 책 | 电视 diànshì 명 TV

49

Wǒ rènwéi Niǔyuē bǐ Běijīng gèng hǎo xiē.
我认为纽约比北京更好些。

Běijīng gèng hǎo.
★ 北京更好。

나는 뉴욕이 베이징 보다 더 좋다고 여긴다.

★베이징이 더 좋다.

답: ×

포인트 비교문 이해하기

해설 첫 번째 문장은 개사 '比'를 사용한 비교문입니다. '대상A+比+대상B+형용사'구조는 'A가 B보다 형용사하다'를 의미합니다. 따라서 첫 번째 문장은 뉴욕이 더 좋다고 여기는 것이므로 정답은 ×입니다.

단어 认为 rènwéi 동 ~라고 여기다 | 纽约 Niǔyuē 명 뉴욕 | 比 bǐ 개 ~보다 | 北京 Běijīng 명 베이징 | 更 gèng 부 더 | 些 xiē 양 약간

50

Xīngqīwǔ xiàwǔ wǒ zhěnglǐle yíxià wǒ de yīguì Zài
星期五 下午，我 整理了 一下 我 的 衣柜。在
yīguì li wǒ zhǎochūle xǔduō báisè yīfu yǒu de yǐjing
衣柜 里，我 找出了 许多 白色 衣服，有 的 已经
biànhuáng le
变黄 了。

Xǔduō báisè yīfu dōu hěn bái
★ 许多 白色 衣服 都 很 白。

금요일 오후에 나는 나의 옷장을 정리했다. 옷장에서 나는 많은 흰색 옷을 찾아냈는데, 어떤 것들은 이미 노랗게 변했다.
★많은 흰색 옷은 모두 하얗다.

답: ×

포인트 부사 '都' 익히기

해설 두 번째 문장에 있는 부사 '都'는 '모두'를 뜻하고, 첫 번째 문장 끝 절에 있는 '有的'는 '일부'를 뜻합니다. 첫 번째 문장에서 일부가 이미 노랗게 변했다고 하므로 두 문장은 일치하지 않습니다.

단어 星期五 xīngqīwǔ 명 금요일 | 整理 zhěnglǐ 동 정리하다 | 一下 yíxià 양 좀, 약간 | 衣柜 yīguì 명 옷장 | 找出 zhǎochū 동 찾아내다 | 许多 xǔduō 형 많다 | 白色 báisè 명 흰색 | 有的 yǒu de 명 일부, 어떤 것 | 变 biàn 동 변하다 | 黄 huáng 형 노랗다

제4부분 (第四部分)

第 51-55 题

Yǒu piányi yìxiē de ma
A 有 便宜 一些 的 吗？ 좀 저렴한 것이 있습니까?

Wǒ xiǎng chī ge píngguǒ zài shuì
B 我 想 吃 个 苹果 再 睡。 나는 사과를 먹고 자려 합니다.

Nǐ lái zhèr duōshao nián le
C 你 来 这儿 多少 年 了？ 여기 오신지 얼마나 되었습니까?

Wǒ yǐqián zuò dìtiě kě xiànzài kāichē shàngbān
D 我 以前 坐 地铁，可 现在 开车 上班 。 저는 예전에 지하철을 탔지만 지금은 차를 운전해서 출근합니다.

Tā zài nǎr ne Nǐ kànjiàn tā le ma
E 他 在 哪儿 呢？你 看见 她 了 吗？ 그는 어디 있습니까? 그를 보셨나요?

Méi guānxi wǒ zhīdào nǐ hěn máng
F 没 关系，我 知道 你 很 忙 。 괜찮습니다. 당신이 바쁜 것을 알고 있어요.

단어 便宜 piányi 형 저렴하다 | 一些 yìxiē 양 약간 | 苹果 píngguǒ 명 사과 | 再 zài 부 ~한 후에 | 睡 shuì 동 자다 | 多少 duōshao 대명 얼마나 | 以前 yǐqián 명 이전 | 坐 zuò 동 (교통수단)타다 | 地铁 dìtiě 명 지하철 | 可 kě 관 그러나 | 现在 xiànzài 명 현재 | 开车 kāichē 동 차 운전하다 | 上班 shàngbān 동 출근하다 | 没关系 méi guānxi 괜찮다 | 忙 máng 형 바쁘다

모의고사 5

51 Nǐ zuìjìn zěnme shàngbān
你 最近 怎么 上班 ?

당신은 최근에 어떻게 출근하나요?

답: D

포인트 핵심 관련어 찾기

해설 '怎么上班?'이라는 출근하는 방법에 대해 대답하는 내용으로 보기D가 적합하며 이는 문제 51번과 자연스러운 대화를 이룹니다.

단어 怎么 zěnme 대명 어떻게 | 上班 shàngbān 동 출근하다

52 Méiyǒu le zhè jiù shì zuì piányi de
没有 了, 这 就 是 最 便宜 的。

없습니다. 이것이 바로 제일 저렴한 것입니다.

답: A

포인트 관련 핵심어 찾기

해설 '便宜'는 보기A와 문제 속에 다 언급이 되고 있고, 저렴한 것이 있냐는 질문에 '없다'라는 대답이 자연스럽습니다.

단어 没有 méiyǒu 동 없다 | 就 jiù 부 바로 | 最 zuì 부 제일

53 Bú yào shuōhuà le kuài shuìjiào ba
不 要 说话 了, 快 睡觉 吧。

그만 말하고, 어서 주무세요.

답: B

포인트 관련 핵심어 찾기

해설 어서 자라고 재촉하는 말에 사과 먹고 자겠다는 대답은 있을 수 있는 대화입니다. 따라서 정답은 보기B입니다.

단어 说 shuō 동 말하다 | 话 huà 명 말 | 睡觉 shuìjiào 동 잠 자다 | 吧 ba 조 ~해라

54 Duìbuqǐ wǒ bù néng hé nǐ yìqǐ qù wǒ méi shíjiān
对不起, 我 不 能 和 你 一起 去, 我 没 时间。

죄송합니다. 저는 당신과 같이 갈 수 없어요. 시간이 없습니다.

답: F

포인트 상황에 알맞는 대구 찾기

해설 '미안하다'는 말 '对不起'에 자주 호응하는 말은 '没关系'입니다. 따라서 정답은 보기F입니다.

단어 对不起 duìbuqǐ 죄송합니다 | 和 hé 개 ~와 | 一起 yìqǐ 부 같이 | 时间 shíjiān 명 시간

55 Shíjiān guò de zhēn kuài wǒ lái Guǎngzhōu yǐjing nián le
时间 过 得 真 快, 我 来 广州 已经 10 年 了。

시간이 정말 빠르군요. 제가 광저우에 온 지 벌써 10년입니다.

답: C

포인트 시간 묻고 대답하기

해설 광저우에 온 지 10년 되었다는 문제와 온 지 얼마 되었냐고 묻는 보기C는 자연스러운 대화가 됩니다.

단어 时间 shíjiān 명 시간 | 过 guò 동 (시간)지내다 | 得 de 조 ~한 정도가 | 快 kuài 형 빠르다 | 广州 Guǎngzhōu 명 광저우 | 已经 yǐjing 부 벌써

第 56-60 题

A Tīngshuō nǐmen xuéxiào hěn dà lǎoshī hěn duō
听说 你们 学校 很 大，老师 很 多。 당신네 학교 아주 크고 교사도 많다고 들었어요.

B Méishìr wǒ hěn kuài jiù huílai
没事儿，我 很 快 就 回来。 괜찮아요. 저는 곧 돌아옵니다.

C Xiànzài hǎo duō le yīshēng shuō xià ge xīngqī jiù kěyǐ chūyuàn le
现在 好 多 了，医生 说 下 个 星期 就 可以 出院 了。
지금은 많이 좋아졌어요. 의사 선생님이 다음 주면 퇴원 가능하다고 말씀하셨습니다.

D Jīntiān tài wǎn le wǒmen bié qù Xiǎo Zhāng jiā le
今天 太 晚 了，我们 别 去 小 张 家 了。 오늘 너무 늦었어요. 샤오장 집에는 가지 맙시다.

E Méi le wǒ xiànzài chūqu mǎi ba
没 了，我 现在 出去 买 吧。 없어요. 제가 지금 나가서 사오겠습니다.

단어 听说 tīngshuō 동 소식을 듣다 | 学校 xuéxiào 명 학교 | 没事儿 méishìr 괜찮다, 상관없다 | 回来 huílai 동 되돌아오다 | 现在 xiànzài 명 지금 | 医生 yīshēng 명 의사 | 星期 xīngqī 명 주 | 出院 chūyuàn 동 퇴원하다 | 太 tài 부 너무 | 晚 wǎn 형 늦다 | 别 bié 부 ~하지 마라 | 小张 Xiǎo Zhāng 인명 샤오장 | 家 jiā 명 집 | 没 méi 동 없다 | 出去 chūqu 동 나가다 | 吧 ba 조 ~을 하겠다, ~하자

모의고사 5

56 Xiànzài shēntǐ zěnmeyàng Shénme shíhou kěyǐ chūyuàn
现在 身体 怎么样？什么 时候 可以 出院？
지금 건강은 어때요? 언제 퇴원할 수 있나요?
답: C

포인트 시간 묻고 대답하기와 관련 핵심어 찾기

해설 '出院'은 '퇴원하다'는 뜻으로 보기C에도 나옵니다. 언제 퇴원이 가능하냐는 질문에 다음주에 퇴원할 수 있다는 대답은 자연스럽습니다.

단어 现在 xiànzài 명 현재 | 身体 shēntǐ 명 건강 | 怎么样 zěnmeyàng 대명 어떻습니까? | 什么时候 shénme shíhou 언제 | 可以 kěyǐ 조동 ~할 수 있다. 가능하다

57 Tiānqì tài rè le jiāli yǒu xīguā ma
天气 太 热 了，家里 有 西瓜 吗？
날씨가 너무 덥네요. 집에 수박 있나요?
답: E

포인트 상황 이해하기

해설 집에 수박이 있냐는 질문'有西瓜吗?'에 없다는 대답'没了'는 자연스럽습니다.

단어 天气 tiānqì 명 날씨 | 太 tài 부 너무 | 热 rè 형 덥다 | 家里 jiā li 명 집안 | 有 yǒu 동 있다 | 西瓜 xīguā 명 수박

58

Shì de wǒmen yǒu liǎng bǎi duō ge lǎoshī
是 的, 我们 有 两 百 多 个 老师。

네, 우리는 200여명의 선생님이 계세요.

답: A

포인트 상황 이해하기

해설 문제에 언급된 '是的'는 보통 상대방이 한 말에 맞장구 칠 때 사용합니다. 그러니 문제에 언급된 200여명의 선생님과 자연스럽게 연결되어 대화를 이룰 수 있는 것은 보기A입니다.

단어 是的 shì de 네, 그렇다 | 多 duō 수 (어림수)여 | 老师 lǎoshī 명 선생님

59

Nǐ duō chuān jiàn yīfu wàimian hěn lěng
你 多 穿 件 衣服, 外面 很 冷。

옷을 더 입으세요. 밖은 아주 춥습니다.

답: B

포인트 상황 이해하기

해설 밖이 추우니 옷을 더 입으라는 배려에 금방 돌아올 것이니 괜찮다고 대답하는 것은 자연스럽습니다. 따라서 문제 59번과 어울릴 수 있는 대화는 보기B입니다.

단어 多 duō 형 많다 | 穿 chuān 동 입다 | 件 jiàn 양 옷에 대한 양사, 벌 | 外面 wàimiàn 명 밖 | 冷 lěng 형 춥다

60

Hǎo wǒmen míngtiān zài qù
好, 我们 明天 再 去。

네, 우리 내일 다시 가요.

답: D

포인트 상황 파악하기

해설 '好'는 상대방의 제안을 받아들일 때도 사용 가능합니다. 내일 가자는 것은 오늘 가지 말자는 뜻이 되므로 보기D가 문제 60번과 자연스럽게 연결될 수 있습니다.

단어 明天 míngtiān 명 내일 | 再 zài 부 다시 | 去 qù 동 가다

* HSK 2급 300개 필수 단어 *

A

爱 ài 동 사랑하다 / ~하기 좋아하다

B

吧 ba 조 ~하자 / ~이지요?
八 bā 수 8
爸爸 bàba 명 아빠
白 bái 형 하얗다
百 bǎi 수 백
帮助 bāngzhù 동 돕다
报纸 bàozhǐ 명 신문
杯子 bēizi 명 컵
北京 Běijīng 명 베이징
本 běn 양 권
比 bǐ 개 ~보다
别 bié 부 ~하지 마라
宾馆 bīnguǎn 명 호텔
不 bù 부 ~하지 않다
不客气 búkèqi 괜찮습니다

C

菜 cài 명 음식, 요리, 채소
茶 chá 명 차
长 cháng 형 길다
唱歌 chànggē 동 노래 부르다
吃 chī 동 먹다
出 chū 동 나가다
出租车 chūzūchē 명 택시
穿 chuān 동 (옷)입다,(신발)신다
次 cì 양 회, 차례
从 cóng 개 ~로부터
错 cuò 형 틀리다

D

打电话 dǎ diànhuà 전화 하다
打篮球 dǎ lánqiú 농구 하다
大 dà 형 크다
大家 dàjiā 대명 모두들, 여러분
但是 dànshì 관 그러나
到 dào 동 도착하다 개 ~까지
的 de 조 ~의 것, ~한 사람
得 de 조 ~하는 정도가
等 děng 동 기다리다
弟弟 dìdi 명 남동생
第一 dì yī 수 첫, 제1
点 diǎn 명 시
电脑 diànnǎo 명 컴퓨터
电视 diànshì 명 TV
电影 diànyǐng 명 영화
东西 dōngxi 명 물건
懂 dǒng 동 알다, 이해하다
都 dōu 부 모두
读 dú 동 읽다
对 duì 형 맞다
对 duì 개 ~에게, ~에 대하여
对不起 duìbuqǐ 죄송합니다
多 duō 형 많다
多少 duōshao 대명 얼마나

E

儿子 érzi 명 아들
二 èr 수 2

F

饭店 fàndiàn 명 식당, 호텔
房间 fángjiān 명 방
非常 fēicháng 부 매우, 무척
飞机 fēijī 명 비행기
分钟 fēnzhōng 명 분
服务员 fúwùyuán 명 종업원

G

高 gāo 형 높다
高兴 gāoxìng 형 기쁘다
告诉 gàosu 동 알려주다, 알리다
哥哥 gēge 명 형, 오빠
个 ge 양 개
给 gěi 동 주다 개 ~에게
公共汽车 gōnggòng qìchē 명 버스
公司 gōngsī 명 회사
工作 gōngzuò 명 일, 업무
狗 gǒu 명 개
贵 guì 형 비싸다
过 guo 조 ~한 적이 있다

H

还 hái 부 아직, 또
孩子 háizi 명 아이
汉语 Hànyǔ 명 중국어
好 hǎo 형 좋다
好吃 hǎochī 형 맛있다
号 hào 명 날짜, 일, 호수
喝 hē 동 마시다
和 hé 관 ~와
黑 hēi 형 검다
很 hěn 부 매우
红 hóng 형 빨갛다
后面 hòumian 명 뒤 쪽, 뒷면
回 huí 동 되돌아 오다(가다)
会 huì 조동 ~할 수 있다
火车站 huǒchēzhàn 명 기차역

J

机场 jīchǎng 명 공항
鸡蛋 jīdàn 명 계란
几 jǐ 대명 몇
家 jiā 명 집, 가정, 가족
件 jiàn 양 건
叫 jiào 동 부르다, ~하게 시키다
教室 jiàoshì 명 교실
姐姐 jiějie 명 누나, 언니
介绍 jièshào 동 소개하다
今天 jīntiān 명 오늘
进 jìn 동 들어가다
近 jìn 형 가깝다
九 jiǔ 수 9
就 jiù 부 바로, 곧

觉得 juéde 동 ~라고 여기다

K

咖啡 kāfēi 명 커피
开 kāi 동 열다
开始 kāishǐ 동 시작하다
看 kàn 동 보다
看见 kànjiàn 동 보았다
考试 kǎoshì 명 시험 동 시험 보다
可能 kěnéng 조동 아마도
可以 kěyǐ 조동 ~해도 괜찮다, 가능하다
课 kè 명 수업
块 kuài 양 덩어리
快 kuài 형 빠르다
快乐 kuàilè 형 즐겁다

L

来 lái 동 오다
老师 lǎoshī 명 선생님
了 le 조 동작의 완료
累 lèi 형 힘들다, 피곤하다
冷 lěng 형 춥다, 차갑다
离 lí 개 ~로부터, ~까지
里 lǐ 명 안
两 liǎng 수 2(개)
零 líng 수 0
六 liù 수 6
路 lù 명 길
旅游 lǚyóu 동 여행하다

M

吗 ma 조 ~입니까?
妈妈 māma 명 엄마
买 mǎi 동 사다
卖 mài 동 팔다
慢 màn 형 느리다
忙 máng 형 바쁘다
猫 māo 명 고양이
没 méi 부 ~하지 않았다
没关系 méi guānxi 괜찮습니다
每 měi 대명 ~마다
妹妹 mèimei 명 여동생
米饭 mǐfàn 명 쌀 밥
面条 miàntiáo 명 면류, 국수
明天 míngtiān 명 내일
名字 míngzi 명 이름

N

哪 nǎ 대명 어느
哪儿 nǎr 대명 어디
那 nà 대명 저, 그
男(人) nán(rén) 명 남자
呢 ne 조 ~는? 인지?
能 néng 조동 ~할 수 있다
你 nǐ 대명 당신, 너
年 nián 명 년
您 nín 대 당신의 존칭
牛奶 niúnǎi 명 우유
女儿 nǚ'ér 명 딸
女(人) nǚ(rén) 명 여자

P

旁边 pángbiān 명 옆
跑步 pǎobù 동 조깅하다, 뛰다
朋友 péngyou 명 친구
便宜 piányi 형 싸다
票 piào 명 표, 티켓
漂亮 piàoliang 형 예쁘다
苹果 píngguǒ 명 사과

Q

七 qī 수 7
妻子 qīzi 명 부인
起床 qǐchuáng 동 기상하다
千 qiān 수 천, 1000
铅笔 qiānbǐ 명 연필
钱 qián 명 돈
前面 qiánmian 명 앞 쪽, 앞면
晴 qíng 형 (날씨)맑다
请 qǐng 동 ~ 해주세요
去 qù 동 가다
去年 qùnián 명 작년

R

让 ràng 동 ~하게 하다
热 rè 형 덥다, 뜨겁다
人 rén 명 사람
认识 rènshi 동 알다
日 rì 명 일, 날짜

S

三 sān 수 3
商店 shāngdiàn 명 상점
上 shàng 명 위, 위 쪽
上班 shàngbān 동 출근하다
上午 shàngwǔ 명 오전
少 shǎo 형 적다
谁 shéi 대명 누구
身体 shēntǐ 명 건강, 신체
什么 shénme 대명 무슨, 어떤
生病 shēngbìng 동 병 나다
生日 shēngrì 명 생일
十 shí 수 10
时候 shíhou 명 ~할 때
时间 shíjiān 명 시간
是 shì 동 ~이다
事情 shìqing 명 일, 사정
手表 shǒubiǎo 명 손목시계
手机 shǒujī 명 핸드폰
书 shū 명 책
水 shuǐ 명 물
水果 shuǐguǒ 명 과일
睡觉 shuìjiào 동 잠자다
说 shuō 동 말하다
说话 shuōhuà 동 말하다
四 sì 수 4
送 sòng 동 배웅하다, 선물하다
岁 suì 양 세, 살

T

他 tā 대명 그
它 tā 대명 그것
她 tā 대명 그녀
太 tài 부 너무
踢足球 tī zúqiú 축구 하다
题 tí 명 문제
天气 tiānqì 명 날씨
跳舞 tiàowǔ 동 춤 추다
听 tīng 동 듣다
同学 tóngxué 명 학우, 친구

W

外 wài 명 바깥, 밖
完 wán 동 끝나다
玩 wán 동 놀다
晚上 wǎnshang 명 저녁
喂 wéi 감탄 여보세요
为什么 wèishénme 대명 무엇 때문에
问 wèn 동 질문하다, 묻다
问题 wèntí 명 문제
我 wǒ 대명 나, 저
我们 wǒmen 대명 우리들, 저희들
五 wǔ 수 5

X

西瓜 xīguā 명 수박
希望 xīwàng 동 희망하다
洗 xǐ 동 세탁하다, 씻다
喜欢 xǐhuan 동 좋아하다
下 xià 명 아래
下午 xiàwǔ 명 오후
下雨 xiàyǔ 동 비 오다
先生 xiānsheng 명 성인 남성 존칭, Mr.선생
现在 xiànzài 명 지금, 현재
想 xiǎng 동 그리워하다 조동 ~하고 싶다
向 xiàng 개 ~을 향하여
小 xiǎo 형 작다
小姐 xiǎojiě 명 아가씨
小时 xiǎoshí 명 시간
笑 xiào 동 웃다
些 xiē 양 약간, 좀
写 xiě 동 쓰다
谢谢 xièxie 동 감사하다
新 xīn 형 새롭다
星期 xīngqī 명 주, 요일
姓 xìng 명 성 동 성씨를 ~라고 부르다
休息 xiūxi 동 휴식하다, 쉬다
学生 xuésheng 명 학생
学习 xuéxí 동 공부하다
学校 xuéxiào 명 학교
雪 xuě 명 눈

Y

颜色 yánsè 명 색
眼睛 yǎnjing 명 눈
羊肉 yángròu 명 양고기
药 yào 명 약
要 yào 조동 ~해야 한다
也 yě 부 ~도
一 yī 수 1
一点儿 yìdiǎnr 양 조금, 약간
衣服 yīfu 명 옷
医生 yīshēng 명 의사
医院 yīyuàn 명 병원
已经 yǐjing 부 이미, 벌써
椅子 yǐzi 명 의자
一起 yìqǐ 부 같이
一下 yíxià 양 좀, 한번
意思 yìsi 명 의미
阴 yīn 형 흐리다
因为～所以 yīnwèi suǒyǐ 관 ~때문에, 그래서
游泳 yóuyǒng 동 수영하다
有 yǒu 동 있다
右边 yòubian 명 오른 쪽
鱼 yú 명 생선
元 yuán 양 위안
远 yuǎn 형 멀다
月 yuè 명 월, 달
运动 yùndòng 명 운동

Z

在 zài 개 ~에서 동 ~에 있다 부 ~하고 있다
再 zài 부 다시
再见 zàijiàn 동 다시 보다, 잘가
早上 zǎoshang 명 아침
怎么 zěnme 대명 왜, 어떻게
怎么样 zěnmeyàng 대명 어떻습니까
丈夫 zhàngfu 명 남편
找 zhǎo 동 찾다
着 zhe 조 ~하고 있다
这 zhè 대명 이, 이것
真 zhēn 부 진짜, 정말로
正在 zhèngzài 부 때마침
知道 zhīdào 동 알다
中国 Zhōngguó 명 중국
中午 zhōngwǔ 명 정오
住 zhù 동 살다,묵다
准备 zhǔnbèi 동 준비하다
桌子 zhuōzi 명 책상
字 zì 명 글자
走 zǒu 동 걷다, 가다
最 zuì 부 최고로, 제일
昨天 zuótiān 명 어제
左边 zuǒbian 명 왼 쪽
坐 zuò 동 앉다
做 zuò 동 하다

新汉语水平考试
HSK（二级）答题卡

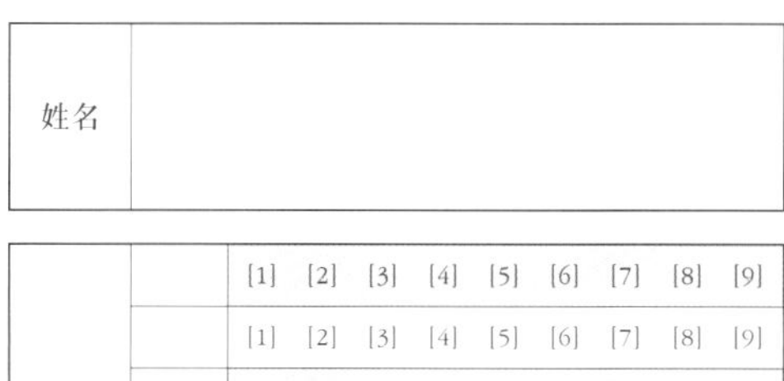

姓名	

国籍		[1] [2] [3] [4] [5] [6] [7] [8] [9]
		[1] [2] [3] [4] [5] [6] [7] [8] [9]
		[1] [2] [3] [4] [5] [6] [7] [8] [9]

序号		[1] [2] [3] [4] [5] [6] [7] [8] [9]
		[1] [2] [3] [4] [5] [6] [7] [8] [9]
		[1] [2] [3] [4] [5] [6] [7] [8] [9]
		[1] [2] [3] [4] [5] [6] [7] [8] [9]
		[1] [2] [3] [4] [5] [6] [7] [8] [9]

性别	男 [1] 女 [2]

年龄		[1] [2] [3] [4] [5] [6] [7] [8] [9]
		[1] [2] [3] [4] [5] [6] [7] [8] [9]

考点		[1] [2] [3] [4] [5] [6] [7] [8] [9]
		[1] [2] [3] [4] [5] [6] [7] [8] [9]
		[1] [2] [3] [4] [5] [6] [7] [8] [9]

注意	请用2B铅笔这样写：▬

一、听力

1. [√] [×]　6. [√] [×]　11. [A] [B] [C] [D] [E] [F]
2. [√] [×]　7. [√] [×]　12. [A] [B] [C] [D] [E] [F]
3. [√] [×]　8. [√] [×]　13. [A] [B] [C] [D] [E] [F]
4. [√] [×]　9. [√] [×]　14. [A] [B] [C] [D] [E] [F]
5. [√] [×]　10. [√] [×]　15. [A] [B] [C] [D] [E] [F]

16. [A] [B] [C] [D] [E] [F]　21. [A] [B] [C]　26. [A] [B] [C]　31. [A] [B] [C]
17. [A] [B] [C] [D] [E] [F]　22. [A] [B] [C]　27. [A] [B] [C]　32. [A] [B] [C]
18. [A] [B] [C] [D] [E] [F]　23. [A] [B] [C]　28. [A] [B] [C]　33. [A] [B] [C]
19. [A] [B] [C] [D] [E] [F]　24. [A] [B] [C]　29. [A] [B] [C]　34. [A] [B] [C]
20. [A] [B] [C] [D] [E] [F]　25. [A] [B] [C]　30. [A] [B] [C]　35. [A] [B] [C]

二、阅读

36. [A] [B] [C] [D] [E] [F]　41. [A] [B] [C] [D] [E] [F]
37. [A] [B] [C] [D] [E] [F]　42. [A] [B] [C] [D] [E] [F]
38. [A] [B] [C] [D] [E] [F]　43. [A] [B] [C] [D] [E] [F]
39. [A] [B] [C] [D] [E] [F]　44. [A] [B] [C] [D] [E] [F]
40. [A] [B] [C] [D] [E] [F]　45. [A] [B] [C] [D] [E] [F]

46. [√] [×]　51. [A] [B] [C] [D] [E] [F]　56. [A] [B] [C] [D] [E] [F]
47. [√] [×]　52. [A] [B] [C] [D] [E] [F]　57. [A] [B] [C] [D] [E] [F]
48. [√] [×]　53. [A] [B] [C] [D] [E] [F]　58. [A] [B] [C] [D] [E] [F]
49. [√] [×]　54. [A] [B] [C] [D] [E] [F]　59. [A] [B] [C] [D] [E] [F]
50. [√] [×]　55. [A] [B] [C] [D] [E] [F]　60. [A] [B] [C] [D] [E] [F]

HSK（二级）答题卡

新汉语水平考试
HSK（二级）答题卡

姓名

国籍										
		[1]	[2]	[3]	[4]	[5]	[6]	[7]	[8]	[9]
		[1]	[2]	[3]	[4]	[5]	[6]	[7]	[8]	[9]
		[1]	[2]	[3]	[4]	[5]	[6]	[7]	[8]	[9]

序号										
		[1]	[2]	[3]	[4]	[5]	[6]	[7]	[8]	[9]
		[1]	[2]	[3]	[4]	[5]	[6]	[7]	[8]	[9]
		[1]	[2]	[3]	[4]	[5]	[6]	[7]	[8]	[9]
		[1]	[2]	[3]	[4]	[5]	[6]	[7]	[8]	[9]
		[1]	[2]	[3]	[4]	[5]	[6]	[7]	[8]	[9]

性别	
	男 [1]　　女 [2]

年龄										
		[1]	[2]	[3]	[4]	[5]	[6]	[7]	[8]	[9]
		[1]	[2]	[3]	[4]	[5]	[6]	[7]	[8]	[9]

考点										
		[1]	[2]	[3]	[4]	[5]	[6]	[7]	[8]	[9]
		[1]	[2]	[3]	[4]	[5]	[6]	[7]	[8]	[9]
		[1]	[2]	[3]	[4]	[5]	[6]	[7]	[8]	[9]

注意　请用2B铅笔这样写：■

一、听力

1. [√] [×]　　6. [√] [×]　　11. [A] [B] [C] [D] [E] [F]
2. [√] [×]　　7. [√] [×]　　12. [A] [B] [C] [D] [E] [F]
3. [√] [×]　　8. [√] [×]　　13. [A] [B] [C] [D] [E] [F]
4. [√] [×]　　9. [√] [×]　　14. [A] [B] [C] [D] [E] [F]
5. [√] [×]　　10. [√] [×]　　15. [A] [B] [C] [D] [E] [F]

16. [A] [B] [C] [D] [E] [F]　　21. [A] [B] [C]　　26. [A] [B] [C]　　31. [A] [B] [C]
17. [A] [B] [C] [D] [E] [F]　　22. [A] [B] [C]　　27. [A] [B] [C]　　32. [A] [B] [C]
18. [A] [B] [C] [D] [E] [F]　　23. [A] [B] [C]　　28. [A] [B] [C]　　33. [A] [B] [C]
19. [A] [B] [C] [D] [E] [F]　　24. [A] [B] [C]　　29. [A] [B] [C]　　34. [A] [B] [C]
20. [A] [B] [C] [D] [E] [F]　　25. [A] [B] [C]　　30. [A] [B] [C]　　35. [A] [B] [C]

二、阅读

36. [A] [B] [C] [D] [E] [F]　　41. [A] [B] [C] [D] [E] [F]
37. [A] [B] [C] [D] [E] [F]　　42. [A] [B] [C] [D] [E] [F]
38. [A] [B] [C] [D] [E] [F]　　43. [A] [B] [C] [D] [E] [F]
39. [A] [B] [C] [D] [E] [F]　　44. [A] [B] [C] [D] [E] [F]
40. [A] [B] [C] [D] [E] [F]　　45. [A] [B] [C] [D] [E] [F]

46. [√] [×]　　51. [A] [B] [C] [D] [E] [F]　　56. [A] [B] [C] [D] [E] [F]
47. [√] [×]　　52. [A] [B] [C] [D] [E] [F]　　57. [A] [B] [C] [D] [E] [F]
48. [√] [×]　　53. [A] [B] [C] [D] [E] [F]　　58. [A] [B] [C] [D] [E] [F]
49. [√] [×]　　54. [A] [B] [C] [D] [E] [F]　　59. [A] [B] [C] [D] [E] [F]
50. [√] [×]　　55. [A] [B] [C] [D] [E] [F]　　60. [A] [B] [C] [D] [E] [F]

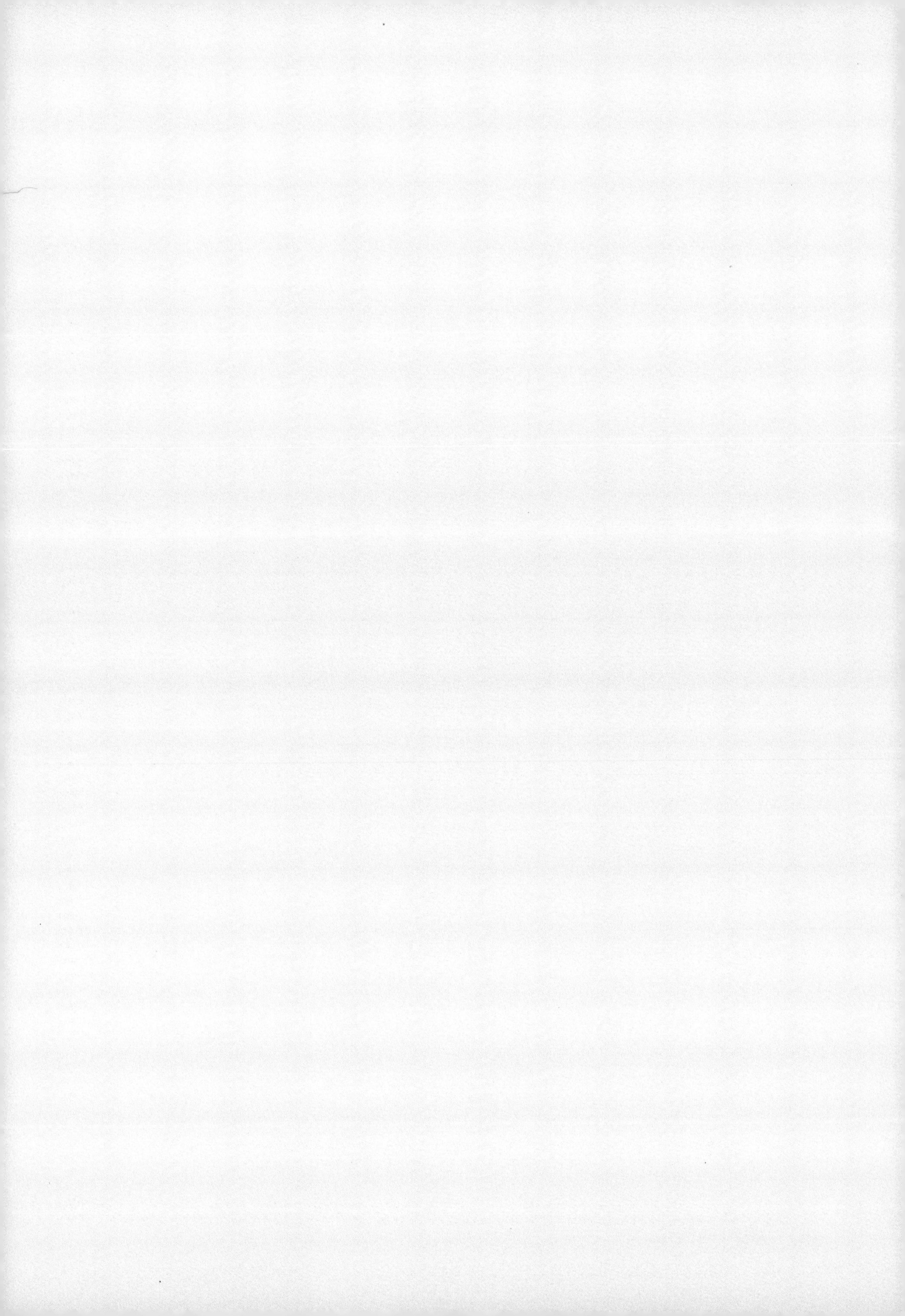

新汉语水平考试

HSK（二级）答题卡

姓名

国籍		[1] [2] [3] [4] [5] [6] [7] [8] [9]
		[1] [2] [3] [4] [5] [6] [7] [8] [9]
		[1] [2] [3] [4] [5] [6] [7] [8] [9]

序号		[1] [2] [3] [4] [5] [6] [7] [8] [9]
		[1] [2] [3] [4] [5] [6] [7] [8] [9]
		[1] [2] [3] [4] [5] [6] [7] [8] [9]
		[1] [2] [3] [4] [5] [6] [7] [8] [9]
		[1] [2] [3] [4] [5] [6] [7] [8] [9]

性别	男 [1] 女 [2]

年龄		[1] [2] [3] [4] [5] [6] [7] [8] [9]
		[1] [2] [3] [4] [5] [6] [7] [8] [9]

考点		[1] [2] [3] [4] [5] [6] [7] [8] [9]
		[1] [2] [3] [4] [5] [6] [7] [8] [9]
		[1] [2] [3] [4] [5] [6] [7] [8] [9]

注意	请用2B铅笔这样写：▬

一、听力

1. [√] [×]　　6. [√] [×]　　11. [A] [B] [C] [D] [E] [F]
2. [√] [×]　　7. [√] [×]　　12. [A] [B] [C] [D] [E] [F]
3. [√] [×]　　8. [√] [×]　　13. [A] [B] [C] [D] [E] [F]
4. [√] [×]　　9. [√] [×]　　14. [A] [B] [C] [D] [E] [F]
5. [√] [×]　　10. [√] [×]　　15. [A] [B] [C] [D] [E] [F]

16. [A] [B] [C] [D] [E] [F]　　21. [A] [B] [C]　　26. [A] [B] [C]　　31. [A] [B] [C]
17. [A] [B] [C] [D] [E] [F]　　22. [A] [B] [C]　　27. [A] [B] [C]　　32. [A] [B] [C]
18. [A] [B] [C] [D] [E] [F]　　23. [A] [B] [C]　　28. [A] [B] [C]　　33. [A] [B] [C]
19. [A] [B] [C] [D] [E] [F]　　24. [A] [B] [C]　　29. [A] [B] [C]　　34. [A] [B] [C]
20. [A] [B] [C] [D] [E] [F]　　25. [A] [B] [C]　　30. [A] [B] [C]　　35. [A] [B] [C]

二、阅读

36. [A] [B] [C] [D] [E] [F]　　41. [A] [B] [C] [D] [E] [F]
37. [A] [B] [C] [D] [E] [F]　　42. [A] [B] [C] [D] [E] [F]
38. [A] [B] [C] [D] [E] [F]　　43. [A] [B] [C] [D] [E] [F]
39. [A] [B] [C] [D] [E] [F]　　44. [A] [B] [C] [D] [E] [F]
40. [A] [B] [C] [D] [E] [F]　　45. [A] [B] [C] [D] [E] [F]

46. [√] [×]　　51. [A] [B] [C] [D] [E] [F]　　56. [A] [B] [C] [D] [E] [F]
47. [√] [×]　　52. [A] [B] [C] [D] [E] [F]　　57. [A] [B] [C] [D] [E] [F]
48. [√] [×]　　53. [A] [B] [C] [D] [E] [F]　　58. [A] [B] [C] [D] [E] [F]
49. [√] [×]　　54. [A] [B] [C] [D] [E] [F]　　59. [A] [B] [C] [D] [E] [F]
50. [√] [×]　　55. [A] [B] [C] [D] [E] [F]　　60. [A] [B] [C] [D] [E] [F]

HSK（二级）答题卡

模拟考试 ❹

新 汉 语 水 平 考 试

HSK（二级）答题卡

姓名

国籍		[1]	[2]	[3]	[4]	[5]	[6]	[7]	[8]	[9]
		[1]	[2]	[3]	[4]	[5]	[6]	[7]	[8]	[9]
		[1]	[2]	[3]	[4]	[5]	[6]	[7]	[8]	[9]

序号		[1]	[2]	[3]	[4]	[5]	[6]	[7]	[8]	[9]
		[1]	[2]	[3]	[4]	[5]	[6]	[7]	[8]	[9]
		[1]	[2]	[3]	[4]	[5]	[6]	[7]	[8]	[9]
		[1]	[2]	[3]	[4]	[5]	[6]	[7]	[8]	[9]
		[1]	[2]	[3]	[4]	[5]	[6]	[7]	[8]	[9]

性别	男 [1] 女 [2]

年龄		[1]	[2]	[3]	[4]	[5]	[6]	[7]	[8]	[9]
		[1]	[2]	[3]	[4]	[5]	[6]	[7]	[8]	[9]

考点		[1]	[2]	[3]	[4]	[5]	[6]	[7]	[8]	[9]
		[1]	[2]	[3]	[4]	[5]	[6]	[7]	[8]	[9]
		[1]	[2]	[3]	[4]	[5]	[6]	[7]	[8]	[9]

注意　请用2B铅笔这样写：▬

一、听力

1. [√] [×]　　6. [√] [×]　　11. [A] [B] [C] [D] [E] [F]
2. [√] [×]　　7. [√] [×]　　12. [A] [B] [C] [D] [E] [F]
3. [√] [×]　　8. [√] [×]　　13. [A] [B] [C] [D] [E] [F]
4. [√] [×]　　9. [√] [×]　　14. [A] [B] [C] [D] [E] [F]
5. [√] [×]　　10. [√] [×]　　15. [A] [B] [C] [D] [E] [F]

16. [A] [B] [C] [D] [E] [F]　　21. [A] [B] [C]　　26. [A] [B] [C]　　31. [A] [B] [C]
17. [A] [B] [C] [D] [E] [F]　　22. [A] [B] [C]　　27. [A] [B] [C]　　32. [A] [B] [C]
18. [A] [B] [C] [D] [E] [F]　　23. [A] [B] [C]　　28. [A] [B] [C]　　33. [A] [B] [C]
19. [A] [B] [C] [D] [E] [F]　　24. [A] [B] [C]　　29. [A] [B] [C]　　34. [A] [B] [C]
20. [A] [B] [C] [D] [E] [F]　　25. [A] [B] [C]　　30. [A] [B] [C]　　35. [A] [B] [C]

二、阅读

36. [A] [B] [C] [D] [E] [F]　　41. [A] [B] [C] [D] [E] [F]
37. [A] [B] [C] [D] [E] [F]　　42. [A] [B] [C] [D] [E] [F]
38. [A] [B] [C] [D] [E] [F]　　43. [A] [B] [C] [D] [E] [F]
39. [A] [B] [C] [D] [E] [F]　　44. [A] [B] [C] [D] [E] [F]
40. [A] [B] [C] [D] [E] [F]　　45. [A] [B] [C] [D] [E] [F]

46. [√] [×]　　51. [A] [B] [C] [D] [E] [F]　　56. [A] [B] [C] [D] [E] [F]
47. [√] [×]　　52. [A] [B] [C] [D] [E] [F]　　57. [A] [B] [C] [D] [E] [F]
48. [√] [×]　　53. [A] [B] [C] [D] [E] [F]　　58. [A] [B] [C] [D] [E] [F]
49. [√] [×]　　54. [A] [B] [C] [D] [E] [F]　　59. [A] [B] [C] [D] [E] [F]
50. [√] [×]　　55. [A] [B] [C] [D] [E] [F]　　60. [A] [B] [C] [D] [E] [F]

新汉语水平考试
HSK（二级）答题卡

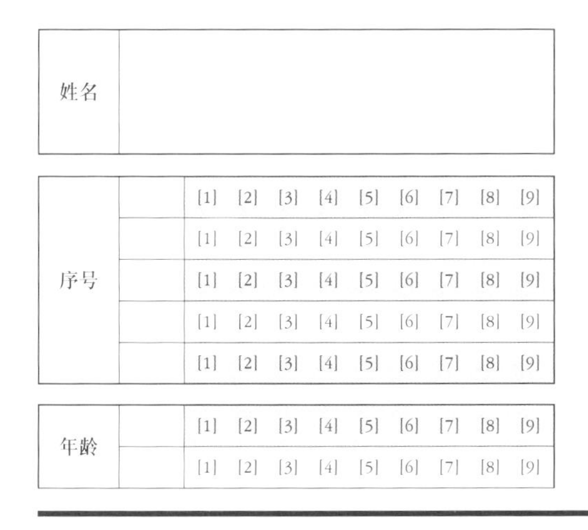

姓名	

序号	
	[1] [2] [3] [4] [5] [6] [7] [8] [9]
	[1] [2] [3] [4] [5] [6] [7] [8] [9]
	[1] [2] [3] [4] [5] [6] [7] [8] [9]
	[1] [2] [3] [4] [5] [6] [7] [8] [9]
	[1] [2] [3] [4] [5] [6] [7] [8] [9]

年龄	
	[1] [2] [3] [4] [5] [6] [7] [8] [9]
	[1] [2] [3] [4] [5] [6] [7] [8] [9]

国籍	
	[1] [2] [3] [4] [5] [6] [7] [8] [9]
	[1] [2] [3] [4] [5] [6] [7] [8] [9]
	[1] [2] [3] [4] [5] [6] [7] [8] [9]

性别	男 [1]　　女 [2]

考点	
	[1] [2] [3] [4] [5] [6] [7] [8] [9]
	[1] [2] [3] [4] [5] [6] [7] [8] [9]
	[1] [2] [3] [4] [5] [6] [7] [8] [9]

注意	请用2B铅笔这样写：▬

一、听力

1. [√] [×]　6. [√] [×]　11. [A] [B] [C] [D] [E] [F]
2. [√] [×]　7. [√] [×]　12. [A] [B] [C] [D] [E] [F]
3. [√] [×]　8. [√] [×]　13. [A] [B] [C] [D] [E] [F]
4. [√] [×]　9. [√] [×]　14. [A] [B] [C] [D] [E] [F]
5. [√] [×]　10. [√] [×]　15. [A] [B] [C] [D] [E] [F]

16. [A] [B] [C] [D] [E] [F]　21. [A] [B] [C]　26. [A] [B] [C]　31. [A] [B] [C]
17. [A] [B] [C] [D] [E] [F]　22. [A] [B] [C]　27. [A] [B] [C]　32. [A] [B] [C]
18. [A] [B] [C] [D] [E] [F]　23. [A] [B] [C]　28. [A] [B] [C]　33. [A] [B] [C]
19. [A] [B] [C] [D] [E] [F]　24. [A] [B] [C]　29. [A] [B] [C]　34. [A] [B] [C]
20. [A] [B] [C] [D] [E] [F]　25. [A] [B] [C]　30. [A] [B] [C]　35. [A] [B] [C]

二、阅读

36. [A] [B] [C] [D] [E] [F]　41. [A] [B] [C] [D] [E] [F]
37. [A] [B] [C] [D] [E] [F]　42. [A] [B] [C] [D] [E] [F]
38. [A] [B] [C] [D] [E] [F]　43. [A] [B] [C] [D] [E] [F]
39. [A] [B] [C] [D] [E] [F]　44. [A] [B] [C] [D] [E] [F]
40. [A] [B] [C] [D] [E] [F]　45. [A] [B] [C] [D] [E] [F]

46. [√] [×]　51. [A] [B] [C] [D] [E] [F]　56. [A] [B] [C] [D] [E] [F]
47. [√] [×]　52. [A] [B] [C] [D] [E] [F]　57. [A] [B] [C] [D] [E] [F]
48. [√] [×]　53. [A] [B] [C] [D] [E] [F]　58. [A] [B] [C] [D] [E] [F]
49. [√] [×]　54. [A] [B] [C] [D] [E] [F]　59. [A] [B] [C] [D] [E] [F]
50. [√] [×]　55. [A] [B] [C] [D] [E] [F]　60. [A] [B] [C] [D] [E] [F]